재일조선인

역사, 그 너머의 역사

재일조선인
역사, 그 너머의 역사

지은이 미즈노 나오키·문경수
옮긴이 한승동
디자인 김미영
펴낸이 송병섭
펴낸곳 삼천리
등 록 제312-2008-121호
주 소 08255 서울시 구로구 부일로 17길 74(2층)
전 화 02) 711-1197
팩 스 02) 6008-0436
이메일 bssong45@hanmail.net

1판 1쇄 2016년 8월 15일

값 15,000원
ISBN 978-89-94898-40-7 03910
한국어판 © 한승동 2016

미즈노 나오키 · 문경수 지음

한승동 옮김

역사, 그 너머의 역사

재일조선인

在日朝鮮人

삼천리

일본의 독자들이 재일조선인의 역사와 현재를 이해하고 있는 현실에 비추어 집필한 이 책이 한국에서도 번역 출판되어 지은이로서 우리 두 사람은 대단히 기쁘다. 한국 독자들에게도, 일본에 살고 있는 조선인(한국적, 조선적을 다 포함해서)이 걸어온 역사와 현재 직면하고 있는 이런저런 문제를 이해하는 데 이 책이 도움이 되었으면 좋겠다.

우리가 보고 듣고 있는 바에 따르면, 한국에서는 재일조선인의 역사나 현실에 관해 오해와 편견이 많다고 생각된다. 재일조선인은 모두 강제연행 '희생자'와 그 자손이라는 생각이 있는 한편으로, 일본 사회에 살면서 경제적으로 '부자'가 된 재일조선인이 많다는 오해도 있는 게 사실이다. 이런 오해와 왜곡된 생각은 한국의 정치, 경제, 언론 등 각 분야의 지도층에 있는 사람들에게도 공통적으로 나타나는 현상이다.

과거 한일회담에서 한국 쪽 중심인물이었던 김종필은 재일조선인 2세, 3세들을 언급하면서 "지금의 삶은 어중간한 것으로 본인들을 위해

서도, 일본을 위해서도 아주 불행한 것이라고 생각합니다. 굳이 말하자면, 이제 완전히 일본인이 되고, …… 일본 시민으로서"살아가기를 바란다고 한 적이 있다(金鍾泌, 〈思い出すこと 言いたいこと〉,《諸君!》, 文藝春秋, 1980. 4).

흔히 '기민정책'(棄民政策)으로서 비난받듯이, 이 발언은 재일조선인 사회에서 적잖이 빈축을 샀다. 하지만 한국인이냐, 일본인이냐 하는 양자택일의 견해를 전제로 일본에서 나서 자란 재일조선인들이 '어중간'하고 '불행한 것'이라고 하는 것은, 김종필 말고도 그 무렵 한국에서는 지극히 일반적인 견해였을 것이다.

'국민'이나 '민족'에 관한 이런 편협한 인식과 더불어, 치열한 남북대립 상황에서 형성된 냉전적인 사고방식도 재일조선인에 대한 시각을 더욱 비뚤어지게 만들었다. 군사정권 시기까지만 해도 일본에 가는 한국 유학생들은, 한국어를 유창하게 쓰는 2세나 3세는 조총련이나 '빨갱이'이니 조심하라는 '사전교육'을 받았다고 한다. 재일조선인의 2세나 3세에 대해, 한편으로는 한국인 주제에 한국말도 못한다고 꾸짖으면서, 민족학교에 다녀 그 나름대로 우리말을 습득한 2세나 3세에 대해서는 빨갱이라 받아들이려고 하지 않았던 것이다.

이 책에서 밝힌 것처럼, 민주화와 글로벌화가 진전된 오늘의 한국 사회에서는 재일조선인에 대한 인식이 상당 부분 바로 잡히게 된 것으로 알고 있다. 더구나 재일조선인이 온힘을 기울여 지켜 온 민족교육을 긍정적으로 받아들이고, 적극적으로 지원하자는 움직임도 한국 사회에서 확산돼 가고 있다.

그러나, 재일조선인에게 일본인이냐 한국인이냐 양자택일을 강요하는 획일적인 민족관은 다문화 사회로 전환이 이야기되는 오늘의 한국 사회에서도 여전히 뿌리 깊다. 민족교육을 재평가해서 칭찬하는 움직임 속에서도 그러한 구태의연한 민족관을 전제로 하는 경우가 적지 않아 보인다.

이 책에서 밝혔듯이, 재일조선인은 일제 강점기 일본 사회에 뿌리 내린 일본 사회 구성원인과 동시에 한반도의 두 나라하고도 때려야 뗄 수 없는 인연을 가진 존재이다. 재일조선인의 '어중간함'은 그러한 재일조선인의 역사적 성격에서 비롯되고, 그런 존재로서 받아들여져 마땅한 것이다. 한국 사회가 있는 그대로 재일조선인의 삶과 뜻을 받아들여질 만큼 다원적으로 열린사회가 될 것을 염원하며, 이 책이 재일조선인을 조금이라도 깊이 이해하는 데 보탬이 되기를 바란다.

끝으로 삼천리 송병섭 대표와 번역의 노고를 맡아 주신 한승동 선생께 심심한 사의를 표한다.

2016년 8월 1일 교토에서
미즈노 나오키·문경수

1910년 일본의 한국병합 이후 벌써 100년도 더 지났다. 올해(2015년)는 조선반도(한반도)가 식민 지배에서 해방된 지 70년, 그리고 냉전 아래에서 과거 청산을 미룬 채 한일 국교 정상화가 이뤄진 한일기본조약을 체결하고 50년이 되는 해다. 하지만 이만큼 세월이 흘렀음에도 여전히 일본과 남북조선 사이에 가로놓인 문제는 적지 않다. 재일조선인을 둘러싼 문제도 그중 하나다.

문제를 이해하고 해결 방도를 찾으려면 무엇보다도 재일조선인의 역사와 현재를 먼저 이해해야 할 터이다. 우리 두 사람은 '신서'(新書)라는 한정된 지면이긴 하지만, 재일조선인들이 오늘에 이른 발자취를 시대적 맥락이나 정신을 포함해서 될 수 있으면 총체적이면서도 간결하게 개관해 보려고 노력했다.

재일조선인에 관한 책들은 일본에 이미 많이 나와 있다. 그럼에도 이 책을 쓰기로 한 까닭은, 이제 재일조선인의 역사와 현상에 대한 이해를 좀 더 심화시킬 필요가 있다고 생각하기 때문이다.

월드컵 축구 한일 공동개최와 '한류'로 상징되는 밀월 시대는 지나가고, 지금 한일 관계는 국교 정상화 이후 최악이라고도 할 수 있는 상황에 처해 있다. 인터넷에는 '한국'과 '조선'에 대한 '헤이트 스피치'(혐오 발언)가 만연하고, 대도시에서는 "죽여라!" "죽어!" 등 과격한 구호를 외치면서 줄지어 걸어가는 시위대까지 등장해 재일조선인의 일상에 그늘을 드리우고 있다. 이런 최근의 '반동'(backlash)이라고도 할 수 있는 상황은 일본 사회가 재일조선인을 이해하고 인식하는 수준이 얼마나 천박한지 말해 주고 있다. 사실에 근거를 두지 않은 언설이나 일부 사실만을 떼어 내 과장하는 편향된 시선이 헤이트 스피치를 확산시키고 있는 것이다. 역사와 사실을 보여 주는 것만으로 문제를 해결할 수 있는 것은 아니지만, 우선 이 지점에서 시작해야 한다고 우리는 생각했다.

이런 몰이해나 편견에 일본 사회의 일부가 사로잡혀 있는 한편으로, 재일조선인에 관한 조사·연구는 최근 20~30년 동안 상당한 폭과 깊이를 보여 주고 있다. 학문적 연구 대상으로서 재일조선인 문제에 관한 인식도 높아졌고 이 분야를 지망하는 젊은 연구자들도 늘고 있다. 바야흐로 역사학뿐 아니라 문화인류학, 사회학, 문화론, 경제학에 이르기까지 여러 영역에서 재일조선인에 관한 연구가 착실하게 실적을 쌓아 가고 있다. 더욱이 '지구화'와 '다문화 공생'이 과제로 떠오른 오늘날의 일본 사회에서 '올드커머'(old comer)로서의 재일조선인의 위치나 역할을 새삼 다시 보려는 기운도 높아지고 있다. 우리는 될 수 있으면 이런 최근의 연구 성과를 담아내려고 노력했다.

큰 틀에서 이 책은 한국병합 전후부터 식민지 시기 재일조선인 세계의 형성을 거쳐, 전쟁의 시련에 이르는 시기를 다룬 1~2장(미즈노 나오키 집필)과, 조선 해방부터 일본 고도성장기 이후 재일조선인의 세대교체 및 다양화를 거쳐 '지구화 시대'에 이르는 시기를 다룬 3~5장(문경수 집필) 두 부분으로 구성되어 있다. 전전(戰前, 아시아태평양전쟁 이전—옮긴이)의 조선인 도일(渡日)에 관해서는 이주노동자라는 측면에 주목했다. 식민지와 지배 본국 사이의 이동이라는 특수성을 띠면서도 현대의 이주노동자와 공통되는 면이 있다고 봤기 때문이다. 전후(戰後) 재일조선인의 발자취에 관해서는 국적이나 민족에 얽매인 획일적인 시각이나 관념으로는 포착할 수 없는 재일조선인 자체의 다양한 삶이나 생각을 담아내려고 노력했다.

20세기 전반에 조선반도에서 일본으로 건너온 사람들과 그 자손을, 이 책에서는 '재일조선인'이라 부르고자 한다. 오늘날 이 사람들을 두고는 '재일 한국·조선인,' '재일 코리안' 등 여러 가지 호칭이 사용되고 있다. 거기에는 남북 분단 상황 아래에서 민족 호칭을 둘러싼 줄다리기가 얽혀 있거나 분단을 극복하려는 생각이 담겨 있다. 우리는 그런 호칭을 부정하지 않으며, 우리 스스로 이따금 그렇게 사용할 때도 있다. 하지만 식민지 시기 이후의 역사를 다루는 이 책에서는 대체로 재일조선인이라는 말이 적절하다고 판단했다.

또 인용한 자료에 '선인'(鮮人, 조선 사람을 경멸적으로 부르는 호칭—옮긴이), '내선'(內鮮, 일본과 조선은 하나라는 의미—옮긴이) 따위의 부적절한 용어가 사용되고 있으나, 역사 자료라는 성격을 감안해 그대로 썼다. '내지'(內地, 식민지 시기 일본을 가리키는 말—옮긴이)도 따옴표를 붙여서 사용해야 마땅하나 번거로운 일이라 생략했다.

이 책이 재일조선인을 둘러싼 문제들에 관해 이해를 높이는 데 조금이라도 보탬이 되기를 바란다.

차 례

1장

정착과 2세의 탄생

재일조선인 세계의 형성

1. 병합 전의 조선인 노동자

메이지 시대의 재류 조선인

이 책에서 '재일조선인'이라 부르는 존재는 메이지(明治) 시대 이래 조선반도에서 일본으로 건너와 일정 기간 거주하게 된 사람들을 가리킨다. 고대, 또는 그보다 훨씬 더 전부터 조선반도에서 수많은 사람들이 건너왔는데, 그런 '도래인'(渡來人)의 자손은 재일조선인 범주에 들어가지 않는다. 메이지 시대 전반기에 일본 주민에 대한 '호적' 제도가 만들어져, 조선반도에 연고가 있는 주민들도 일본 국적을 갖게 되었기 때문이다.

그러면 19세기 후반부터 20세기 초에 일본으로 건너온 조선인은 얼마나 됐을까. 일본 내각통계국이 발행한 《일본제국 통계연감》에는 재류(在留, 한동안 머물러 있다는 의미. 기관명이나 공식 문서 등에 사용된 경우를 빼고는 '체류'로 통일—옮긴이) 외국인 인구통계가 실려 있는데, 조선인 체류자 수는 1882년에 4명, 1883년에 16명 등으로 1896년까지는 두 자럿수에 머물렀다. 1876년 조일수호조규(이른바 강화도조약) 체결로 조선과 일본 사이에 근대적인 외교 관계가 성립된 뒤에 새로 부임한 외교관이나 일본 시찰을 위해 파견된 관리들 말고도 '망명 정치가'나 소수의 유학생들도 있었다.

1897년이 되면 그 수가 155명으로 급증하는데, 이는 1895년에 대한제국 정부가 게이오기주쿠(慶應義塾)에 100명이 넘는 유학생을 보냈기 때문이다. 그 밖에 조선 인삼 거래나 행상을 위해 건너온 사람들도 늘고 있었기 때문인 것으로 보인다.

조선인 노동자 도입이 시작되다

1897년(메이지 30)에는 조선인 노동자들이 처음으로 일본에 건너오게 된다. 규슈의 탄광 지대에 노동자가 부족했기 때문에, 사가 현 니시마쓰우라 군(西松浦郡, 지금의 이마리 시伊万里市)에 있던 조자탄광(長者炭坑) 경영자가 조선에서 노동자들을 데려와 일을 시킨 것이 그 시작이었다.

230명가량 되는 조선인 노동자들이 일을 했고 노동 능력도 높이 평가받았으나, 그해 연말부터 이듬해에 걸쳐 상당수의 노동자들이 도망을 가 버렸다고 한다. 약속한 임금을 지불하지 않거나 현금이 아니라 '단코사쓰'(炭坑札)라는 표(切符)로 임금을 지불했고, 또 당시 탄갱이 나야제도(納屋制度, 노동자의 외출 등을 제한하면서 일을 시키는 시스템)를 도입하고 있었던 데에 그 원인이었다. 지쿠호(筑豊)의 탄광에서도 조선인 노동자를 도입한 적이 있었으나, 마찬가지로 오래 지속되지 못했던 것 같다. 1898년에는 석탄 가격이 떨어져 휴업이나 폐업으로 내몰린 탄광도 많아 조선인 노동자 고용은 일시적인 것으로 끝났던 것 같다.

부산과 시모노세키를 오가는 관부연락선 쇼케이마루

규슈의 탄광 경영자들은 애초에 중국인 노동자들을 들여오려 했으나 계획대로 잘 되지 않자 조선인들을 고용하기에 이르렀다. 이 문제는 1899년에 공포된 칙령 제352호 '조약 또는 관행에 따라 거주의 자유를 얻지 못한 외국인의 거주 및 영업 등에 관한 건'과 관련이 있다.

일본은 청일전쟁을 계기로 서구 열강과 맺고 있던 불평등조약 개정을 시도하여 먼저 치외법권을 철폐했다. 이에 따라 막부(幕府) 말기 이래 개항지에 설치되어 있던 외국인 거류지가 1899년에 폐지되고, 외국인은 '내지 잡거'(內地雜居, 외국인 거류지를 따로 설치하지 않고 일본 영토에 살게 하는 것—옮긴이)를 하게 되었다.

그러나 거류지 폐지에 따라 중국인 노동자들이 '내지'로 유입되는 것을 두려워한 일본 정부는 그해 7월에 칙령 제352호를 공포했다(8월 4일 시행). '조약 또는 관행에 따라 거주의 자유를 얻지 못한 외국인'이란 중국인을 가리킨다. 중국인들은 거류지 바깥에서도 거주하고 영업은 할 수 있으나 노동자들은 행정 관청의 허가를 받아야만 했다. 여기서 말하는 '노동자'란 농림어업, 광업, 토목건축, 제조, 운반 기타 잡무에 종사하는 자로 규정되어 있었다. 이 칙령에 따라 일본에서는 단순노동이나 육체노동에 종사하는 외국인, 특히 중국인의 입국을 불허하는 정책을 취하게 된 것이다.

재일조선인에 관한 문헌에는, 칙령 제352호가 조선인들에게도 적용됐기 때문에 1910년 한국병합 때까지 조선인 노동자는 입국이 허용되지 않았다는 식으로 설명되어 왔으나, 최근의 연구에서 메이지 시대의 조선인들은 '조약 또는 관행에 따라 거주의 자유를 얻은 외국인'으로 취급되고 있었던 사실이 밝혀졌다. 중국인 노동자들은 입국이 제한되거나 금지되었지만 조선인 노동자들은 일본 입국이 허용되고 있었다는 얘기다.

러일전쟁 이후의 철도와 발전소 공사

이런 상황을 단적으로 보여 주는 사례가 러일전쟁 이후에 추진된 철도와 발전소 공사이다.

1899년에 착공된 가고시마선(鹿児島線, 지금의 히사쓰선肥薩線) 철도 공사는 구마모토 현과 가고시마 현의 접경지대에 급경사가 많아 루프식 선로(나선형으로 까는 철로—옮긴이)를 채용할 수밖에 없는 난공사였다. 청부 토목업자들은 노동자를 모집하는 데 애를 먹고 있었다. 러일전쟁이 끝나고 1907년에 본격적으로 공사가 시작되었다. 그때 다롄(大連)에서 중국인 노동자를 250명가량 데려와 일을 시켰으나, 곧 그 지역 경찰이 퇴거·송환 명령을 내렸기에 중국인 노동자들은 본국으로 송환되고 말았다. 칙령 제352호에 근거를 둔 조치였다.

토목공사 현장에서 일하는 조선인 노동자들(1920년대, 후쿠오카 현)

중국인을 대체하여 조선인 노동자들이 구마모토 현에서도 가고시마 현에서도 눈에 띄게 됐고, 그 수는 500명으로 늘어났다.

1908년 무렵부터는 산인본선(山陰本線) 철도 공사장 이곳저곳에서 조선인 노동자들 모습을 볼 수 있게 되었다. 교토 부의 단바(丹波) 지방, 효고 현의 일본해(동해―옮긴이) 쪽 연안에서 공사를 하다 사고로 노동자가 사망하는 일도 있었다.

1910년의 한국병합 무렵에 진행된 교토 부 남쪽의 우지가와수력발전소(宇治川水力發電所, 우지발전소)와 야마나시 현의 야나가와무라발전소(梁川村發電所, 도쿄전등주식회사) 공사 현장에도 100명 단위의 조선인 노동자이 일하고 있었다.

우지발전소에서는 비와코(琵琶湖, 교토 동쪽 시가 현에 있는 일본 최대의 담수 호수―옮긴이)에서 물을 끌어들이기 위해 산을 뚫어 터널 수로를 만드는, 당시로서는 대규모 토목공사를 벌였다. 여기에 일본인 노동자들만으로는 부족해서 청부업자가 조선에서 노동자를 모집해 통감부의 허가를 받은 뒤 일본으로 데려 왔다. 그중에는 규슈의 철도 공사장에서 옮겨 간 사람들도 있었던 것으로 보인다. 또 우지발전소 공사가 끝난 뒤 오사카 부와 나라 현 경계에 있는 이코마(生駒) 터널 공사(오사카전기궤도주식회사, 지금의 긴키 일본철도 나라선. 이 터널은 지금은 사용되지 않고 있다)로 옮겨 간 사실이 확인되는 사람도 있다. 일본 전역에 걸쳐 이곳저곳 토목공사 현장을 떠돌아다니는 조선인들이 이 무렵부터 나타난 것이다.

조선인 노동자를 모집한 배경

이처럼 당시로서는 규모가 큰 토목공사에 조선인 노동자들이 집단적으로 일하게 된 것은 일본의 조선 침략과 무관하지 않다. 러일전쟁 때부터 보호국으로 삼았던 시기에 걸쳐 일본은 조선반도에서 병영을 비롯한 군사시설 공사, 경부선이나 경의선 같은 철도 공사를 추진했다. 이들 공사를 청부받은 게 가지마구미(鹿島組), 오쿠라구미(大倉組), 하자마구미(大倉組), 오바야시구미(大林組) 같은 토건업자들이었는데, 그 하청업자(또는 재하청업자)가 조선인 노동자들을 모집해서 공사를 진행했다.

러일전쟁 뒤에 일본 '내지'(메이지 헌법 제정 때의 영토를 식민지 등 '외지'와 구별해서 부른 명칭. 이하 작은따옴표 생략) 철도 공사 등의 청부를 맡은 것도 이들 토건업자였기 때문에, 일본인 노동자를 모집할 수 없는 경우 조선인 노동자들을 모집해 집단으로 데려오게 되었다. 청부업자는 모집이나 사역에 노하우를 갖고 있었을 뿐 아니라 조선에서 벌인 공사장에서 일한 조선인 노동자들과 맺은 유대관계를 이용할 수도 있었다. 노동자를 모집하고 내지로 도항시키는 과정에 대해서는 통감부가 허가를 내 준 것으로 보인다.

모집된 노동자들은 10~20명 정도의 팀(組, 구미)으로 편성돼, 그들을 통솔하는 십장(什長, 구미가시라組頭) 밑에서 일을 했다. 또 노동자에게 식사를 마련해 주는 여성이 함께 섞여 있는 경우도 있어 함바(飯場, 노무자 합숙소)가 형성되었다.

한국병합 전에 일본에 건너온 이 조선인 노동자들을 일본 사회는 어떤 시선으로 바라보고 있었을까. 도시에서 떨어진 산간 지역 공사장에서 일하는 경우가 많았기 때문에 그들이 보통 일본인들의 눈에 띄는 경우는 드물었던 것으로 생각된다. 고용주 쪽은 조선인 노동자들이 인내심 강하고 일을 잘 한다고 높이 평가하며 조선에서 노동자들을 적극적으로 모집했으나, 점차 '게으르고' '난폭하다'는 시선으로 바뀌어 갔다. 거기에는 한국병합을 전후한 시기 일본인 전체의 조선 인식이 반영되어 있었다. 일본인의 조선 인식이 바뀐 것을 배경으로 해서 같은 공사장에서 일하는 일본인 노동자와 조선인 노동자가 감정이 엇갈려 대립하고 서로 충돌하기에 이른 사례도 많이 보인다. 우지발전소 공사나 야나가와무라발전소 공사에서는 싸움이 커져서 다이너마이트까지 동원한 충돌 사건으로 발전해 조선인 노동자들이 경찰에 검거되어 재판까지 받았다.

한국병합 전후의 조선인 노동자들 대부분은 계약 기간이 끝나면 고향으로 돌아갔으나, 그중에는 그대로 일본에 눌러앉아 다른 공사 현장으로 옮겨가 일을 계속하거나 엿장수* 등으로 생계를 이어 가는 이도 있었던 것으로 생각된다.

---

* 조선의 가정에서는 수수나 엿기름(麦芽) 등을 원료로 해서 엿을 만들었는데, 일본에서도 엿을 만들어 팔러 다니는 엿장수는 단것이 부족하던 전쟁 전 일본 농촌에서 인기가 있었다.

2. 1910년대의 재일조선인

감시와 경계의 대상으로

1910년 한국병합으로 조선인은 자기 의사와는 상관없이 일본 국적을 지닌 '제국 신민'으로 편입되었다. 그 때문에 병합 뒤에는 일본으로 도항하거나 거주할 때 일본인과 같은 대우를 받게 된 것으로 보기 쉽지만, 꼭 그런 건 아니었다. 도항에 관해서도 거주에 관해서도 일본인과는 다른 처우를 받는 경우가 많았다.

본디 일본인(당시는 '내지인'이라 불렀다)과 조선인은 호적으로 구별되고, 법률적으로도 달리 취급을 받았다. 조선에서는 병합 전해에 통감부의 주도 아래 민적법(民籍法)이 제정되어 조선인을 민적에 등록하는 작업이 진행되었다. 민적법은 1923년(다이쇼 12)에는 조선호적령으로 대체되어 그 뒤로는 '호적'으로 불리게 됐으나, 일본의 호적법을 토대로 만들어진 일본인 호적과는 다른 것이었다. 그래서 양자 간의 이동은 결혼이나 양자(養子) 결연을 제외하고는 금지되었다. 말하자면, 조선인들이 10

년, 20년 일본 내지에서 거주하더라도 내지로 본적지를 옮길 수 없었다. 일본인도 조선으로 본적지를 옮길 수 없도록 규제했는데, 이는 주로 병역 기피를 막기 위해서였다. 병역제도는 아직 조선인들에겐 적용되지 않아서, 조선을 본적으로 지닌 자는 병역법 대상이 아니었기 때문에 그것을 이용한 평역기피를 막기 위해 본적을 옮기는 걸 금지했다.

이처럼 일본인의 호적과 조선인의 호적(민적)을 분리함으로써 둘 사이에 구별을 법적으로 설정하고 유지하는 시스템이 구축되어 있었던 것이다.

일본 내지의 경찰 당국은 병합 전부터 거주 조선인 명부를 작성해서 감시와 경계의 대상으로 삼았는데, 병합 뒤에도 그런 관행에는 변함이 없었다. 외무성 외교사료관에는 지금도 '경시청의 조사와 관련한 청국인, 조선인 및 혁명당 관계자 조(調)'(메이지 45년 1월 23일 접수)라는 파일이 남아 있다. 그 전해인 1911년에 일본 전역에서 경찰이 재류 조선인을 조사해서 명부를 작성한 뒤 내무성에 보고한 것인데, 내무성에서 외무성으로 전달된 것으로 보인다. 보고하지 않은 부(府)나 현(県)도 있어 전국을 다 아우르고 있는 것은 아니지만, 체류자마다 이름, 본적지, 거주지, 직업 등이 기재되어 있다. 그 뒤 전국 규모로 작성된 적은 없었던 것 같지만, 이런 명부는 부와 현 차원 또는 경찰서 차원에서 계속 작성되었다.

재류자 중에서도 치안 당국이 경계해야 할 인물로 간주한 조선인에 대해서는 특히 상세한 감시 규정을 만들었다. 실제 감시 체제는 이미 한국병합 뒤에 이루어졌으나, 특고경찰(特別高等警察, 무정부주의자, 공산주의자, 사회주의자를 비롯하여 국가 존재를 인정하지 않는 자를 사찰, 내탐, 단속할 목적으로 설립된 일본의 정치 경찰—옮긴이)이 발족된 1911년에 내무성이 일본인 사회주의자들을 대상으로 '특별 요시찰인 시찰내규'(特別 要視察人視察內規)를 정했을 때 "조선인으로서 배일사상을 가진 자"도 특별 요시찰인으로 규정하고 인물의 특징이나 교유 관계 등을 자세히 기록한 명부를 작성해서, 그 언동을 몰래 염탐하고 시찰하도록 했다.

나아가 1916년에는 조선인만을 대상으로 한 '요시찰 조선인 시찰내 규'를 만들어 대상자를 갑호, 을호로 분류하고 감시하는 방법에 관한 지시를 내렸다. 도쿄, 오사카 같은 경찰서에는 특고과 내선계(內鮮係)가 따로 설치되어 재류 조선인을 감시하고 단속하는 역할을 맡았다. 1920 년대 이후 특히 전시 동원기에는 특고 내선계가 더 확충되었다.

집단으로 모집된 노동자들

병합 뒤의 조선인 노동자와 관련해 눈길을 끄는 대목은, 집단 모집으로 내지에 건너와 노동에 종사하는 여성이 많았다는 점이다. 특히 간사이(関西) 지방의 방적공장에서 조선인 여자 노동자들 모습을 많이 볼수 있게 되었다. 1911년에 세쓰방적(摂津紡績) 기즈가와(木津川) 공장, 1913년에는 이 회사 아카시(明石) 공장 등에서 조선인 여성들을 고용하기 시작했다.

제사공장과 함께 '여공애사'(女工哀史)를 상징하는 방적공장은 일본의 공업화를 견인한 부문이었는데, 급격한 성장 탓에 노동자가 부족한 공장도 많았다. 그 때문에 조선에서 여성 노동자를 집단으로 데려와 고용하는 경우가 있었다. 기숙사에서 생활하면서 24시간 조업하는 공장의 장시간 노동에 투입되었을 뿐 아니라, 먼지와 소음이 심한 노동 현장에서 일을 해야 했다.

세쓰방적 아카시 공장에서 일하던 조선인 여성 노동자들(1917년) 효고 현 마이코(舞子)의 아리스카와 별궁(有栖川別邸) 앞에 늘어서서 일본을 방문한 순종을 맞이하고 있다.

1918년에 기시와다방적(岸和田紡績)은 조선인 여성 50명을 모집해 일을 시켰는데, 실적이 좋아 더 많은 조선인 여성을 모집하여 고용했다. 또 연고를 찾아 온 이들도 있었기 때문에 1920년대 중반에는 기시와다방적의 4개 공장에서 모두 787명(그중 남성이 61명)의 조선인들이 일하게 되었다. 회사 쪽이 조선인 기숙사를 지어 엄격한 노무관리를 하면서 장시간 노동을 강요하는 등 노동조건이 열악했다. 방적공장에서는 이따금 일본인 노동자의 파업도 일어났는데, 조선인 노동자들은 일본인들과의 임금 차별 해소 등을 요구하는 파업을 벌이기도 했다.

1910년대에는 방적공장에서 일하는 조선인 여성들 외에 토목공사에 종사하는 남성 노동자들도 집단 모집 형식으로 일본으로 건너왔으며, 그 밖에 개별적인 취업도 점차 늘어나고 있었다. 교토의 염색공장에는 고용주의 집에 기거하며 일하는 이들도 나타나기 시작했다.

또 제1차 세계대전에 참전한 일본이 독일령 남양군도(사이판, 포나페섬 등)를 점령하여 개발에 착수하자, 사탕수수 농장을 경영하는 남양흥발주식회사(南洋興發株式会社)는 노동력을 오키나와 현 외에 조선반도에서도 모집했다. 1918년부터 1919년에 걸쳐 조선인 노동자 4백 명 정도가 사이판으로 건너갔다.

도항 관리

1910년대의 조선인 노동자들은 방적공장뿐 아니라 다른 분야에서도 집단 모집과 집단 고용 형태로 일한 경우가 많다. 앞서 얘기했듯이, 러일전쟁 이후 철도와 발전소 공사 등 인프라 정비를 위한 토목공사와 더불어 1914년의 제1차 세계대전 발발로 일본의 공업이 급성장함에 따라 노동력 부족이 심각해지면서 조선에서 노동력을 구하는 사업자들도 많아졌다.

1915년에 일본에 체류한 조선인 인구는 4천 명에 조금 못 미치는 정도였으나 그 이듬해에는 1만5천 명 가까이로 급증했다. 1920년의 국세조사에서는 4만 명에 달했다.

조선에서 노동자를 모집해 일본으로 데려가는 노동 중개인들 중에는 노동조건이나 임금 따위를 거짓으로 속이거나 어린 소녀를 데려가는 경우도 있었다. 이런 노동 중개인들을 단속하기 위해 조선총독부는 1913년에 노동자 모집을 인가제로 바꾸기로 했다. 노동자들을 모집해 내지에서 일을 시키려는 자는 모집 지역의 도(道) 경찰부장에게 사전 신청해서 인가를 받아야 하고, 14세 미만은 모집해선 안 되며, 20세 이하나 기혼여성 고용은 호주의 동의를 얻을 것 등 노동조건을 명기한 계약서를 주고받도록 규정을 만든 것이다. 그러나 이를 정해 놓은 통첩(通

牒, 관청이나 기관의 통지문─옮긴이)에는 처벌 규정이 없고, 또 노동 중개
인과 경찰이 결탁하는 경우도 많아 충분한 단속이 이뤄졌다고 볼 수는
없다.

　1918년이 되면 총독부는 부령(府令)으로 '노동자 모집 단속 규칙'을
정해 조선 내에서 노동자를 모집해 내지에 데려가려면 경찰의 허가를
받도록 했다. 이를 위반한 자는 200엔 이하의 벌금을 물리는 처벌 규정
도 만들었다. 이 규칙은 고용·노동조건이 열악한 곳에서 일하는 것을
막기 위해서라는 설명을 붙였지만, 한편으로는 노동력 수급을 조정하면
서 조선인의 내지 도항을 통제하는 장치였다. 나중의 여행증명서나 도
항증명서 제도가 개인의 도항을 관리하는 것이었는데 비해, 1910년대
의 시점에서는 노동자의 집단 모집을 관리하는 제도를 통해 도항을 통
제할 수 있다고 생각했던 것이다.

유학생 운동과 2·8독립선언

　조선에서는 1919년에 3·1독립운동이라 불리는 전 민족적인 항일운
동이 일어났다. 3월 1일, 조선왕조 마지막에서 두 번째 왕이자 대한제국
초대 황제인 고종(高宗, 1852~1919)의 장례일에 맞춰 서울과 평양 등에
서 독립을 선언하는 문서가 낭독되고 민중 집회와 시위가 벌어졌다. 그
뒤 운동은 농촌 지역에도 확산되어 출동한 일본 경찰대와 군대의 탄압
을 받았다.

　두 달가량 전개된 독립운동을 촉발한 계기 가운데 하나는 일본에서
유학하고 있던 청년들의 활동이었다.

　조선에서 일본으로 가는 유학은 1880년대부터 시작되었는데, 특히
러일전쟁 무렵에 급증했다. 대한제국 황실에서 파견하여 유학한 이들도

있었지만 사비를 들여 떠나는 유학생도 불어났다. 1908년에 270명, 한국병합 직전인 1910년 5월에는 일본에 420명의 유학생이 있었던 것으로 되어 있다. 근대 지식과 기술을 습득하기 위해 이웃 일본에서 배우려는 젊은이들이 많아진 것이다(여성 유학생은 아직 얼마 되지 않았다). 그들은 일본에서 여러 학문을 공부하는 한편 일본의 조선 침략에 항의하고 저지하려는 활동도 펼쳤다. 일본에서 유학생 단체를 조직해 잡지를 발행하고 귀국한 뒤에는 교육 활동이나 언론 활동을 통해 일본의 침략에 저항하는 기반을 다지려고 했다.

한국병합 때 일본 당국은 유학생의 항의와 저항이 일어날 것을 우려해 유학생들의 움직임을 철저히 억눌렀다. 1909년에 결성된 대한흥학회(大韓興学会)도 강제 해산당했다.

그러나 1911년에 도쿄에서 조선유학생친목회가 만들어지고, 이듬해 1912년에는 '재일본도쿄조선유학생학우회'가 결성되어 기관지 《학지광》(学之光)을 발행하는 등 활동이 서서히 부활했다. 교토에서도 1915년에 '조선유학생친목회'(나중에 '유학생학우회'로 개칭)가 결성되었다. 그런 가운데 주로 도쿄에서 공부하던 조선인 유학생들은 민족자결 의지를 굳건히 하고 독립을 요구하는 행동에 나섰다.

1918년 가을, 제1차 세계대전이 종결될 무렵부터 유학생학우회 간부들을 중심으로 독립운동 준비가 진행되었다. 이듬해인 1919년 2월 8일, 학우회 집회 형식으로 독립을 선언하는 모임이 도쿄 간다(神田)의 조선기독교청년회관에서 열리고 학생 3백 명이 모여 선언문을 낭독했다. 일본 당국은 중심이 된 학생을 검거했으나 검거를 피한 이광수(1892~1950) 등은 조선과 중국(상하이)으로 가서 각지의 조선인 지도자들과 제휴를 꾀했다. 그리하여 일본 유학생들이 시작한 독립운동이 조선과 중국에도 파급된 것이다.

유학생의 신분이나 지위, 환경은 조선인 노동자들의 처지와는 달랐고 유학을 마치면 조선으로 돌아가는 것이 보통이었기 때문에 '재일조선인' 범주에 넣을지 말지를 두고서는 의견이 나뉘었다. 유학생 가운데에는 조선인 노동자의 처지에 관심을 기울이면서 그들의 생활환경을 개선시키려고 애쓰거나, 민주주의나 사회주의 사상을 실천하려는 이들도 나타나게 되었다. 또 유학생이라고는 해도 스스로 일을 하면서 공부하는 '고학생'도 있었다. 유학생과 노동자가 완전히 분리된 존재는 아니었던 것이다.

여행증명서 제도

3·1운동에서 조선 내의 운동과 국외의 운동이 결합한 사실을 간파한 조선총독부는 양쪽이 서로 연락해서 활동을 펼쳐 나갈 수 없도록 막기 위해 조선인들의 이동을 통제하기로 했다. 그래서 나온 것이 1919년 4월에 공포·시행된 경무총감부령 '조선인 여행 단속에 관한 건'이다. 조선 바깥으로 나가려는 사람은 관할 경찰서에서 '여행증명서'를 발급받아, 철도나 연락선을 탈 경우에는 그것을 제시해야 했다. 일본 내지로 갈 경우에도 이 여행증명서가 필요했다.

그 뒤 1922년에 여행증명서 제도는 일단 폐지되었으나, 이듬해 발생한 간토(関東)대지진 직후에 다시 부활했다. 하지만 조선 내에서 비판이 거세지자 1924년 6월에 여행증명서에 관한 법령은 폐지되었다. 여행증명서 제도는 1920년대 후반에 실시되는 도항증명서 제도의 선구였는데, 전자가 법령에 근거한 것이었음에 비해 후자는 법령 없이 실시된 제도였다는 점에서 차이가 있다.

3. 간토대지진과 조선인 학살

늘어나는 도일 노동자

1920년대 초, 여행증명서 제도에도 불구하고 바다를 건너 일본으로 건너가는 조선인들은 계속 늘어나는 경향을 보였다.[표 1] 일본 사회가 도시화됨에 따라 토목공사가 늘어나고 공장이나 탄광, 광산에서는 저임금의 미숙련 노동자가 필요했던 사정이 그 배경에 있다. 여행증명서 제도가 폐지되고 나서는 도항 노동자가 급증했다.

일본에 머물러 살던 조선인의 직업별 인구를 보면, 오사카를 비롯한 대도시에서 직공이 늘고 있다. 도쿄에서도 시타마치(下町, 번화가나 중소 공장지대)의 작은 공장들에 조선인 노동자가 고용되었는데, 일본인 노동자들에 비해 임금이 낮았던 것이 큰 이유였다. 토목건축 같은 야외 노동에서는 임금에 큰 차별을 둘 수 없었으나, 공장에서는 미숙련 직공이라는 이유로 임금을 억눌렀기 때문이다. 1924년의 내무성 조사보고에는 조선인 노동자와 일본인 노동자 사이에 평균 20퍼센트 정도 임금 격

	거주 인구	도항자	귀환자
1900년	196		
1905년	303		
1910년	2,600		
1915년	15,160		
1920년	40,755	27,497	20,947
1925년	214,657	131,273	112,471
1930년	419,009	95,092	107,706
1935년	615,869	108,639	106,117
1940년	1,242,315		
1945년 8월	2,100,000		

거주 인구 1900년, 1905년: 외국인 재류계(《대일본제국 통계연감》각년판); 1920년, 1930년, 1940
년: 국세조사(국세조사보고); 그 밖에: 추계(다무라 노리유키田村紀之, 〈내무성 경보국 조사에 의거
한 조선인 인구(I)〉,《경제와 경제학》제46호, 1981년).
도항자 수·귀환자 수 조선총독부 경무국 편,《최근 조선의 치안 상황》쇼와 11년 5월(복각판, 不二
出版, 1986년).

차가 있다고 나와 있고, 지방이나 직종에 따라서는 60퍼센트 이상의 격
차가 있다는 사실도 확인되고 있다.

1923년 무렵에는 일본에 거주하는 조선인 인구가 10만 명에 달했다.
병합 전후 시기의 노동자들과는 달리, 이 무렵에는 보통 일본인들의 눈
에 띄는 존재로 조선인들이 모습을 드러내고 있었던 것이다.

간토대지진과 조선인 학살

1923년(다이쇼 12) 9월 1일, 간토 지방을 덮친 대지진과 그로 인한 대
화재 속에서 수많은 조선인들이 일본의 군대와 경찰, 일본인 자경단의
손에 학살당하는 사태가 벌어졌다. "조선인이 우물에 독을 풀었다," "폭
탄을 갖고 습격해 온다" 따위의 근거 없는 유언비어가 떠돌았고, 그 말

을 믿은 자경단이 피난하는 조선인들을 붙잡아 살해하거나 경찰이 보호 명목으로 조선인들을 수용하면서 경찰서에서 살해하는 사건이 간토 지방 곳곳에서 벌어졌다. 살해당한 조선인 수는 사법성 발표로 233명, 조선총독부 자료에서는 832명, 정치학자 요시노 사쿠조(吉野作造, 1878~1933)의 조사에 따르면 2,711명으로 되어 있으나, 조선인 유학생들이 '이재(罹災)동포위문단'의 이름으로 실시한 조사에서는 6,415명이라는 숫자가 나왔다. 일본 정부가 조선인 학살 사실을 숨기려고 조사를 방해했기 때문에 정확한 사망자 수는 알 수 없지만, 천 명 단위의 사망자가 발생했다는 사실은 부정할 수 없다.

왜 이런 사건이 일어난 것일까. 몇 가지 원인을 생각할 수 있으나, 그 근본에는 조선인을 멸시하는 한편 위험한 존재로 경계하고 두려워하는 의식이 일본인들 사이에 퍼져 있었던 점이다. 조선을 식민지로 지배하는 과정에서 조선인을 열등한 존재로 깔보면서도, 한편으로는 3·1운동과 그 뒤를 이어 독립운동이 펼쳐지자 일본에 저항하는 '두려운 존재'이기도 하다는 생각을 갖게 되었다. 그 무렵 신문 등에서는 '불령선인'(不逞鮮人, 무뢰한 조선인들이라는 의미로 쓴 차별하는 용어—옮긴이)이라는 말이 사용되었다. 일본(천황)으로부터 은혜를 받았음에도 반항하는 괘씸한 놈들이라는 의미를 담고 있는 말이다. 신문에는 종종 '불령선인'이 폭탄을 지니고 일본에 잠입했다는 근거 없는 기사들이 실렸다.

특히 이런 의식이 강한 사람은 경찰관이나 군인들이었다. 1921년 11월, 하라 다카시(原敬) 총리가 도쿄 역에서 살해당했을 때, 범인을 붙잡은 형사가 한 말은 "너 조선인이지"였다고 한다. 실제로는 정치에 불만을 품은 일본인 청년의 범행이었으나 경찰관은 반사적으로 범인이 조선인일 거라고 생각한 것이다. 이런 반응을 보인 건 경찰관만이 아니었다.

군대에 연행되어 나라시노(習志野) 포로수용소 터로 가고 있는 조선인들

하라 총리 암살을 전한 신문 호외는 "하라 총리 선인(鮮人) 흉기에 찔려, 도쿄 역두에서 졸도," "돌연 군중 속에서 (……) 24~25세 조선인풍의 한 청년이 뛰어들어"《오사카아사히신문》 1921년 11월 4일 호외)라고 적어, 두려워해야 할 존재로서 조선인 이미지를 퍼뜨렸다.

　이런 풍조 속에서 일상생활에서도 일본인이 조선인을 불온하게 바라보는 사건이 일어났다. 예컨대 대지진 다섯 달 전 요코하마 시내에서 인삼 장사를 하고 있던 조선인이 '연설'을 시작했다. 그 순간 일본인 구경꾼이 "불온한 언동"이라며 조선인에게 뭇매를 퍼부어 두 사람에게 중상을 입힌 사건이 일어났다. 신문기사에서는 행상인이 일본에 반항하는 듯한 결의문을 길거리에서 읽은 것으로 되어 있으나, 너무도 부자연스러운 트집 잡기였다. 게다가 "상하이 음모단의 유력자 아무개가 요코하마에 들어와 어딘가에 잠복중이기 때문에 그들과 관계가 있을 것이라고 보고, 현 고등과에서는 이들이 대활약(大活躍)을 개시했다"는 말까지 덧붙여, 독립운동 음모라는 암시를 하고 있다(《도쿄아사히신문》 1923년 3월 31일 조간).

정부의 책임과 학살의 배경

한편으로 간토대지진 당시에 벌어진 조선인 학살과 관련해서 일본 정부에게 중대한 책임이 있었던 점도 부정할 수 없다. 애초에 자연재해임에도 계엄령을 선포하고 국가 존립을 위협하는 사태가 생기기라도 한 듯한 인상을 준 쪽은 정부였다. 게다가 내무성은 각지에 보낸 전보에 "조선인은 곳곳에서 방화하고, 불령스러운 목적을 수행하려"한다고 써놓아 세간의 유언비어를 뒷받침했다. 그 뒤 유언비어가 퍼져 조선인 학살이 곳곳에서 벌어지자 정부 쪽도 진정시키는 조치를 취했지만, 그 경우에도 '조선인 폭동'이라는 유언비어가 잘못된 것이라는 점을 분명히 하지 않았다.

조선인 학살에 직접 가담한 쪽은 대개 자경단이었는데, 이 단체는 지진으로 재난이 발생했을 때 재향군인들을 중심으로 지역 주민들이 자발적으로 조직한 것이다. 재향군인들 중에는 3·1운동 진압이나 시베리아출병(1918~1922년, 제1차 세계대전 연합국[영국, 미국, 프랑스, 이탈리아, 일본 등]이 '러시아 혁명군에 사로잡힌 체코 군단을 구출한다'는 명분을 내걸고 시베리아에 군대를 보내 러시아혁명을 저지하려던 간섭 전쟁—옮긴이), 간도출병* 같은 경험을 통해 식민 지배에 저항하는 조선인들의 존재를 알고 있던 자, 또는 동료들한테서 이야기를 들은 자도 많았다. 그런 역사

---

* 3·1운동 뒤 중국 등에서 전개된 조선인의 독립군 활동을 탄압하기 위해 1920년 10월에 독립군 거점이던 간도(間島, 오늘날의 중국 지린 성 옌볜조선족자치주)에 일본군이 출병해 조선인 부락들을 습격해서 수천 명을 학살했다.

적 경험이 만들어 낸 의식이나 기억이 학살의 배경에 자리 잡고 있었던 것으로 생각된다.

정부는 조선인을 학살한 자경단원들을 검거해 재판에 넘겼으나, 대다수가 집행유예 판결을 받고 석방되었다. 결국 학살을 문제 삼은 국제 여론에 대한 해명뿐 아니라 사망자 수를 제대로 조사하는 일도 회피하며 시종일관 학살 책임에서 벗어나기에만 급급했다.

한편, 박열(朴烈, 1902~1974)과 그의 아내 가네코 후미코(金子文子, 1903~1926) 등을, 황태자 암살을 계획했다는 혐의로 검거한 뒤 대역죄를 적용해 재판에 넘겼다. 대지진 때 퍼진 '조선인 폭동' 유언비어에 근거를 마련하려던 당국의 조작 사건이었으나, 재판에서 박열과 가네코 후미코에게 사형이 언도됐고 두 사람은 은사(恩赦, 천황의 특별사면)를 받아 무기징역으로 감형되었다. 하지만 가네코 후미코는 천황의 은사를 거부하고 옥중에서 자살했으며, 박열은 1945년 일본이 패전할 때까지 복역했다.

4. 식민지 지배와 인구 유출 메커니즘

조선 사회의 변화

조선에서 일본으로 건너오는 사람들은 특히 1920년대에 꾸준히 늘어났다. 어떤 요인 때문이었을까.

말할 것도 없이 가장 큰 요인은 식민지 조선의 경제 상황 변화이다. 1910년대 토지조사사업으로 토지 소유권이 명확하게 정립되는 와중에 토지를 잃어버린 농민이 늘어난 것이 그 원인이었다. 게다가 1920년대 조선산미증식계획이 불러온 경제적 요인도 크게 작용했다. 산미증식계획은 토지개량(관개시설 정비 등), 품종개량, 시비(施肥) 개선(스스로 만들어 쓰던 비료에서 돈 주고 사서 쓰는 비료로 교체) 등을 통해 쌀 생산 증대를 꾀한 정책이었는데, 농가에 큰 자금 부담을 안겼기에 현금 수입을 늘려야만 했다. 또 갖가지 세금과 공과금도 농가에 큰 부담을 지웠다. 농업만으로는 현금을 손에 넣을 수 없던 농가는 도시로 나가 일자리를 구하려 했지만, 공업화가 아직 진척돼 있지 않았기 때문에 제대로 된 일

엿장수 행상을 하는 조선인 유학생(1920년대)

자리를 얻지 못하고 짐꾼 같은 잡다한 일에 종사하는 이들이 많았다. 이런 노동력 이동 흐름의 연장선상에서 조선 남부 지방에서 바다 건너 일본으로 가는 사람들이 늘어났다.

경제적 요인에 더해 두 번째 요인으로 문화적·사회적 변화를 꼽을 수 있다. 식민지 지배 하에서 일본은 교육을 통해 조선인들을 "충성스럽고 선량한 국민"으로 만들려고 했는데, 그때 가장 역점을 둔 것이 일본어였다.

1920년대부터 1930년대에 걸쳐 취학률은 여전히 낮았으나 학교에 다니는 조선인(특히 남자)이 계속 늘어나는 추세였다. 일본어를 익힌 사람들은 이전 세대와는 달리 일본에 가서 일하는 데 어려움을 덜 겪게 되었다고 할 수 있다. 또 일본의 신문이나 잡지를 통해, 또는 친척이나 지인들한테서 들은 얘기를 통해 일본에 관한 정보나 근대 문명의 기운을 접함으로써 일본으로 건너가려는 생각을 품게 된 이들도 있었다. 그런 이들 가운데 일부는 일하면서 공부하는 고학생으로 일본에 건너가, 결국 일본에 정착하는 이들도 있었다.

또 일정한 학교교육을 받더라도 조선인들에게는 취직자리가 없는 상황이어서 일거리를 찾아 일본으로 건너가는 경우도 많았다. 식민지 상황에서는 공무원, 교원, 경찰관 같은 공직의 다수를 일본인들이 차지했고, 조선인들은 취직이 되더라도 시골 면사무소의 임시직 정도나 얻을 수 있었기 때문이다.

식민지 시기에 교통기관(철도, 연락선, 도로 등)이나 통신기관(우편국)이 정비된 것도 일본으로 도항을 촉진시킨 요인이었다. 농촌을 떠나 일본으로 가려면 철도와 연락선을 이용할 수밖에 없었고, 또 1920~1930년대에 노선이 확장된 승합자동차(소형 버스)를 이용하는 이들도 많았다. 돈벌이를 위해 일본으로 건너간 이들이 조선에 남겨 둔 가족과 연락하기 위해 편지나 전보를 보내고, 수입의 일부를 우편환이나 현금 등기우편 같은 형태로 가족에게 보내는 데는 우편국이 중요한 역할을 했다.

식민지 지배 시기에 일어난 조선 사회의 이런 변동·변용을 배경으로 조선인들이 대규모로 일본으로 건너간 것으로 생각된다.

시대의 변화에 대응하는 삶의 방편으로 도일을 택한 것은 조선 사회의 최하층만이 아니다. 오히려 중간층(또는 하층의 상위 클래스)에 속하는 이들이 많았다. 최하층 사람들은 일본에 가기 위한 경제적·문화적 능력을 갖추지 못해 조선 내에서 도시로 나가 '토막민'(土幕民, 판자촌 거주자)으로서 잡다한 일에 종사하거나 농촌에 남아 머슴이나 화전민이 되었다. 또 조선 북부나 만주로 이주하는 경우도 많았다. 중간층은 약간의 돈을 갖고 있었고 일본어도 조금 할 줄 알았지만, 그래도 조선 내에서는 사회적 계층 상승을 바랄 수 없었기 때문에 일본으로 건너가는 길을 택했다.

도항증명서 제도

간토대지진 뒤에도 조선인들의 일본 도항은 계속 늘어났다. 당국은 1925년부터 도항자를 줄이기 위해 부산항에 도항 저지 조치를 취했다. 연락선에 탈 때는 확실한 일자리가 정해져 있고 얼마간 여비나 예비비 (준비금)를 갖고 있어야 하며, 일본어를 할 수 있어야 한다는 등의 조건을 갖춰야만 도항 허가를 내주겠다는 것이었다.

1926년에 부산항을 통해 일본으로 도항한 조선인이 약 9만 명인 가운데, 도항을 저지당한 이는 2만 명이었다. 1927년에는 도항자 14만 명에 도항을 저지당한 이가 6만 명이나 되었다. 부산까지 간 도항 희망자들 가운데 20~30퍼센트가 연락선을 탈 수 없었던 셈이다.

1928년부터는 '도항증명서' 제도가 도입되었다. 일본으로 건너가려는 사람은 거주지 경찰서나 파출소에 신청을 해서 증명서(호적등본·초본에 경찰서장 등의 도장을 받은 것)를 받아 부산항에서 연락선을 탈 때 그것을 제시해야만 하게 되었다. 증명서를 발급받으려면, 도항을 막을 때 기준이 된 것과 거의 같은 조건을 충족시켜야만 했다. 한편으로 이미 일본에 거주하고 있던 이들이 잠시 조선에 갔다가 다시 일본으로 돌아올 때 제시하는 '일시귀선(一時歸鮮) 증명서' 제도가 1929년부터 시작되었다. 이것도 내지의 거주지를 관할하는 경찰서에서 발급받아야만 했다.

도항증명서 제도는 조선인에겐 일본을 오가는 데 커다란 장애가 되었다. 경찰서에 가서 이런저런 사정을 설명하고 거기에 필요한 서류를

도항증명서(1929년 3월 30일).
경남 거제 출신 주부원(朱夫元) 씨가
일본으로 건너갈 때 발급받았다.

갖추는 것만으로도 몹시 번거로운데다 시간과 노력, 심지어 돈(경찰에
주는 뇌물)까지 들여야 했다.

　게다가 이 제도는 법령에 근거한 것이 아니라 경찰의 내부 규정에 따
른 것이었다. 조선인을 차별하는 정식 법령을 만든다면 반발을 불러 식
민지 지배를 불안정하게 할 우려가 있었고, 또 당시 일본을 둘러싼 국제
관계와도 얽혀 있어 바람직하지 않다고 판단했기 때문이다. 일본은 '배
일이민법'(1924년)에 보이는 미국의 일본인 이민 배척 움직임을 비난하
고 있었기 때문에, 그 당사자가 '제국 신민'인 조선인의 이주를 인정하
지 않는 법적 제도를 만든다면 국제적인 비판을 부를 가능성이 있었던
것이다. 그 때문에 도항증명서 제도는 법적 근거도 없이 경찰의 행정적
인 재량에 맡겨져 있었고, 조선인에게는 그래서 더욱 억압적인 시스템
이 되었다. 조선인들은 늘 이 제도를 폐지하라고 요구했으나 1945년 일
본이 패전하기 직전까지 그대로 유지되었다.

연쇄 이주 현상

그 무렵의 신문, 특히 조선에서 발행되고 있던 신문들에는 조선인의 일본 도항을 '만연(漫然) 도항'이라고 평하는 기사가 많이 실렸다. 당국 쪽 자료에도 만연 도항을 억제할 필요가 있음을 강조하는 내용이 들어 있다. 만연 도항이란 정해진 일자리도 없이 '일본에 가기만 하면 어떻게든 되겠지' 하는 생각으로 건너가는 것을 가리킨다.

하지만 실제로는 조선인들이 연줄이나 정보를 갖고 일본으로 건너오는 경우가 많았다. 1929년에 후쿠오카 지방 직업소개소가 작성한 자료에 따르면, 도항을 막기 시작한 1925년 이전에도 만연 도항으로 분류된 비율이 18퍼센트 정도였고 대다수는 친척이 불렀거나 벗(友人)의 권유 등으로 도항했다. 도항 저지나 도항증명서 제도 아래에서는 일자리가 불분명한 사람들의 도일은 규제되었기 때문에 만연 도항의 비율은 더 내려간 것으로 보인다. 만연 도항이란 조선인들이 일본으로 건너오는 것을 제한하기 위해 당국이 만들어 낸 구실이라는 면이 강했다.

전쟁 전에 이루어진 조선인들의 도항과 이주는 요즘의 이주노동자들한테서 볼 수 있듯이 '연쇄 이주'라는 특징이 있었다. 먼저 이주할 곳으로 간 사람이 고향의 친척이나 지인들에게 일거리를 소개하거나 생활상의 정보를 제공함으로써 꼬리에 꼬리를 물고 이주자가 늘어 가는 현상이다. 조선인들의 일본 도항에 대해서도 이런 특징을 찾아볼 수 있다. 내지와 조선에 걸쳐 있는 네트워크를 통해 도항과 귀향이 반복되었고 가족이 불러들이기도 했다. 당국의 도항 규제가 이런 경향을 한층 더 촉발시켰던 것으로 보인다.

5. 정착과 집단거주 지구 형성

'3K노동'

1920년대에 늘어난 재일조선인들은 어떤 일을 했을까. 1930년의 국세조사에 따르면, 재일 거주자 약 42만 명 가운데 직업을 갖고 있는 이는 26만 명이었다. 분야별 비율을 보면, 농림수산업이 8.3퍼센트, 광업 6.3퍼센트, 공업 53.1퍼센트, 상업 10.3퍼센트, 교통업 8.1퍼센트, 공무자유업 0.6퍼센트 등으로 되어 있다.[표 2]

반수 이상이 공업에 종사하고 있었는데, 그들 가운데 다수는 '토공'(土工), 곧 토목건축 분야의 육체노동자였다. 철도나 발전소 공사 외에 도시 기반 정비를 위한 도로 공사와 하천 개수 공사 등 조선인 노동자들이 일하지 않는 공사 현장이 없다는 이야기가 나돌 정도였다.

공업에서는 섬유 관련 일을 하는 이들이 많았다는 점을 알 수 있다. 앞서 얘기했듯이 방적공장에서 일하는 여성 노동자뿐 아니라 소규모 섬유 관련 공장 종사자들이 늘었기 때문이다. 교토의 유젠조메(友禪染,

대분류	인구	비율	종사자가 많은 직업(소분류, 명)
농림업	20,058	7.7%	농가의 머슴·일꾼 8,661, 농업 노동자 4,027, 숯쟁이 2,001
수산업	1,444	0.6%	어업 노무자 1,171
광업	16,304	6.3%	채탄부 7,681, 토사 채취부 3,551, 석수장이 1,750
공업	26,848	53.1%	토공 58,458, 실잣기공 3,715, 염색공 3,768, 재봉공 3,331, 정방공(精紡工) 1,690, 기직공(機織工) 2,620, 고무성형공 2,887, 유리성형공 2,476, 주물사 1,605
상업	26,848	10.3%	노점·행상 7,639, 점원 5,119, 물품 판매 3,323
교통업	20,985	8.1%	짐꾼·운반부 10,805, 배달부 3,103, 자동차 운전수 2,102
공무 자유업	1,465	0.6%	서기 직업 457, 의료 종사자 85, 관공리 56, 관공서 고용인 134, 기자·저술 76
가사 도우미	3,368	1.3%	
그 밖의 취업자	31,372	12.1%	날품팔이(日雇) 19,125, 잡역부 8,708, 청소부 1,928
취업자 합계	260,010	100.1%	

내각 통계국 편, 《국세조사보고, 쇼와 5년》 제2권, 1935년.
박재일, 《재일조선인에 관한 종합조사연구》, 新紀元社, 1957년.

베에 무늬를 염색하는 일본의 대표적인 염색공업—옮긴이)에서는 '찜'이나 '물빨래' 등 노동환경이 열악해 육체를 혹사하는 공정에 많은 조선인 노동자들이 종사하고 있었다. 오사카에는 고무와 유리, 법랑 따위를 만드는 소규모 마치코바(동네 공장), 고베에는 고무 공장과 술병 제조 공장, 아이치 현 세토(瀨戸)에는 도자기 공장에서 일하는 조선인 노동자들이 특히 많았다.

이처럼 각 도시의 주요 산업을 떠받치는 노동력으로서 조선인 노동자들이 널리 존재하고 있었던 것이다.

광업에서는 탄광 노동자가 많았는데, 특히 토사 채취에 종사하는 이들이 많았던 점이 주목을 끈다. 건설공사에 사용되는 자갈을 하천 같은 데에서 채취하는 일이었다. 대도시 근교, 예컨대 도쿄와 가나가와의 경계를 이루는 다마가와(多摩川) 같은 곳에서 자갈을 채취하는 일에 많은 조선인이 종사하고 있었다. 간토대지진이 일어난 후 부흥 사업이 진행됐기 때문에 다마가와에서는 자갈 채취가 성했고, 조선인 남녀 노동자들이 늘어났다.

교통업의 '오키나카시'(沖仲仕)는 항만에서 하물을 배에 싣거나 내리는 일을 하는 사람이다. 각지의 항만에 조선인 짐꾼들이 모습을 드러내고 있었는데, 특히 석탄을 반출하는 와카마쓰 항(若松港, 오늘날의 기타큐슈 시)에서는 1928년에 재일조선인의 반수에 가까운 518명(여성이 109명)이 석탄 짐꾼이었다.

상업에 종사하는 이들도 많았는데 대개는 노점이나 행상이었다. 조선 엿을 파는 행상인이 농촌 지대까지 돌아다니는 모습을 일본 전역에서 볼 수 있었다. '물품 판매' 직종은 조선의 식재나 의복을 취급하는 경우도 있었지만, 누더기나 고철 같은 폐품 회수를 생업으로 삼는 이들이 대부분을 차지했다.

날품팔이, 잡역부 같은 '기타 취업자'도 많아, 농림업, 광공업, 상업에 종사하는 이까지 포함해서 조선인들은 전반적으로 잡업층에 속했다. 정규 노동자는 거의 찾아볼 수 없었고, 처지가 불안정한 이른바 '3K노동'(3K는 일본어로 '기쓰이'=고되고, '기타나이'=더럽고, '기켄'=위험한 일을 뜻하는 영문 첫 글자 K를 공통어로 짜 맞춘 조어. 우리식으로 얘기하면 '3D업종'—옮긴이)에 종사했다. 이런 일들은 제1차 세계대전 이후 일본 경제에서 '불필요한 것'이 아니라 오히려 없어서는 안 될 일이었다.

노동하숙과 집단거주 지구

일본에서 일하게 된 조선인 노동자들은 토목 노동이나 탄광·광산 노동의 경우에 '함바'나 '나야'(納屋, 헛간) 같은 곳에서 집단생활을 하는 경우가 많았다. 농촌 지역의 토목공사에서는 공사가 끝나면 다른 현장으로 옮겨 가는데, 도시 지역의 토목공사나 광산에서는 '함바'가 이동하는 경우가 드물어 조선인 집단거주 지구가 형성되었다. 대개는 습지나 하천 부지 같은 열악한 주거 환경 속에 있었다.

마치코바나 상점 같은 데서 일하는 이들은 고용주의 집이나 일터에서 더부살이하는 형태가 많았지만, 오사카 같은 곳의 소규모 공장에는 기숙사도 없어서 함바를 기반으로 조성된 집단거주 지구에 살거나 하숙을 하는 경우가 많았다. 이런 흐름 속에서 조선인들을 위한 '노동하숙'이 탄생한다. 일본인 집주인한테서 집을 빌린 사람이 하숙을 쳐서 노동자들에게 숙식을 제공하고 나아가 일자리도 소개하는 등 노동자 '합숙소'와 '네트워크' 구실을 하게 되었다. 노동하숙은 특히 오사카에 많았는데, 그곳은 친척과 동향인들이 유대를 강화함으로써 집단거주 지구와 함께 민족적인 생활이나 문화가 유지되는 공간이었다.

1920년대, 일본 곳곳에는 조선인 집단거주 지구가 형성되어 있었다. 토목공사가 끝나도 함바는 그대로 남았고, 공장이 도산해도 기숙사에 그대로 눌러 사는 형태로 집단거주 지구가 만들어지는 경우도 있었다. 하지만 대개는 집이나 방을 빌릴 수가 없어서 하천 부지나 습지 같은 환경이 열악한 공터에 판잣집을 짓고 사는 사람들이 늘었기 때문에 그런 곳이 집단거주 지구가 되었다. 그 무렵 '조선인 부락'(朝鮮部落), '조선인 마을'(朝鮮町)이라고 불리던 집단거주 지구는 상하수도나 전기도 없었으며 위생 상태도 좋지 않았다. 그럼에도 그곳 주민들이 조선의 고향

채소 가게를 운영하는 조선인 여성(1920년대, 도쿄)

에 있는 가족을 불러들이거나 그곳에 사는 친척이나 지인들을 의지할 곳으로 삼아 오는 경우도 많아 인구는 계속 늘어났다. 그러나 하천 부지에 세워진 판잣집은 '불법 건축'이라 해서 퇴거 압박에 시달렸으며, 강제 철거되는 경우도 많았다.

조선의 생활과 전통 문화

한편 집단거주 지구는 조선인들이 의식주 생활과 문화를 지켜 낼 수 있는 공간이기도 했다. 조선어로 얘기하고, 치마저고리를 입고, 민족 요리를 먹는 등 생활양식과 문화를 유지하는 기능을 했다. 규모가 큰 집단거주 지구에는 쌀집, 채소 가게, 과자점, 잡화점이 들어섰고, 조선요리 식재를 파는 가게, 조선옷 집, 막걸리 집, 한약방도 생겨났다. 여성 무당이나 한문을 가르치는 노인이 있는 집단거주 지구도 있어서, 마치 조선의 마을이 그대로 옮겨 온 듯했다. 거기에는 친목회나 계라고 불리는 다노모시코(賴母子講, 친목계) 같은 상조 조직이 만들어졌으며, 문화 활동이나 교육 활동도 이루어지게 된다.

이런 조선인 집단거주 지구는 일본인들 눈에는 '난잡'하고 '불결'한 것으로만 비쳤고, 이해할 수 없는 다른 문화가 일본 사회 속에 이식된 것처럼 보였다. 단속하는 당국은 조선인 집단거주 지구를 범죄의 온상, 나아가 민족운동의 거점으로 보고 경계와 감시의 대상으로 삼았다. 1928년 교토에서 거행된 쇼와(昭和) 천황 즉위식 때 조선인 집단거주 지구는 일제단속의 대상이 되는 등 경찰의 단속을 받는 경우가 많았다.

일본에서 가족을 형성

1920년대에는 가족 형태로 거주하는 사람들이 늘었다. 이런 흐름은 남녀 비율이나 연령 구성의 변화를 통해 읽어 낼 수 있다.

재일조선인 남녀 비율은 1920년에는 8.1 대 1이었으나 1930년에는 2.4 대 1, 1940년에는 1.5 대 1로 서로 수렴하는 경향을 보였다. 전쟁 전에는 남녀가 균형을 이루지 못했으나 1920~1930년대에 여성 비율이 급격하게 상승한 점은 주목할 만하다.

1930년의 국세조사에서는 재일조선인 인구 약 40만 명 가운데 약 3만4천 명이 내지에서 태어난 것으로 돼 있다. 이 시기가 되면 8퍼센트 남짓 되는 조선인들이 일본에서 태어난 2세인 셈이다. 또한 연령별 인구 구성에서도 14세 이하 어린이가 22퍼센트로 같은 연령대의 일본인이 37퍼센트인 것에는 못 미치지만, 1920년에 5퍼센트였던 것과 비교하면 아이들 비율이 확실히 높아졌다는 것을 확인할 수 있다.

이런 수치로 볼 때, 1910년대에 성인 남자 단신 돈벌이 출가 노동자

가 대부분이었던 상황이 바뀌어 1920년대에는 가족 형태로 거주하는
이들이 점차 늘고 있었던 사실을 알 수 있다.

조선어 교육 금지

가족 형태 거주가 늘면 문제가 되는 것이 아이들 교육이다. 본디 식민
지 지배 하의 조선에서는 의무교육이 실시되고 있지 않았다. 그래서 일
본에 사는 조선인 어린이들도 의무교육 대상인지 아닌지가 분명하지 않
았고, 일본 학교는 조선인 어린이들을 받아들이는 걸 싫어했다. 오사카
시 같은 곳에서는 조선인만 모아 야간학급을 여는 학교도 있었지만, 전
반적으로 조선인 어린이들에 대한 교육은 별로 신경 쓰지 않고 있었다.

조선인 집단거주 지구에서는 어린이 교육을 위해 조선에 널리 존재
했던 '서당'이 설립되어 학식 있는 노인들이 한문 등을 가르치는 경우도
있었다. 그리고 부모나 젊은이가 간이 시설에서 조선어와 일본어, 산수
등을 가르치는 야학을 개설하는 곳이 각지에 생겨났다. 이런 야학에서
는 일본 학교에서 공부하는 유학생들이 교사를 맡는 경우도 있었다.

이러한 자주적인 교육기관이 많았던 아이치 현의 경우 1935년 무렵
에 야학 18곳이 운영되어 900명 정도의 학생들이 배우고 있었다. 일
본 학교에 다니는 조선인 자녀들이 269명으로 되어 있는 것과 비교하
면, 어린이 교육에서 야학이 얼마나 큰 역할을 하고 있었는지 알 수 있
다. 또 야학과는 별도로 아이치 현에서는 사립학교로 인가받은 보성학
원(普成学院)이라는 조선인 경영 학교도 있어 160명가량 되는 학생들이
다니고 있었다.

이런 조선인의 자주적 교육기관은 동향인 단체 또는 '융화 단체', 종
교 단체, 상애회(相愛会)를 비롯한 다양한 조직이 운영했다. 그중에는 경

오사카와 제주도를 왕래하는 배가 도착하는 부두 치마저고리를 입은 여성들이 서 있는 모습이 보인다. 나카다 교이치〈오사카 지쿠코〉中田恭一〈大阪築港〉(1934년 帝展).

찰 당국으로부터 '공산주의계'로 지목되던 노동조합이 관여하는 야학도 있었지만, 당국이 볼 때는 조선인 교육기관이 조선어를 가르치는 게 무엇보다도 부적절하고 불온한 일이었다. 오사카에서는 1930년대 전반부터 조선인이 운영하는 야학 등이 단속 대상이었는데, 뒤에서 살펴볼 1934년 각의(閣議, 내각의 정례 국무회의—옮긴이) 결정 뒤에는 각 지방의 경찰이 조선인 교육기관에 폐쇄 명령을 내리고 조선인 어린이들을 일본 학교에 다니도록 하는 조치를 취했다. 특히 조선어 교육은 엄격히 금지한다는 게 당국의 방침이었다. 아이치 현의 사립학교 보성학원도 폐교당했다.

그 뒤에도 몰래 조선어를 가르치는 야학을 개설하는 활동이 펼쳐졌으나, 그것 자체가 '독립운동'으로 간주되고 탄압을 받게 된다. 이렇게 해서 1930년대 중반 이후 재일조선인 자녀들은 조선어를 배우는 장을

시모노세키 항에 상륙한 조선인들

박탈당했다.

바다를 건너 오가는 생활권

일본에 정주하는 조선인이 늘어 갔지만, 그들이 꼭 조선의 고향과 단절된 채 생활하고 있었던 것은 아니다. 가족을 남겨 두고 홀로 건너오는 이들은 말할 것도 없지만, 가족의 일부 또는 온가족이 일본에 건너왔다고 해도 여러 형태로 고향과 통로를 갖고 있었다. 조선인들은 가족을 일본에 데려오기 위해 고향에 갔고, 가족이나 친척 관혼상제에도 참석하는 등 고향과의 왕래는 끊이지 않았다.

1925년 통계를 보면, 부산항에서 연락선을 타고 일본에 건너온 조선인은 약 13만 명이었으나 시모노세키에서 부산항으로 되돌아간 이들이 약 11만 명이었다. 1930년에는 세계 대공황 때문에 일자리를 잃고 귀향하는 조선인들이 늘어 일본으로 건너온 이가 약 9만5천 명이었던 데에 비해 귀향자는 약 10만7천 명으로, 귀향자가 더 많았다.

관부연락선(関釜連絡船, 혼슈 서쪽 끝 시모노세키와 부산을 왕래한 여객선—옮긴이) 말고도, 1923년에 제주도와 오사카를 잇는 직항로가 개설되어 제주도의 여러 항구에서 배를 타면 갈아타지 않고도 오사카에 갈 수 있게 되었다. 조선반도 남단의 섬과 일본의 대도시를 직접 연결하는 항로가 개설됨으로써 오사카에는 제주도 출신자가 3만 명이나 살고 있었다. 제주도 전체 인구의 약 20퍼센트에 해당하는 수치였다는 걸 생각하면, 이 무렵 제주도 사람들 가운데 오사카 거주자나 왕래하는 사람의 비율이 얼마나 높았는지 알 수 있다.

오사카 거주 제주도 출신자는 세계 대공황이 한창이던 1930년에도 한 사람당 60엔이 넘는 돈을 고향 집에 보냈다고 한다. 바다를 넘는 생활권이 형성되어 있었던 것이다.

6. 조선인들이 벌인 다양한 운동

노동운동의 시작

일본에서 일하는 조선인 노동자들 사이에는 일찍부터 친목 단체나 동향인 단체가 만들어졌는데, 1920년대 전반에는 노동자를 조직화하려는 움직임이 일고 있었다.

1914년에 오사카에서 결성된 재오사카조선인친목회는 인텔리가 중심이 된 단체였으나 '노동자 구호(救護)'를 내걸었다. 그 밖에 동맹합자회, 저금회 같은 명칭을 지닌 상호부조 단체들도 있었다.

3·1운동이나 일본의 '다이쇼 데모크라시'(1912~1926년의 다이쇼 천황 재위 기간에 일본에서 일어난 정치, 사회, 문화 각 방면의 민주주의·자유주의 운동이나 풍조, 사조의 총칭—옮긴이)와 사회운동의 자극을 받아 1920년대 초에는 노동민우회(아이치 현)와 노동공제회(교토), 노동제진회(労働済進会, 효고 현) 등 노동자의 친목과 복리 향상을 목적으로 활동하는 단체들이 생겨났다. 노사협조와 '내선융화'를 내건 단체도 있었으나, 점차

재일조선인 노동자들의 이익을 증진시킬 목적으로 계급적·민족적 입장을 뚜렷하게 내세운 단체들이 만들어졌다. 1922년에 도쿄와 오사카에서 조선노동동맹회가 결성되어 사회주의 색채를 띤 노동자 조직으로 활동했다.

이들 단체는 일본의 사회운동이나 노동운동과 연대해서 메이데이 행사에 참가하기도 했는데, 1922년의 시나노가와(信農川) 조선인 학살사건(니가타 현의 나카쓰가와中津川 제1수력발전소 공사장에서 일하던 조선인 노동자가 도망가려 했다는 이유로 노무계 직원들한테 구타당해 사망한 사건) 조사 활동을 벌이는 등 조선인 노동자들이 처한 상황을 세상에 알리고 해결하기 위해 일본과 조선의 여론에 호소하는 활동도 펼쳐 나갔다.

또 간토대지진 때 발생한 조선인 학살 사건에 관해서는 유학생 등과 함께 항의 운동을 펼쳤다.

재일조선노총 결성

1925년 2월, 도쿄를 비롯해 오사카, 교토, 고베 같은 대도시에 조직되어 있던 조선인 노동자 단체들이 결집해 재일본조선노동총동맹(재일조선노총)을 결성했다. 조선에서는 전해에 조선노농총동맹이 결성되는 등 사회운동이 활발했는데, 일본에서 나타난 운동은 그런 움직임과 연동하는 형태로 추진되었다.

재일조선노총은 "경제적 절대 평등," "노동자계급 해방" 등을 조직의 목적으로 내걸었다. 곳곳에 산하 단체(지부)를 조직해 조합원 수도 전성기에는 3만 명을 넘었다.

1920년대 중반에는 재일본조선청년동맹과 비합법 조선공산당 일본총국도 결성되었으며, 1927년(쇼와 2)에 경성에서 창립된 민족통일전선

오사카 신간회 지회 발대식을 알리는 포스터
(1927년 12월, 호세이대학 오하라사회문제연구소 소장)

단체 신간회 지회(지부)가 도쿄, 오사카, 교토, 나고야에 설치되는 등 일본에서의 운동은 조선 내에서 펼쳐지던 사회운동·민족운동의 일환으로 전개되는 측면이 강했다. 1920년대 후반에는 조선총독 폭압정치 반대운동을 비롯해 식민지 지배 정책에 항의를 표시하는 활동이 활발하게 펼쳐졌다. 재일조선노총에서도 "민족해방을 기한다"는 강령을 채택하고 민족적 과제에도 역점을 두게 된다.

물론 일본에 거주하던 조선인 노동자들이 놓여 있던 특수한 상황을 반영해서, 노동운동에서는 민족적 차별임금 해소를 요구하거나 조선인 노동자가 해고의 1차 대상이 되는 세태에 반대하는 활동도 펼쳐지고 있었다.

그런가 하면, 일본 당국의 지원을 받아 가며 '내선융화'를 적극적으로 추진하는 조선인 단체 상애회(相愛会)가 1921년에 조직되었다. 나중에 중의원 의원이 되는 박춘금(朴春琴, 1891~1973) 등이 결성한 상애회는 조선총독부 경무국장이던 마루야마 쓰루키치(丸山鶴吉, 1929년 경시총감, 1931년 귀족원 의원) 같은 유력 정치가나 관료들의 지원을 받아 간토대지진 이후 노동자 합숙소를 개설하거나 취업 상담·알선을 했다. 이런 활동을 통해 상애회는 일본으로 건너온 조선인들에게 그 나름의 영향력을 확보했다. 하지만 그중에는 노동 중계인으로 공장주나 토목공사 청부업자와 결탁해 노동자들을 착취하는 상애회 간부도 있어서, 재일조선노총 등과 격렬하게 대립한 적도 있다.

일본 조직으로 해소

재일조선노총은 대도시를 중심으로 수많은 산하 단체와 조합원을 이끌고 있었다. 일본의 좌파 노동자 단체와도 협력 관계를 맺고 있었는데,

조선인의 독자적 과제 해결을 꾀함으로써 많은 참여자들을 확보해 나갔다.

그런데 국제 공산주의 운동과 노동운동의 노선 전환에 영향을 받아 일본 공산주의 운동이 조선인 노동자를 자체 조직 밑에 두기로 방침을 정하게 된다. 그래서 재일조선노총을 일본공산당계 노동조합전국협의회(전협)에 통합·흡수하기로 결정하자 조선인 활동가들도 거기에 따르게 되었다. 1930년에는 재일조선노총 조직이 전협에 흡수되어 해소하기에 이르렀다. 도쿄의 토건노동자조합과 실업자 단체나 오사카의 화학노동조합(주로 고무공장 노동자) 등은 거의 조선인으로 조직되어 있는 상태여서 전협의 활동, 나아가 공산당 조직도 조선인들에게 의존하는 경향이 강했다. 하지만 조선인들 다수가 이런 방침 전환을 모두 받아들였던 것은 아니다. 오히려 이들 급진적인 조직에 가담하지 않고 조선인 독자의 문제를 해결하려는 활동을 이어 가고자 했다.

동아통항조합

제주도에서 일본으로 배를 타고 건너오는 조선인들에 대해서는 조선반도와는 다른 관리 방식을 채택하고 있었다. 제주도를 관할하는 행정장관인 도사(島司, 경찰서장 겸임)를 회장으로 하는 제주공제조합이 1927년에 조직되었는데, 이 단체는 일본으로 건너가길 희망하는 사람에게 도항을 안내하거나 직업을 소개해 준다는 명목으로 연간 1엔의 회비를 징수했다. 도항증명서를 받으려면 회비를 내야 했으므로, 도일 희망자들은 도항을 관리·제한 당했을 뿐 아니라 경제적으로도 부담을 졌다. 이듬해인 1928년 오사카 거주 제주도 출신자들은 대회를 열고 제주공제조합 폐지를 요구하며 도항의 자유를 달라는 성명을 냈다.

제주도 출신자들은 동시에 제주도와 오사카를 잇는 연락선의 운임이 높은 것에 대해서도 항의를 표시했다. 이 항로에는 1923년에 해운회사 아마사키기선부(尼崎機船部)가, 그 이듬해에는 조선우선주식회사(朝鮮郵船株式会社)가 정기 연락선 운항을 시작했다. 아마사키기선부가 운항하던 '기미가요마루'(君ガ代丸)는 수많은 조선인들을 실어 나른 것으로 알려졌다.

이런 일본 회사가 독점한 상태에 맞서, 오사카 거주자를 포함한 제주도 주민 스스로의 힘으로 배를 취항시켜 운임을 내리자는 운동이 펼쳐졌다. 1930년에 조직된 동아통항조합(東亞通航組合)이다. "우리는 우리의 배로!"라는 기치를 내세우고 자주적으로 연락선을 운항한다는 목표를 내걸었다. 제주도와 한신(阪神, 오사카·고베) 지역에 지부를 두고 1만 명이 넘는 조합원을 두고 있던 이 조합은 실제로 배를 구입해서 운항했으나 배가 좌초되기도 하고 일본 해운회사가 운임을 덤핑하기도 해서 1933년에 운항을 중단할 수밖에 없었다. 민족운동을 꾀한다고 해서 경찰이 간부들을 검거하는 등 탄압을 가한 것도 운항이 정지된 큰 이유였다.

생활을 지키려는 싸움

1930년대 전반에는 재일조선인의 생활을 지키려는 활동이 펼쳐진 점이 주목을 끈다. 동아통항조합도 그중 하나였는데, 몇몇 도시에서 조직된 조선인 소비조합이 대표적이다. 간사이(關西) 지방에서는 동아통항조합 가입자들과 겹치는 조합원들이 운영한 한신소비조합 말고도 대동소비조합, 동오사카소비조합 등 다수의 조합들이 있었다. 간토 지방에서는 다마가와무산자소비조합이나 조호쿠(城北)소비조합 같은 좌익계 일본무산자소비조합연맹에 가맹한 조합이 있었다. 식료품 공동 구입 등을 통해 생활을 지키려는 활동이 중심이었는데, 조선요리 식재를 취급하는 조합도 있었다.

오사카에서는 무산자 의료운동 과정에서 조선인 진료소가 설치되었다. 일본어를 할 수 없는 조선인, 특히 여성들에게 일본 의료기관은 너무 먼 존재였기 때문에 조선인 의사가 있는 진료소가 필요했던 것이다.

그런 점에서 독보적인 존재는 교토의 향상관(向上館)이었다. 어린이 야학과 유치원을 운영하던 기독교인 고광모(高光模)가 집단거주 지구 가까운 곳에 세운 향상관은 1939년부터 조산원과 진료소를 병설해 고씨의 부인이 조산부로, 교토제국대학 의학부에서 공부한 조선인 유학생이 의사로 근무하는 의료기관으로 운영되었다. 조선에서 모금하기도 하고 일본 기독교인들의 지원을 받기도 했으나, 자동차 운전수를 하던 조선인 그룹이 유치원생 운송을 자청하고 나서는 등 재일조선인들의 자주적인 복지 활동으로는 달리 예를 찾아볼 수 없는 조직이었다.

2장

협화회 체제와 전쟁 동원

1. 세계공황기의 도항과 이민 문제

일본의 실업 문제와 조선인 노동자

1920년대 후반, 쇼와공황 시기에 (일본에서) 조선인 노동자들이 계속 늘고 있던 상황은 일본 당국자들 눈에 심각한 문제로 비쳤다. 특히 오사카를 비롯한 대도시 행정 당국은 실업 문제, 조선인 노동자 문제를 사회문제의 일부로 의식하게 되었다.

1925년부터 대도시에서 실업구제 사업(겨울철에 토목 사업을 벌여서 실업자를 흡수하려던 것)이 시작되었는데, 취로자 가운데 상당수가 조선인이었다. 1925년에는 12퍼센트 정도였으나 1928년이 되면 55퍼센트로 늘었다.

행정 당국자는 조선인을 일본인 실업자를 압박하는 존재로 보고 실업구제 사업 대상에서 될 수 있으면 배제할 필요가 있다고 생각했으며, 또 근본적으로는 조선인 도항자를 줄여야 한다고 주장했다. 이 시기에 대도시 행정 당국이 재일조선인 실태 조사를 실시하고 조사보고서를 작성한 데는 이런 배경이 있었다.

사회정책심의회와 '노동수첩'

1929년, 일본 정부는 사회정책심의회를 설치하고 노동조합 문제, 농민 문제, 실업자 문제 등 심각해지고 있던 사회문제 대책을 논의했다. 이를 바탕으로 노동조합 법안, 소작 법안 등을 작성하게 되는데, 실업자 문제 논의에서는 조선인 노동자들에 대한 대책도 다루고 있다.

심의회 특별위원회에서는 조선인의 내지 도항 억제에 관한 논의들이 이뤄졌고, 그 결의문 '조선 거주 노동자의 내지 도항 문제에 관한 조사 요강'은 "조선에서 산업 진흥, 자원 개발, 사업 진작 등 실업 방지 및 구제 방법을 강구해서 조선에 거주하는 노동자들의 내지 도항을 필요 최소한도로 억제할 것," "조선에 거주하는 노동자들이 내지로 도항을 일삼는 것은 점점 더 내지의 조선인 실업 문제를 심각하게 만들어 서로 간에 불행을 초래하는 것이므로, 조선 당국은 관내에 그런 사정을 주지시키는 동시에 내지 당국과 협력해서 그것을 저지하는 데 한층 더 효과적인 조치를 강구할 것" 등의 내용을 담고 있다.

그러나 이 요강의 실시는 조선총독부에 위탁한다는 결정이 내려져 있을 뿐, 요강 그 자체가 '절대 비밀'로 취급되어 답신 내용에 들어가지 않았고 공표되지도 않았다. 조선인들에 대한 차별을 담은 대책이 공개되는 걸 꺼렸기 때문이다.

사회정책심의회의 논의를 받아서 실시된 것이 '노동수첩' 제도였다. 실업구제 사업에 응모하려면 등록을 해서 수첩을 받아야만 할 수 있게 한 것으로, 등록할 때는 일정 기간의 거주 요건을 충족시킬 것 등 기준이 설정되어 있었다. 이런 조치를 통해 조선인의 등록을 될 수 있으면 배제하려 한 것이다. 실제로 1930년대 전반에는 실업구제 사업장에서 일하는 조선인들이 줄어들게 된다. 등록자 가운데 조선인 비율은 1931년에 28퍼센트, 1932년에는 24퍼센트였다.

재일조선인 정책에 대한 내각회의 결정

사회정책심의회의 논의와 결의 이후 조선 내에서도 실업자를 토목공사 쪽으로 흡수하려는 사업이 실시되었으나, 긴축재정 아래에서 추진된 사업이었기 때문에 극히 한정적인 것이었다. 일본으로 건너가는 사람이 일시적으로 감소 현상을 보인 것은 세계 대공황으로 일할 곳이 없어졌기 때문이다.

일본 경제가 회복될 기미를 보인 1933년 무렵에는 다시 일본으로 건너가는 이들이 늘어나는 경향이 나타났다. 노동운동과 사회운동에 참가하는 조선인들이 많았던 것도 일본 당국자로선 경계해야 할 현상이 되었다. 또 1931년에 일어난 만주사변과 이듬해의 '만주국' 수립으로 일본이 중국 동북 지방을 지배하게 되어, 일본으로 도항하던 조선인들을 다른 데로 돌리는 지역으로 만주를 이용할 수 있게 되었다. 1920년대에도 조선인의 도항지를 일본이 아니라 만주로 유도해야 한다는 논의가 있었으나, 그곳은 어디까지나 중국 영토였고 일본인이나 조선인의 토지 소유권 문제도 해결되어 있지 않아 조선인의 만주 이주를 정책적으로 실행할 조건이 갖춰져 있지 않았다.

재일조선인에 대한 정책은 그렇게 해서 일본 내지에 국한되지 않고 조선과 만주를 포함한 '일본제국' 전체 차원의 문제가 되었다. 내무성이나 조선총독부 등의 협의를 토대로 일본 정부는 1934년 10월 30일 내각회의에서 '조선인 이주 대책의 건'을 결정했다. 정부가 본격적인 재일조선인 정책을 결정한 것은 이것이 처음이다.

각의(閣議) 결정은 "내선인(內鮮人) 간에 사태를 번거롭게 만들고 내선융화를 저해할 뿐 아니라 치안상으로도 우려해야 할 사태를 낳고 있다"는 인식 아래, 일본 도항자를 줄이기 위해 "1. 조선 내에 조선인을 안착시키는 조치를 강구할 것," "2. 조선인을 만주 및 북조선으로 이주시키는 조치를 강구할 것," "3. 조선인의 내지 도항을 한층 더 줄일 것," "4. 내지의 조선인에 대한 지도 개선 및 그 내지 융화를 꾀할 것" 등 네 가지 항목을 제시하고 있다. 제4항의 세목으로는 "조선인 보호 단체의 통일 강화와 그 지도, 장려, 감독" "조선인 밀집 지대의 보안, 위생 기타 생활 상태의 개선 향상" "조선인의 지도 교화, 내지로의 동화"를 들었다. 이에 따라 일본 거주 조선인들에 대한 통제·관리 기구로 협화회(協和会)가 조직되고 '융화'와 '황민화'가 추진된다. 또 '밀항' 단속도 각의 결정 이후에 더욱 강화되었다.

각의 결정은 조선인 도항의 증가가 일본제국 전체의 정책에 큰 영향을 주는 요인이었음을 보여 준다. 각의 결정에서는 내지 도항을 제한하는 것과 함께 조선 내에서 생활 안정, 그것을 위한 빈민구제 사업 실시 등이 결정되었고, 나아가 만주나 조선 북부로 조선인 이주를 촉진한다는 내용이 명기되었다. 거기에는 명기되어 있지 않았지만, 조선 내에서 노동력을 흡수하는 산업의 육성이 이뤄지지 않으면 조선인의 내지 도항을 억제할 수 없다는 인식을 일본 정부와 식민지 당국이 갖고 있었던 점도 각의 결정의 배경에 깔려 있었던 것으로 보인다. 1930년대 조선에서 추진된 공업화의 요인 가운데 하나로 조선인 노동자들의 일본 유입을 억제해야 한다는 인식이 자리 잡고 있었던 것이다. 일본의 조선 지배는 세계사적으로 볼 때 식민지 공업화를 허용한 드문 사례로 거론되기도 하지만, 그것은 제국 본토의 사회질서 유지와 방위를 위해 취한 정책과도 관련되어 있었다고 할 수 있다.

강화되는 '밀항' 단속

각의 결정에 따라 갖가지 정책이 실시되었다. 그중 하나가 '밀항' 단속이다. 같은 일본 영토이지만 조선인이 일본과 조선을 오가는 데는 도항증명서(일본에서 조선으로 왕래하는 경우에는 '일시귀선 증명서')가 필요했는데, 증명서 없이 연락선을 타거나 '밀항선'으로 도일을 시도하는 이들에 대해 단속이 강화되었다. 연락선 승선 때 증명서 검사가 엄격해지고 조선 남부나 일본 서부 해안 지방에서는 '밀항선' 적발 활동이 강화되었다. '밀항'하다 적발된 사람은 내지 쪽에서만 1938년에 약 4,300명, 1939년에는 약 7,400명이나 되었다. 적발된 이들 대부분은 조선으로 송환되었다.

나아가 '밀항선' 적발에 그치지 않고, 호구조사를 통해 내지에 거주하는 조선인들 중에도 '부정 도항자'가 없는지 조사하는 등 조선인 커뮤니티 전체가 수사 대상이 되었다.

원래 1930년대 중반 이후 도항증명서 발급 자체가 억제되었기 때문에 일본으로 건너가려는 이들이 그 소망을 이루기가 어렵게 돼 있었다. 지역 경찰에 도항 신청을 한 사람 가운데 60퍼센트 정도는 증명서를 발급받지 못했다. 다만 가족이 이미 일본에 거주하고 있는 경우에는 비교적 수월하게 증명서를 발급받을 수 있어, 일본에서 일하고 있는 남편을 찾아가는 아내와 자녀들의 도항이 많아졌다.

그 때문에 이 무렵 일본에 거주하는 조선인 인구에서 여성이나 아이들 비율이 급속히 높아졌다. 앞에서 얘기했듯이 1930년대에는 남녀 인구 비율 격차가 해소되는 경향을 보였는데, 국세조사 수치를 자세히 살펴보면 20~50세 연령층에서 남녀 비율이 1930년에는 3.7 대 1이었으나 1940년에는 2.1 대 1로 크게 바뀌었다. 또 여성 취업자 비율도 20퍼센트에서 11퍼센트로 감소하고 있다. 이런 수치는 조선에서 남편이 있는 일본으로 살러 간 아내들이 많았음을 보여 준다. 당국의 밀항관리 정책은 재일조선인의 가족 형성을 촉진하는 요인으로 작용했던 것이다.

2. 조선인 커뮤니티의 변모

진행되는 계층 분화

일본에 거주하는 조선인들이 늘고 집단거주 지구가 형성되자 그것을 기반으로 해서 상업 활동을 비롯하여 사업을 하는 이들이 나타난 것은 당연한 일이었다. 고향의 토지를 처분해서 그 돈을 밑천 삼아 장사를 시작한 이들도 있었다. 대부분은 조선인들을 상대로 한 조선요리 식재 판매, 요리점, 옷가게, 한약방 등이었는데, 소수이기는 하지만 일본인들이 이용하는 요리점 등도 생겨나고 있었다.

1930년대에 조선에서 유행하기 시작한 레코드판을 판매하는 업자도 있었다. 이들은 '민족산업'(ethnic business)이라고 할 수 있는 것으로, 앞서 얘기한 노동하숙도 그런 종류라고 볼 수 있다.

또 토목공사 현장에서 함바를 운영하거나 직접 토목건축업을 하는 이들도 나타났다. 공장 노동자가 기술을 익혀 독립해서 소규모 공장을 경영하게 된 경우도 있었다. 오사카나 고베의 고무공업, 교토의 염색공업 경영자들이 그런 전형이다. 이런 움직임은 전쟁 이후 재일조선인 기업으로 연결된다.

그리하여 1930년대에는 조선인 커뮤니티 내부에서 점차 계층 분화가 일어나게 된다. 커뮤니티 조정자나 유력자가 된 사람은 그때까지의 학식 있는 사람이나 노동자 리더와 더불어 경제적 지위 상승을 이룬 소경영자들이었다.

조선어 미디어

일본에서 조선인 잡지나 신문 발행은 1890년대 후반의 《(유학생) 친목회 회보》나 1910년대의 재일본도쿄조선유학생학우회 기관지 《학지광》(学之光) 등 유학생들에 의해 시작되었다.

그러나 이런 유학생 미디어는 일본에 거주하는 조선인 문제에는 별로 관심을 기울이지 않았다. 조선 내의 언론은 사전검열로 내용이 삭제되거나 발행금지를 당하기도 했지만, 내지에서는 검열이 느슨한 상황을 이용해 민족의식을 드높이고 식민지 상황을 세상에 알리는 언론 활동을 목적으로 삼고 있었다고 해도 좋다.

1920년대 말부터 1930년대 전반기까지, 재일조선인 노동운동이 일본의 좌익 노동운동에 흡수되는 과정에서 조선인 노동자와 가족이 처한 상황에도 관심이 쏠리게 되었다. 전협계의 노동운동이 괴멸한 뒤, 1930년대 중반에 도쿄와 오사카에서 재일조선인들이 신문 발행을 시도했다. 오사카에서는 전협 활동가였던 김문준(金文準, 1894~1936)을 중심으로 1935년 6월에 《민중시보》(民衆時報)가 창간되어, 일본에 거주하는 조선인의 생활에 관한 갖가지 문제를 논하는 글들이 실렸다. 노동, 주택, 교육, 상업에 이르기까지 광범한 문제를 거론하며 해결책을 모색

《민중시보》 창간호(1935년 6월 15일)

하고 제시하는 미디어였으나, 그 이듬해 9월 관계자가 경찰에 검거되고 발간 불능 상태에 빠졌다.

도쿄에서도 같은 시기에 노동운동과 공산주의 운동 경력이 있는 김천해(金天海, 1898~?) 등이 《조선신문》을, 전협 활동가였던 김호영(金浩永, 1907~?) 등이 《도쿄조선민보》(나중의 《도쿄조선신보》)를 발행했으나, 마찬가지로 1936년과 1937년에 차례로 발행이 금지되고 김천해 등은 다시 검거되었다.

일본공산당 재건을 기도하는 것으로 간주되어 탄압받음으로써 오랜 기간 존재할 수는 없었으나, 이들 조선인 미디어는 재일조선인의 독자적 문제로 눈을 돌린 점에서 큰 의의가 있었다. 또 조선인들이 직접 쓴 글이 실림으로써 당사자들의 소리와 조선인 커뮤니티의 모습을 기록한 귀중한 자료가 되었다.

《민중시보》,《조선신문》 등은 조선어 미디어였던 만큼, 한글 활자를 보유한 인쇄소가 조선인들 손에 경영되고 있었던 점도 주목된다. 또한 조선 내에서 발행되는 조선어 신문 《동아일보》와 《조선일보》도 일본에 지사를 두고 재일조선인들의 상황이나 그들의 활동을 보도해 재일조선인과 본국을 묶어 주는 역할을 했다.

전쟁 시기에는 일본 당국에 협력하며 '내선일체'를 주장하는《동아신문》(1935~1943년 무렵 나고야, 일본어) 등도 발행되었다.

다양한 문화 활동

재일조선인들 사이에서는 문화 활동도 생겨나고 있었다. 일본 유학 중에 문학 활동을 한 이들로는 식민지 시기에 소설가로 가장 유명했던 이광수와 잡지 《창조》(1919년 창간) 동인들이 있었는데, 작품 다수는 조선인 인텔리를 주인공으로 한 것이었다. 재일조선인과 그들의 생활을 그린 작품이 등장한 것은 1920년대 후반이다. 조선인 노동자들의 모습을 묘사한 작품이 일본 프롤레타리아 문학잡지 《센키》(戰旗)에 실렸고, 또 조선어로 발행된 《예술운동》, 《무산자》 같은 잡지에 소설과 시, 르포르타주 등이 실렸다.

이들 프롤레타리아 문화운동 잡지가 탄압으로 폐간당한 뒤에는 일본의 종합 잡지나 문예지에 글을 싣는 조선인 작가도 나타났다. 장혁주(張赫宙, 1905~1997)와 김용제(金龍濟, 1909~1994)가 대표적인 인물이다. 장혁주의 소설 가운데 다수는 조선을 무대로 삼고 있었지만, 1937년 6월 《가이조》(改造)에 기고한 〈조선인 취락(聚落)을 가다〉는 도쿄의 조선인 집단거주 지구를 생생하게 묘사한 르포르타주이다. 그해에 장혁주가 각본을 쓴 연극 《춘향전》(신협극단, 무라야마 도모요시村山知義 연출)은 일본인들한테도 인기를 얻어 조선 공연까지 이뤄졌다. 김용제는 일본 프롤레타리아문학 운동에 참여한 시인인데, 사회운동에 앞장서는 조선인들을 묘사한 〈사랑하는 대륙이여〉(《나프》NAPF, 1931년 10월호, 일본무산자예술동맹 기관지—옮긴이) 같은 시를 썼다.

도쿄제국대학에서 공부한 김사량(金史良, 1914~ 1951)의 작품 《빛 속으로》(光の中に)가 아쿠타가와상(芥川賞) 후보가 된 것은 1940년 상반기의 일이다. 재일조선인 아이가 처해 있던 상황이 묘사된 이 작품은 재일조선인 문학의 효시로 평가된다. 김사량은 그 뒤 조선에서도 왕성한 문학 활동을 펼쳤으나 전쟁 말기에 중국공산당 근거지 옌안(延安)으로 탈출해 조선 독립운동에 가담했다. 뒷날 조선전쟁(한국전쟁) 때 조선인민군 종군작가로 남조선으로 내려갔다가 거기서 전사했다.

일본에서의 문학 활동이 조선어와 일본어 사이에서 동요했던 것과는

최승희 무용 공연 포스터(1941년)

달리, 연극 활동은 많은 조선인들이 이해할 수 있도록 조선어로 이루어
졌다. 1930년대에는 삼일극단(三一劇団), 조선예술좌를 비롯한 극단이
조직되었으나 경찰의 탄압으로 오래 지속되지 못했다.

무용가 최승희(崔承喜, 1911~1968)는 일본에서 무용을 배운 뒤 조선
으로 돌아가 유명해졌는데, 일본에서도 자주 공연을 했으며 재일조선인
들 사이에서도 엄청난 인기를 누렸다. 나중에 협화회와 협력하며 공연
한 적도 있으나 재일조선인들에게는 조선 문화의 향기를 느낄 수 있는
무용이라는 의미를 띠고 있었다.

또 조선인들이 많이 사는 도시에서는 조선에서 찾아온 악단이나 무
용단의 공연도 자주 열렸으며, 재일조선인 악단이 결성되어 각지에서

공연하기도 했다. 조선풍이 짙은 대중 예능을 받아들일 환경이 조선인 커뮤니티에 마련되어 있었던 것이다.

참정권과 조선인 의원

전쟁 전 일본에 거주한 조선인들에게는 참정권이 인정되었다. 조선 내에서는 인정받지 못했던 중의원 의원 선거권을 일본에 사는 조선인들은 행사할 수 있었다. 이는 선거법에서 선거구가 설정되어 있는 시정촌(市·町·村, 일본의 행정 구획 명칭. 우리나라의 시·읍·면과 비슷하다—옮긴이)에 일정 기간 거주하고 있는 '제국 신민'(25세 이상 남자만)에게 투표권을 인정해 주고 있었기 때문이다.

1910년대에는 일본 정부가 그런 해석을 뚜렷하게 내놓지 않았으나 1920년에 조선인들에게도 선거권이 있다는 해석을 내놓게 된다. 다만 1925년에 남성보통선거법이 제정될 때까지는 납세액 제한이 있었기 때문에 실제로 선거 자격이 있는 조선인은 많지 않았다. 보통선거법 제정 뒤에도 거주 요건을 충족시킬 수 있는 사람이 많지 않았고 또 조선인들의 요구를 대변하는 후보자가 없었기 때문에 선거에 관심을 두는 이들이 적어서, 전반적으로 재일조선인들의 선거 참여는 저조했다. 1930년 총선거 때 조선인 유권자의 투표율은 40퍼센트 정도로 극히 낮았다(일본인 투표율은 80~90퍼센트).

그럼에도 1920년대 후반에는 재일조선노총을 비롯한 단체들이 일본 무산자 정당에 기대를 걸고 선거에 참여하는 움직임을 보인 일도 있다. 그런 상황에서 "한글 투표를 인정하라"는 요구도 나와 내무성도 1930년에는 한글 투표를 인정하기로 했으나, 후보자 이름의 일본어식 읽기를 한글로 표기한 표만을 유효한 것으로 처리했다. 그 무렵 조선인들이 대개 그랬듯이, 한자로 표기된 이름을 조선어 음으로 읽는 방식으로 후보자 이름을 투표용지에 한글로 적은 경우는 무효표로 처리되었던 것이다.

1930년대에는 시정촌 차원의 의원 선거에 입후보하는 조선인들도 나타났고, 그중에는 실제로 당선된 이들도 있었다. 그들 대부분은 조선인 유력자였으며, 당국에 협력적인 자세를 보이면서 어느 정도는 조선인 커뮤니티의 이해관계를 지방 행정에 반영시키려 노력한 경우도 있었다.

그런 상황에서 가장 눈에 띄는 활동을 한 사람이 상애회의 박춘금이다. 박춘금은 1932년 총선거 때 도쿄에서 후보로 나섰고 일본인 정치가들의 지원을 받아 당선되었다. 중의원에서 종종 조선 문제를 거론하면서 발언했다. 그 내용은 '내선융화'와 '내선일체'를 이룩하려면 조선인들에 대한 차별을 해소해야 한다는 것들이었다. 박춘금은 낙선도 하면서 1942년까지 중의원의 유일한 조선인 의원으로 널리 이름을 알린 존재였다(전후에는 한때 재일본대한민국거류민단 고문을 맡기도 했다).

3. 협화회 체제

재일조선인에 대한 관리·통제 조직

간토대지진 이후 일본 당국자는 일본인과 조선인 사이에 대립 감정이 깊어지는 것은 사회질서나 치안유지에 바람직하지 않다고 보고 '내선융화'를 목적으로 하는 단체를 대도시에 만들었다. 1924년에 오사카부 내선협화회, 1925년 이후에는 가나가와 현 내선협회, 효고 현 내선협회 등이 설립되었다. 종교인이나 사회사업가를 비롯한 민간의 유지들과 지방행정 당국자들이 관여한 이들 단체는 직업 소개나 공동 숙박소, 야학 같은 사업을 통해 조선인의 '보호구제'를 꾀했으나, 사회질서의 교란 요인을 조선인 쪽에서 찾고 그것을 억누르기 위해 '내선융화'를 내걸고 있었다. 이들 조직은 자금 부족 같은 요인도 있어서 실효성 있는 활동을 했다고는 볼 수 없다. 또 1920년대에는 빈민구제를 목적으로 하는 방면위원(方面委員, 오늘날 민생위원의 전신) 제도가 정비되었으나, 방면위원이 조선인들을 대상으로 삼은 적은 거의 없었다.

1934년의 각의 결정에 따라 재일조선인의 관리·통제와 일본 사회로의 동화가 중요한 과제로 논의된 뒤, 그것을 실행할 단체로 협화회가 각 부현(府·県)에 조직되었다. 내무성은 1936년 8월의 통첩(通牒) '협화 사업 실시에 관한 건'에서 조선인 보호구제에 덧붙여 '국민정신 함양,' '생활개선 향상,' '경찰보호 철저'(범죄 방지와 위생 시설 충실) 같은 협화 사업을 펼치도록 각 부현 지사들에게 지시했다.

이를 받아서 그해에 도쿄, 오사카, 가나가와, 효고, 교토, 아이치, 야마구치, 후쿠오카에 협화회가 조직된 뒤로 조선인 인구가 적은 지방에서도 협화회가 만들어졌다(오키나와 현 제외).

그리고 1939년에는 재단법인 중앙협화회가 설립되어 이사장에 세키야 데이사부로(関屋貞三郎, 전 조선총독부 학무국장, 귀족원 의원), 그리고 이사·평의원에 총독부 관료 경험자나 내무성과 후생성 차관 등이 취임했다. 실무는 후생성과 내무성에서 파견된 촉탁이 담당했는데, 주사(主事)가 된 다케다 유키오(武田行雄, 내무성·조선총독부 관료)는 1941년에는 후생성의 협화관(協和官, 협화 사업을 주관하는 관리)이 된다. 그렇게 해서 협화회는 재단법인이면서 당국의 재일조선인 대책을 주관하는 조직이 되었다.

협화회와 재일 커뮤니티

각 부현의 협화회는 기존의 '내선융화' 단체 또는 경찰의 지도 아래 조직되어 있던 교풍회(矯風会, 나쁜 풍습을 바로잡는 모임이라는 의미—옮긴이)를 개편하거나 새로 협화회를 조직한 것이었는데, 하나같이 회장에 부현 지사, 간부에 경찰부장, 특고(特高) 과장이나 부(府) 사회과장 등이 취임했다.

지부는 경찰서 안에 두었고, 지부장에 경찰서장, 상임간사에 경찰 특고계장, 간사에는 특고계 순사나 사회사업 담당 직원, 지도원에는 지역 유력자가 취임했는데, 실제 활동은 특고경찰 지도 아래 이뤄졌다.

그러나 경찰력만으로 협화회의 활동을 펼치는 건 불가능했으므로 점차 조선인들 가운데 유력자나 지역 유지를 보도원(補導員)으로 임명해서 활동하게 했다. 협화회가 조직됨으로써 그때까지 존재하던 민족 단체는 친목 단체나 동향인 단체까지 포함해서 해산되거나 활동이 제한되었는데, 보도원에는 그런 단체에서 활동하던 조선인들이 임명되는 경우가 많이 눈에 띄었다.

보도원이 된 조선인들은 당국에 협력하는 한편으로 조선인 쪽의 요구 사항을 당국에 전하고 조선인들의 생활을 지켜 주는 역할을 수행한 경우도 있었으나, 해방 뒤에는 친일 활동·전쟁 협력을 했다고 비판받았으며 그것이 좌우대립을 심화시켰다. 전쟁 시기의 협화회는 재일조선인 커뮤니티에 심각한 분단을 초래했다.

전쟁 동원 활동

협화회는 중일전쟁 발발 뒤 총동원 체제 하에서 재일조선인들을 '황민화'해서 전쟁에 동원하는 활동을 펼쳤다. 신사참배, 황궁요배(皇居遙拜, 천황이 기거하는 황실을 향해 멀리서 절을 하는 것—옮긴이), 국기게양 같은 일본 정신 발양과 일본어 상용, 일본옷 착용, 일본요리 보급 등 일상생활의 '내지화'를 꾀함과 동시에 근로봉사, 국방헌금 모집과 저축 장려, 금속류 공출 등 전시체제를 지원하는 활동을 벌였다.

근로봉사는 도로나 하천 개수공사, 호국신사 조영 공사 등으로, 무상 봉사였다. 또 협화회의 갖가지 회합이나 신사참배 때에는 조선총독부가

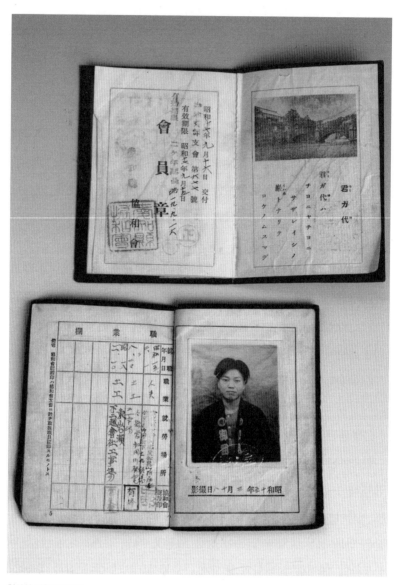

협화회 회원증(수첩)

제정한 '황국신민 서사(誓詞)'를 소리 내 외게 하는 등 식민지 지배 방책이 재일조선인들에 대해서도 실시된 면이 있었다.

1940년에는 협화회 회원증이 발행되어 회원(세대주)과 준회원(세대주에 준해 일하는 사람) 약 45만 명에게 배포되었다. '협화회 수첩'으로도 불린 회원증에는 얼굴 사진이 첨부되고 성명, 본적, 현주소, 근무처가 기재되었다. 가족 외에 국방헌금 등 협화회 활동 참가나 기여 금액을 기재하는 난도 들어 있었고 또 취로 사업처 등이 변경되었을 때는 기입하는 난도 있었다. 이처럼 회원증은 지부(경찰서)에서 작성하는 회원증 교부대장과 함께 재일조선인을 관리하는 시스템으로 기능했다. 회원증을 갖고 있지 않은 조선인들은 고용하지 않는 걸로 되어 있었고, 강제노동 현장에서 도망가는 사람들을 수색하는 데에도 이용되었다.

황국신민화 교육

1930년대 중반에 조선인의 자주적인 교육기관이 폐쇄된 뒤 조선인 아이들은 일본 학교에 다니게 되었다. 당국은 학교교육을 통해 일본으로 동화시키고 일본 정신을 주입하기 위해 그때까지 취하던 방임적 자세를 버리고 조선인 아이들을 적극적으로 학교에서 받아들여 '협화 교육,' '황민화 교육'을 시키는 쪽으로 방침을 전환했다.

그러나 조선인 어린이들을 기다리고 있었던 것은 학교에서 벌어지는 차별적인 대우였고 자기부정을 강요당하는 교육 내용이었다.

1938년에 시모노세키의 한 학교가 작성한 자료는 전교에서 20퍼센트가량을 차지하는 조선인 아이들의 성격을 "무기력, 열성 없음, 면학 의욕 결여, 적극적인 기풍 결여," "고집이 센 점이 있는가 하면 경솔, (부화)뇌동적," "부도덕한 행위를 태연히 저지른다," "거짓말을 아무렇지도 않게 여기며, 수치심이 부족하다"는 등 온갖 부정적 언사로 깎아내린 다음, 그것을 교정하는 데는 "일본인 의식, 일본 정신"을 갖게 하고 "일본인의 진짜 힘을 '우러러보고 존경'(敬仰景慕)하게 만들어 일본 아동인 것을 지고의 가치로 여기고 감사하는 정념을 기를" 필요가 있다고 적고 있다.

이런 교육 방침 아래에서 어린이들은 조선인인 것을 철저히 부정당했고, 스스로도 부정하지 않으면 안 되는 상황 속에 놓여 있었다.

농업에 종사한 사람들

재일조선인의 직업으로 농림업을 떠올리는 경우는 별로 없지만, 전쟁 전에는 농림업 종사자도 적잖이 존재했다. 1910년대부터 일본인 지주 밑에서 일하는 조선인들 모습이 눈에 띄게 되는데, [표 2](1장 45쪽)에서 보듯 1930년의 국세조사에서는 조선인 취업자 가운데 농림업 종사자가 7.7퍼센트로 돼 있었다. 긴키(近畿) 지방을 중심으로 하는 일본 서부와 홋카이도에 농림업 종사자가 많았는데, 자작농이나 소작농 등 스스로 농업을 경영하는 이들은 별로 없었고, 거의 대부분 사쿠오토코(作男, 머슴)나 계절 농업 노동자였다. 임업의 경우는 숯쟁이가 대부분이었다.

중일전쟁 이후 전쟁이 길어지면서 일본인 농민들이 감소하는 한편, 전쟁 탓에 식량 증산에 대한 요구가 커짐에 따라 빈 농지를 조선인들이 경작하는 현상이 곳곳에서 나타났다. 소작을 하는 이들이 늘고, 그들 중에는 토지를 소유하여 자작농이 된 이들도 있었다. 1943년에는 자작 390호, 소작 8,723호, 농업 노동자 1,817호였고, 사람 수로는 2만7천 명이나 되었다(오사카 부를 빼고).

그러나 일본의 농정 당국자는 조선인들의 농업 참여에 경계심을 드러냈다. '농업은 나라의 근본'이라는 관념에 사로잡혀 이민족인 조선인들이 내지에서 농지를 갖게 되는 데에 위기의식을 느낀 것이다. 이런 당국자의 경계심에도 불구하고 전쟁 시기에 농업에 종사하는 조선인들은 계속 늘었다. 도시에서 사치품 제조가 통제되었기 때문에 일자리를 잃은 조선인들이 농촌으로 옮겨 가 토지를 경작하거나, 전쟁 말기에는 공습을 피하려고 도시에서 농촌으로 이주하는 이들도 있었다.

전후 고도 경제성장기에 농업에 종사하는 조선인들은 급격히 줄어들고 대도시로 인구가 집중되었기에 재일조선인과 농업의 연계는 잊히게 되지만, 전쟁 전에는 그 나름으로 중요성을 띠고 있던 문제였다.

사할린의 조선인

가라후토(樺太, 사할린 섬 남부)는 러일전쟁의 결과로 일본 영토가 되었는데, 토착 주민 수가 적고 일본인 이주자가 다수를 차지했기 때문에 내지에 준하는 대우를 받고 있었다(법적으로 내지에 편입된 것은 1943년).

가라후토로 조선인들이 이주한 것은 1910년대에 탄광에 고용되면서부터이다. 그 뒤 삼림 벌채 노동자도 늘어 갔다. 시베리아출병 당시 사할린 섬 북부를 점령했던 일본군이 철수한 1925년 전후로 시베리아 거주 조선인들이 가라후토로 이주하기도 해 점차 인구가 늘었고, 1930년에는 8천여 명이 되었다. 토목 종사자들 말고도 탄광 노동자, 삼림 벌채꾼, 농업·목축업 종사자들이 많았고, 그것이 가라후토 거주 조선인들의 특징이었다.

1939년 이후의 강제연행·강제노동 시기에는 가라후토의 탄광에 많은 조선인들이 투입되었다. 그 수는 2만 명 가까이 되는 것으로 보이는데, 전쟁 말기가 되면서 규슈와 홋카이도 탄광으로 이동시킨 이들도 많아 정확한 숫자를 파악할 수 없다. 일본이 패전했을 때 가라후토에 있던 조선인 수는 4만 명이 넘었다고들 하지만 이것도 정확한 것인지는 알 수 없다.

전쟁이 끝나고 소련 영토가 된 사할린에서는 송환 협정에 따라 일본인들이 귀환했으나, 조선인들은 귀환 대상에 포함되지 못한 채 사할린에 남겨졌다. 전쟁 시기에 동원되면서 고향에 남겨 둔 가족과 연락도 할 수 없는 상태가 오래도록 지속되었다(소련이 붕괴되고 나서야 마침내 한국으로 돌아갈 수 있었다). 일본의 식민 지배와 전쟁 동원이 낳은 끔찍한 비극이다.

4. 강제연행과 강제노동

노무 동원의 세 가지 형태

1939년, 일본의 전쟁 수행을 목적으로 조선인 강제연행·강제노동이 시작되었다. 강제연행이란 중일전쟁 때 일본인 남성들이 병사로 동원되어 노동력이 부족해진 내지에서 국가 계획에 따라 조선인 남성들(소수의 여성들도 포함)을 노동자로 도입한 것을 가리킨다. 총동원 체제를 구축하기 위해 1938년에 국가총동원법이 공포·시행되고 그 이듬해부터 노무동원 계획이 책정되었으며, 그에 따라 노동력 배치가 이뤄졌다. 조선인 노동력도 그 일부로서 계획적으로 동원되어 배치되었다.

정부 당국이 당시 '집단 이입(移入)'이라고 불렀던 조선인 강제연행은 1939년부터 모집, 1942년부터 관의 알선, 1944년부터 징용, 이렇게 세 가지 방식으로 이뤄졌다(관의 알선은 징용과 병행해서 1944년 이후에도 계속되었다).

모집 방식은 탄광 회사를 비롯한 사업주가 정부와 조선총독부에 모집 신청을 해서 모집 지역을 할당받은 뒤, 노무계를 파견해서 노동자들을 모집하여 인솔해 가는 것인데, 모집은 조선의 지방 관청과 경찰의 협력 없이는 불가능했다. 조선에서는 1939년에 대규모의 가뭄이 덮친 탓에 농촌을 떠나 일자리를 구하는 이들이 많았다. 그래서 모집이 어느 정도 수월했다고 하지만, 그럼에도 계획된 인원을 채우지 못할 경우에는 경찰의 위력으로 노동자들을 강제 모집하기도 했다.

1941년 무렵에는 노동조건이 나쁘다는 사실이 흘러들어가 모집에 응하는 사람들이 줄었다. 조선 내에서도 광산 개발이나 공업화가 진척되어 있던 북부 지방으로 노동자들이 이동하고, 전쟁 수행을 위한 쌀 증산 요구가 증대된 점도 응모자 수가 줄어든 요인으로 작용했다. 그 때문에 폭력을 동반한 강제적인 동원이 이뤄졌다.

1942년 2월, 일본 정부는 '조선인 노무자 활용에 관한 방책'을 내각 회의에서 결정했다. 관의 알선 방식이 시작된 것이다. 모집이라는 수법으로는 노동자들을 모을 수 없었기에 취한 조치였다. 조선총독부와 지방 관청에 조선노무협회를 설치하고, 동원 가능한 이들을 조사한 뒤 사업주의 신청을 받는 형식으로 노동자들을 모집하는 방법이 시행되었다. 이 무렵 지방마다 노동자 대(隊)나 반(班)을 편성하고, 규율과 정신 훈련을 실시해 도망가지 못하도록 하는 조치를 취했다. 내지의 동원 업소에서는 조선인 노동자들만 따로 격리되어 다른 사람들과 접촉을 제한당한 경우가 많았다. 또 도망을 막기 위해 급료를 강제로 저금하게 했다.

강제동원에 대한 인식

법적으로 강제인 '징용'은 1944년부터 실시되었는데, 그렇다고 해서 그 이전의 모집이나 관의 알선을 통한 노동자 동원이 강제적이지 않았다는 얘기는 아니다. 1944년 4월, 조선의 도지사 회의에서 다나카 다케오(田中武雄) 정무총감은 훈시를 통해, "관청 알선 노무 공출의 실상을 검토해 보면, 노무에 응해야 할 자들의 지망(지원) 유무를 무시하고 막연히 하부 행정기관에 공출 수를 할당하고, 하부 행정기관 또한 대체로 강제 공출을 감행한다. 그렇게 해서 노동 능률 저하를 초래하고 있다"고 지적했다.

또 내무성 직원이 작성한 조선시찰 보고서(1944년 7월)에는 "징용은 차치하고, 기타 어떤 방식으로든 출동(동원)은 완전히 납치와 같은 상태"라고 기재되어 있어, 동원이 강제적으로 이뤄졌다는 점은 당국자나 관계자들도 잘 알고 있었다.

1939년에 국민징용령이 공포되고 조선에서도 시행되고 있었지만, 조선에서 징용 실시가 늦어진 것은 그 나름의 이유가 있었다. 징용을 실시하기 위해서는 관청의 사무 절차를 밟아야 하는데 조선의 관청에는 그것을 수행할 능력이 없었다. 그리고 징용 업소에서는 노동환경을 어느 정도 정비해야만 하는데 조선인들의 주요 동원 업소인 탄광이나 광산의 노동조건은 열악한 상태여서 징용 가능한 사업장으로 인정받지 못했다. 또한 징용으로 일손을 잃게 된 가족들을 보살피고 거들어 줄 장치도 조선에서는 갖춰져 있지 않았기 때문이다.

또 전후 1959년에 외무성은 재일조선인 약 61만 명 가운데 "전시 중에 징용 노동자로 온 사람은 245명에 지나지 않는다"며 전쟁 시기의 노동자 동원과 재일조선인 형성 사이에 인과관계를 부정하는 듯한 견해를 표명했다. 지금도 이것이 강제연행과 재일조선인 형성은 무관한 것이라는 주장의 근거가 되어 있으나, 외무성의 조사는 1944년 이후의 징용 노동자들로 대상을 축소한 것이라는 점을 주의해서 봐야 한다. 1939

탄갱에 들어가기 전 정신강화를 듣고 있는 조선인 노동자들
오른쪽 줄은 학생을 포함한 근로보국대원들(지쿠호筑豊 탄광)

년 이후의 노무동원 계획에 따른 집단 이입으로 일본에 온 조선인 노동자들 다수가 전쟁 중에 또는 패전 뒤에 귀국한 것도 사실이지만, 그대로 일본에 남은 사람들도 상당수였다는 점도 틀림없는 사실이다.

노무 동원의 실태

동원한 노동의 수에 대해서는 몇 가지 수치가 있는데, 대체로 다음과 같다.

1939년부터 1945년까지 내지로의 동원 할당 수는 합계 91만 명, 실제 이입자 수는 67만 명으로 돼 있다. 이 밖에 사할린(가라후토) 1만6천 명(할당 수는 2만 명), 남양군도 6천 명(할당 수 2만 명)이 노무동원 계획에 따라 이입되었다.

내지의 동원 업소는 탄광이 48퍼센트, 금속 광산 11퍼센트, 토건 16

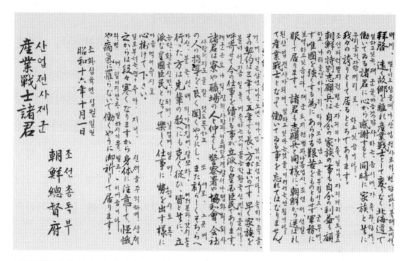

조선총독부가 홋카이도에서 일하는 조선인 노동자들에게 보낸 편지(1941년, 중간 부분은 생략)
탄광 등에서 일하는 노동자들에게 '산업 전사'로서 성실하게 일할 것, 계약 기간을 연장할 것, 경찰
서와 협화회 등의 지도를 잘 따를 것을 당부하고 있다.

퍼센트, 공장 등이 25퍼센트로 추정된다. 일본인 노무 동원과는 달리
조선인들의 경우에는 노동환경이 열악한 탄광·광산·토건이 4분의 3을
차지하고 있었다. 그 결과 전쟁 말기에는 탄광 노동자의 30퍼센트 남짓
이 조선인들로 채워진 상태였다. 게다가 집단 이입된 조선인 노동자들
대다수가 위험한 갱내의 노동을 떠맡고 있었다. 그들의 노동 현장에서
는 사망자들도 다수 나왔다.

　토건업의 경우 처음에는 발전소 공사장에서 일하는 경우가 많았으나,
전쟁 말기가 되면 지하의 군사시설이나 무기·비행기 공장 건설공사에
동원되었다. 나가노 현 마쓰시로(松代)에 조성되어 있던 지하 대본영(大
本營, 일제가 전시에 천황 직속으로 설치했던 최고 통수부―옮긴이) 공사에
많은 조선인들이 투입되어 노역에 동원된 사실은 잘 알려져 있다. 공장
에 동원된 것은 철강업 쪽이 많았는데, 1944년부터 징용된 조선인 노

동자들이 대량으로 제철소에 투입되어 일했다.

노무동원 계획에 따른 노동자들의 내지 이입은 그 이전 시기 일본으로 도항하거나 이주한 것과는 다르다. 그때까지는 당국에 의해 도항이 통제되고 있었다고는 하나 조선인들이 스스로의 의사를 실현시킬 여지가 있었고 일터를 옮기는 것도 가능했다. 또 고향에 남겨 둔 가족에게 송금할 수도 있었다. 이에 비해 전쟁 시기의 집단 이입 노동자들은 직장 이동이 금지되고, 가족에게 보내는 송금도 곤란한 상태에 놓이게 되었다. 또 2년이라는 계약 기간이 끝나더라도 갖가지 이유를 붙여 조선으로 돌아가는 것을 막는 경우가 많았다.

도망가는 노동자들

내지에 동원된 노동자들이 동원 업소로 가는 도중에, 또는 취로 현장에서 도망쳐 달아나는 일이 잇따랐다. 집단 이입이 시작되고 나서 1년 동안 동원된 사람 6만5천 명 가운데 20퍼센트에 가까운 1만2천 명이 도주한 것으로 돼 있다. 1943년 말까지 이입된 36만6천 명 가운데 11만9천 명이 도주해 그 비율이 32.5퍼센트나 된다. 노무 동원에 응하면서도 처음부터 다른 일자리에 취업할 요량으로 도주한 이들도 있었지만, 동원 업소의 열악한 노동조건을 견딜 수 없어서 도주를 시도한 경우가 많았을 것으로 생각된다.

동원된 조선인 노동자들의 도망은 당국과 경영자의 최대 고민거리였다. 그것을 막기 위해 여러 가지 조치가 취해졌다. 외출 금지와 제한, 외부인(특히 친척이나 벗들) 접촉 금지와 제한 외에도 숙소에 울타리를 치고 감시인을 배치하는 곳까지 있었다. 그리고 급료를 강제로 저금하게 해서 통장을 사업주가 관리함으로써 도망을 막으려 했다. 이런 조치는

1942년 11월 후생성이 통첩을 발해서 각 사업주들에게 지시한 도망 방지책의 하나였다.

탄광이나 광산 현장에서 도망친 이들은 노무계나 경찰, 지역 소방단 등의 추적을 받고 붙잡히는 경우도 많았다. 그런 경우에는 폭행을 당하거나 식사를 하지 못하게 하는 등의 제재가 가해졌다. 동원 업소에서 운 좋게 도망친 경우에는 친척이나 벗들, 집단거주 지구에 의지해 새로운 일자리를 찾았다. 일손이 부족한 토건 현장이나 군수공장에서 일자리를 얻는 것도 어느 정도는 가능했으나, 도망자라는 사실이 밝혀지면 다시 탄광 등으로 끌려가기 일쑤였다.

빈발하는 노동쟁의

이처럼 열악한 노동환경과 감시 아래서 일을 해야만 했던 노동자들은 점차 처우 개선이나 폭행 중지 등을 요구하며 회사 사무소로 몰려가거나 사보타주, 파업 같은 노동쟁의를 벌였다. 계약 기간이 만료되어 귀환을 요구하는 쟁의도 많았다. 1941년의 492건을 정점으로 해마다 300건가량 쟁의가 일어났다. 이는 일본인 노동자들이 일으킨 쟁의보다 더 많은 건수였다.

이런 쟁의에는 경찰이 개입해 지도자를 검거하고, 경우에 따라서는 "독립운동을 기도했다"며 치안유지법 위반으로 입건하기도 했다. 또 회사 쪽은 노동자 가운데 주도자를 '불량분자'로 몰아 조선으로 송환하는 조치를 취했다. 재일조선인 단속을 주요 임무로 하는 특고경찰은 강제연행 시기에 몇 차례나 인원을 확충했으며, 조선인 노동자들이 많이 취업한 사업소에는 순사가 상주하면서 회사 노무계와 협력해서 노동자의 도망을 막고 쟁의를 진압하는 일에 힘을 쏟았다.

그런데 내지의 노동력 부족 때문에 강제연행이 시작되었다고 해서 그때까지의 도항 규제가 불필요해진 것은 아니다. 도항증명서 등을 통한 도일 규제는 조선인들 스스로의 의사와 희망에 따라서 또는 연고에 의지해서 일자리를 찾아 도항하는 것을 제한하는 것이었으나, 노무동원 계획의 목적은 노동조건이 열악해 노동력이 부족하게 된 탄광 등에 조선인들을 데려가 일을 시키려는 것이었다. "자유롭게" 취업처를 선택하는 이들이 늘면 노무 동원에 지장을 주게 된다. 오히려 도항 규제를 계속함으로써 탄광 등으로 조선인들을 유도할 필요가 있었다. 그 때문에 노무 동원과 도항 규제는 병행 실시되었다.

5. 전쟁 시기의 재일조선인

조선어 금지와 창씨개명

협화회 체제 아래에서 재일조선인들의 생활은 긴장될 수밖에 없었고, 언어나 문화 면에서도 일본화를 강제당했다.

1935년 무렵부터 경찰 당국은 유학생을 비롯한 조선인의 회합이나 집회에서 조선어 사용을 금지하는 조치를 취했으나 조선인 쪽의 항의 행동이 이어졌다. 중일전쟁 발발 뒤 당국은 유학생들이 만드는 잡지에 대해서도 일본어로 발행하는 것만 허용했다. 교회 예배에서도 조선어 사용을 금지하는 등 조선인들의 실정을 무시하는 강경책을 폈다.

1940년에는 조선에서 실시된 창씨개명(創氏改名)이 일본 거주 조선인들에게까지 적용되었다. 개정된 '조선민사령'에서는 호주는 '씨'(氏, 집안의 명칭)를 관청에 신고하는 것을 의무화했다. 그때까지의 '성'(姓)이 아니라 '씨'가 본명이 되었다. 그러나 재일조선인의 씨 설정 신고 비율은 조선 내에 비해 낮았다. 그것은 세대주이기는 해도 호주는 아닌 이들이 많았고(즉 조선의 고향에는 호주인 부친이나 조부가 있는 이들이 많았다), 내지에서는 조선에 비해 신고 압력이 약했기 때문이기도 하지만, 무엇보다도 창씨를 기피하려는 생각이 강했기 때문이다.

창씨개명에 관한 재일조선인들의 생각을 기록한 특고경찰 자료에는 그때까지 차별받기 싫어서 통칭명을 썼지만 앞으로는 공개적으로 일본의 씨명을 사용할 수 있다는 찬성 의견도 기록되어 있으나 창씨개명에 반대하는 목소리도 많이 기록되어 있다. "호적을 내지로 옮기는 것을 허용하지 않는다면 이름만 일본명으로 바꾸어도 의미가 없다," "이름을 바꾸는 것은 표면상의 일일 뿐, 몇 년이 지나도 내선융화는 이뤄질 수 없으므로 우리는 어디까지나 독자적인 민족으로 있는 게 좋다" 등이 반대 이유였다.

한편 특고경찰 사이에서는 조선인들이 일본명을 쓰게 되면 일본인과 구별할 수 없게 되기 때문에 단속하기 어려워진다는 의견도 나왔다.

창씨개명 이후 재일조선인도 공적인 문서에는 일본식 이름을 기입하게 되었다. 그때 사용한 일본 이름을 전후에도 통명(通名)으로 삼는 경우가 많았다. 그것은 식민 지배의 '마이너스 유산'임과 동시에 조선의 문화와 풍습을 깔보는 일본 사회의 시선을 의식할 수밖에 없는 상황이 이어졌기 때문이다.

전쟁 시기의 조선인 커뮤니티

전쟁 시기에 협화회는 집단거주 지구에 협화관과 인보관(隣保館) 등을 설치해 조선인의 일상생활을 관리·통제하고 일본화를 꾀했다. '생활 개선'을 명목으로 일본어 습득, 요리나 옷차림뿐 아니라 예의범절까지 일본화시키려 했지만 집단거주 지구 안에서는 완전한 일본화가 불가능해 조선어도 변함없이 사용되었다.

또 전쟁이 오래 이어짐에 따라 전쟁터에 나간 일본인들을 대신해서 일거리를 맡은 조선인들도 있었다. 취업한 공장이 폐쇄되어 수입이 없는 이들이 늘어나 암거래나 막걸리 양조 등으로 생계를 이어 가는 세대가 눈에 띄기 시작한 것도 전쟁 중에 나타난 일이었다.

또 전쟁 중에 공습으로 피해를 입은 조선인들이 24만 명에 이르렀는데, 특히 도쿄에서는 조선인 거주자의 42퍼센트가 피해를 입었다고 한다. 이 때문에 1945년이 되면 조선으로 돌아가는 이들이 급격히 늘어났다.

치안유지법

전쟁 시기, 특히 1940년대에는 치안유지법 위반 혐의로 검거·투옥되는 조선인들이 늘었다. 1930년대 말에 검찰이나 재판소 등 사법 당국이 식민지 독립을 추구하는 활동을 '국체변혁'(国体変革, 천황 통치권의 부정·개변)을 꾀하는 것으로 간주한다는 해석을 내렸기 때문이며, 나아가 1941년에 치안유지법 '개정'으로 사소한 언동도 처벌할 수 있도록 적용 범위가 확대되었기 때문이다.

이에 따라 조선어나 조선 문화를 지켜야 한다는 주장만 하더라도 독립을 기도했다며 검거되는 이들이 속출했다. 1942년에 조선인을 징병 대상으로 삼는다는 결정이 내려지자 그것을 이용해 조선 민족 실력양성을 꾀했다는 등의 이유를 붙여 독립운동 혐의로 검거하는 사건도 늘었다. 특히 유학생이 표적이 되었다. 교토에서 공부하던 윤동주(1917년생, 1945년에 옥사한 뒤 시인으로 유명해졌다) 사건이 널리 알려져 있지만, 젊은 노동자들을 포함해서 수많은 조선인들이 검거되었다.

전쟁 시기에 내지에서 치안유지법으로 검거된 이들의 30퍼센트 가량
은 조선인이었던 것으로 추정된다. 내지 인구 가운데 조선인 비율이 약
3퍼센트였다는 점을 생각하면 무척 높은 수치였다.

또한 1941년 12월 진주만 공격 다음날에 경찰은 '비상조치'로 전국
에 걸쳐 일제히 조선인 '사상 분자' 124명을 검거했다. 그때 소설가 김
사량도 검거되었다(50일 뒤에 석방). 전쟁 수행에 방해가 된다는 이유만
으로 구체적인 혐의도 없이 구속했다.

일본 당국은 조선인들을 동화해서 전쟁 동원의 대상으로 삼는 한편
으로 후방(銃後)의 사회질서를 교란할지도 모르는 존재라고 보았다. 조
선인에 대한 이런 이중의 인식은 한국병합 때부터 있었으나 전쟁 상황
속에서 극대화되었다고 할 수 있다.

'처우 개선'의 의도

1944년 12월, 일본 정부는 '조선 및 대만 동포에 대한 처우 개선에
관한 건'을 내각회의에서 결정했다. 도쿄가 공습을 받는 등 전쟁 진행
상황이 악화되는 가운데, 식민지 주민의 전쟁 협력을 이끌어 내기 위해
식민지에서 제국의회 의원을 선출할 수 있게 하는 등 정치적 처우 개선
을 실시하고, 아울러 내지 거주 조선인들에 대한 처우 개선도 시도한 것
이다.

내지 거주 조선인 처우 개선에 관해서는 '일반 내지인의 계발,' '내지
도항제한 제도의 폐지,' '경찰상의 처우 개선,' '근로관리 개선,' '협화 사
업(흥생 사업)의 쇄신,' '진학 지도,' '취직 알선' '내지로 이적(移籍)할 수
있게 함' 등 8개 항목을 내걸었다. 경찰상의 처우에 대해서는 "각 부문
에서 온 힘을 다해 개선 방법을 강구하고 노력해서 차별감이 생기지 않

도록 배려한다"고 했다. 이런 항목이나 설명 내용만 보더라도 재일조선인들에 대해 그때까지 처우가 어떠했는지를 짐작할 수 있을 것이다.

각의 결정 이전에 작성된 문안에서는 '노무관리 개선'으로 "도주 방지를 위해, 죄수(囚人)처럼 취급하거나 남들이 보는 앞에서 제재를 가하는 일은 엄격히 금할 것"이라는 내용이 들어 있어, 노동자들의 도주를 막기 위해 평소에 폭력을 사용하고 있었다는 사실을 당국자 스스로도 인정하고 있다는 점을 알 수 있다. 또 '협화 사업의 쇄신'에 대해서는 "거주 조선 동포의 언어 풍습 등의 내지화에 관해서는 급속히 그것을 철저하게 추진할 것"이라고 해 놓아, '처우 개선'이라는 것이 조선인들의 '내지화'를 한층 더 강화하는 것이었음을 보여 준다.

이들 처우 개선 방책이 패전까지 짧은 기간에 시행된 것인 만큼 그것이 그대로 실행되었는지는 분명하지 않다. 도항증명서 제도는 1945년 3월에 폐지되었으나 당국자는 취업 목적의 도항은 징용과 관의 알선을 원칙으로 했고 개인들의 '만연 도항'은 그 뒤에도 금지한다고 얘기해, 도항 제한이 실제로 없어진 것은 아니라는 걸 알 수 있다. 또 '경찰상의 처우 개선'이나 '근로관리 개선' 등에 대해서도 추상적인 노력 목표를 내걸었을 뿐 개선 효과가 실제로 있었는지는 몹시 의심스럽다.

협화회에서 흥생회로

일본 정부가 '처우 개선'에 대해 검토하고 있던 1944년 11월, 중앙협화회는 명칭을 중앙흥생회(中央興生会)로 바꾸었다. 그에 따라 각 부·현의 협화회도 1945년 전반기에 흥생회로 개칭했다.

흥생회로의 전환은 협화회를 실질적으로 운영해 온 특고경찰만으로는 활동을 유지할 수 없게 되었기 때문에 다른 행정 직원이나 조선인 유력자를 끌어들임으로써 전쟁 협력이나 일상생활의 일본화를 한층 더 강력하게 추진하겠다는 것이 그 목적이었다. 경찰서 내에 설치되어 있던 협화회 사무소를 새로 건설한 흥생회관으로 옮기려 한 지역도 있었다.

1944년부터 시작된 조선인 징병이나 노동자 관리, 그리고 공습에 대비한 방공 체제 강화 등 전쟁 말기의 중요 과제를 수행하기 위해서는 조선인 쪽의 협력이 더 강하게 요구되었고 그것이 흥생회의 임무가 되었는데, 실제로 얼마나 효과가 있었는지는 알 수 없다.

패전 뒤의 특고경찰 해체와 함께 흥생회도 해산되는데, 협화회·흥생회 체제 아래에서 추진된 조선인의 황민화, 일부 조선인의 친일화, 나아가 경찰을 중심으로 한 조선인의 관리·통제 같은 문제는 전후의 일본 사회나 재일조선인 커뮤니티에도 '마이너스 유산'으로 계속 남게 된다.

'패전'과 재일조선인

1945년(쇼와 20) 8월 일본이 패전한 시점에서 조선인들이 내지에 얼마나 살고 있었는지에 대해서는 정확한 통계가 없다. 전쟁 말기의 노동자 동원에 관해 정확한 숫자가 존재하지 않는데다, 1944년 가을부터 미군기의 공습이 심해졌기 때문에 도심에서 농촌 지역으로 소개(疏開)하거나 조선의 고향으로 돌아가는 사람들이 늘어나는 등 인구 이동이 격심해져 인구를 추계하는 데에도 불확정적 조건이 많았다.

또한 1945년 전반에는 징병된 조선인들이 '농경근무대'라는 명칭으로 아이치 현을 비롯한 각지에서 군용 식량 확보를 위한 농사 작업이나 항공연료의 원료로 썼던 소나무 뿌리 채취 작업에 동원된 사실이 최근의 연구를 통해 밝혀졌다. 그 수는 명확하지 않지만 재일조선인의 인구

통계에는 나타나지 않는 형태의 동원이었다.

하지만 전년도의 인구수 등을 통해 1945년 8월 시점에서 200만 ~210만 명의 조선인이 내지에 거주하고 있었던 것으로 생각된다. 한국 병합 무렵의 수천 명에서 35년 뒤 200만 명에 달하는 조선인들이 일 본에 거주하게 된 가장 큰 원인은 일본의 식민지 지배였다고 할 수밖에 없다.

3장

전후 재일조선인 사회의 형성

1. 전후 재일조선인의 출발

여러 가지 '해방'

전후 재일조선인 작가 1세대라고 할 만한 김달수(金達壽, 1919년생)는 자신의 연보에 이렇게 기록했다.

"1945년 8월, 전쟁이 끝났다. 곧바로 재일본조선인연맹 결성에 참가하다. 활기가 넘쳐흘렀다."

소개지(疏開地)인 미야기 현에서 그날을 맞은 역사학자 강덕상(姜德相, 1932년생)도, 조선인들이 해방을 축하하며 모여든 집은 "그곳만이 다카다(高田, 지금의 리쿠젠다카타陸前高田 시) 시내의 지도에서 분리된 것 같은 모습으로 휘황하게 불이 켜져 있었고, 와와…… 마시고 노래하는 소리로 시끌벅적했습니다"(오구마 에이지·강상중 편,《재일 1세의 기억》) 하고 회고했다. 그런 조선인들 분위기와 '의기소침'해서 '망연자실'한 일본인들 분위기의 대비는 그 시대를 살아간 재일조선인들의 '해방'에 따라붙는 얘기의 단골 주제가 되었다.

하지만 '해방'을 맞이한 조선인들이 모두 '활기 넘치는' 상태였던 것은 아니며, '패전'을 맞은 일본인들이 모두 '의기소침'해 있었던 것도 아니다. 해방 직후에 치안 당국(특별고등경찰)이 실시한 재일조선인 동향 조사('조선인[대만인 포함]의 동향에 관한 건,' 1945년 9월 4일)를 살펴보면, 이렇다 할 해방의 기쁨도 없이 일본에 계속 눌러앉으려는 재일조선인들 모습을 떠올릴 수 있다. '니가타 현에 거주하는 조선인' 아무개는 "독립이라고 해도 결국 조선은 소련이나 미국, 중국의 속국 신세가 되어 지금보다 더 어려운 처지로 내몰릴 것이라 생각한다. 될 수 있으면 이대로 내지에 머무를 수 있도록 해달라"고 호소하고 있다. 이런 조사 결과를 그대로 받아들여 일본 정부는, 집단 징용으로 일본에 거주하게 된 조선인(패전 당시 30만 명 가까이가 일본에 있었다) 외에 재일조선인 대다수가 일본에 잔류할 것으로 예측했다.

물론 억압적인 구체제의 여운이 여전히 짙게 남아 있던 상황에서 치안 당국이 선호했던 흥생회 관계자 등을 대상으로 실시된 그런 조사가 조선인 사회의 속내나 기분을 정확하게 전달했다고 보긴 어렵다. 하지만 흥생회 직원이나 경찰관 또는 관청의 관리 등 '친일파'가 아니더라도 일본 사회에서 나름대로 성공했거나 각 분야에서 안정된 지위를 얻어, 일종의 망설임과 함께 '해방'을 맞이한 조선인들도 적지 않았을 것이다. 1946년, 10만 엔 이상의 재산을 소유한 자산가들에게 재산세*가 부과되었는데, 그 대상이 된 조선인은 대략 1천 명에 달했다(이광규,《재일한국인》).

---

* 1945년 11월에 제정되었다. 개인을 납세 의무자로 삼아, 1946년 3월 당시 순자산액 10만 엔을 넘는 재산 보유자에 대해 25퍼센트에서 90퍼센트까지 14단계의 세율로 과세되었다. 10만 엔은 요즘 시세로 5천만 엔이 넘는 것으로 평가된다. 1년 만에 폐지되었다.

프로야구나 스모처럼 실력이 좌우하는 세계에서는 프로야구 자이언 츠 팀의 후지모토 히데오(藤本英雄. 이팔룡李八龍, 1918년생, 1943년부터 는 성을 나카가미中上로 바꿈)가 투수이자 3번 타자, 거기에 감독까지 겸 임하는 야구계의 톱 플레이어가 되어 있었고, 나중에 역도산(力道山)으 로 알려지게 된 김신락(金信洛, 1924년생)도 주료(十両. 스모 씨름꾼 계급 가운데 하나로 마쿠우치幕内와 마쿠시타幕下의 중간. 주료 이상이라야 우리 나라의 장사급인 세키도리関取 칭호를 얻게 된다—옮긴이)로 승격해 일본 스모계에서 두각을 나타내고 있었다.

김달수나 작가 김석범(金石範, 1925년생)이 임박한 일본 제국의 붕괴 를 어느 정도 예측할 수 있었던 데 비해, 소년기에 그날을 맞이한 조선 인들에게는 일본의 패전 역시 '마른하늘에 날벼락'이었을 게 분명하다. 어릴 때 일본에 건너간 강덕상도, 사할린에서 태어나 자란 작가 이회성 (李恢成, 1935년생)도 열성적인 황국 소년이었다. 그날을 제주도에서 맞 이한 김시종(金時鐘, 1929년생)조차 "일본은 신국이다, 천황은 신이다, 이렇게 믿고 일본인이 되려고 공부해 왔다"(앞의 책《재일 1세의 기억》)고 한다. 김시종에게 일본의 패배는 "선 채로 땅 바닥에 내리꽂히는 듯한 충격"이었다.

이미 1930년대 후반에는 일본에서 태어난 2세들이 20~30퍼센트에 이르렀고, 1940년에는 일본 태생의 이른바 1세대의 자이니치(在日, 이하 재일동포 2세, 3세를 가리키는 '재일'은 그대로 표기하는 경우도 있지만 주로 '자이니치'로 표기함—옮긴이) 2세가 30만 명이나 되었다. 강덕상처럼 어 려서 일본에 건너간 사실상의 2세까지 포함하면 패전 당시의 재일조선 인 상당수가 언어나 사고방식 면에서 보통 일본 사람에 가까운 것으로 적응해 있었다고 해야 할 것이다.

어쨌든 대도시에 있던 일부 자각한 지식층을 제쳐 놓는다면, 일본의 패배를 역사의 커다란 전환기라고 곧바로 실감할 수 있었던 재일조선인은 그리 많지 않았다. 홋카이도 같은 벽지의 탄광에서는 일본이 패전한 사실 자체가 정확하게 전해지지 않아 9월까지도 그동안 하던 일을 계속하고 있었다는 얘기도 나왔다.

움직이기 시작하는 조선인들

그런데 미군의 점령 통치가 일본 각지에서 실시되고 점령군이 '인권지령'*을 내린 10월 초순이 되면 상황은 아주 달라진다. 이 무렵이 되면 일본 정부의 예측과는 달리 징용 노동자 외에도 '조국'으로 향하는 조선인들이 급증하고, 이를 지원하는 재일조선인 단체의 대응도 본격화한다. 시모노세키와 센자키(仙崎), 하카타(博多)는 본국으로 귀환을 서두르는 엄청나게 많은 조선인들로 붐볐는데, 시모노세키에는 20만 명이나 되는 조선인이 몰려들었다. 마이즈루(舞鶴) 항에서 549명의 조선인을 태운 채로 침몰한 '우키시마마루'(浮島丸)처럼 귀환 과정에서 벌어진 비극도 적지 않았다.** 조선인의 귀환에 대한 미 점령군의 구체적인 정책(계획송환)이 일본 정부에 하달된 것은 1946년 3월이었는데, 그때까지 벌써 140만여 명이나 되는 재일조선인들이 전장에서 귀환자를 싣고 오

---

* 1945년 10월 4일, 점령군사령부(GHQ)가 일본 정부에게 내린 지령. 특고경찰이나 치안유지법 등을 폐지하고, 그러한 법령 위반으로 구류·투옥되어 있는 이들을 10월 10일까지 석방하라고 요구했다.
** 징용자를 포함한 3,700여 명의 조선인을 태우고 아오모리에서 부산으로 가던 우키시마마루(4730톤)가 점령군의 항행금지 지령을 받고 8월 24일 마이즈루 항에 정박하려다 기뢰에 부딪혀 침몰한 사건. 자세한 내용은 김찬정(金贊汀)의 《우키시마마루 부산항으로 가지 못하다》 참조.

후추 형무소에서 출옥해 환영을 받고 있는 김천해(왼쪽, 1945년 10월)

는 배 등을 이용해 본국으로 귀환한 뒤였다.

그렇게 해서 귀환 동포 지원을 비롯해 탄광이나 작업 현장, 가두시위나 관청에 대한 항의 행동, 암거래와 사재기, 폭력단과의 항쟁 등 온갖 장면에서 조선인들은 '해방된 민족'으로 행동하기 시작한다. 10월 10일, 김천해를 비롯하여 천황제 권력에 저항한 조선인 공산주의자들이 후추(府中)형무소(예방구금소)에서 석방된 것도 시대의 변화를 보여 준 인상적인 장면이다. 그날 후추형무소에서는 도쿠다 규이치(德田球一)와 시가 요시오(志賀義雄) 같은 거물 일본인 공산주의자들도 석방되었는데, 이들을 맞이하러 간 사람 700여 명이 대부분 조선인이었다.

도쿄, 요코하마, 오사카, 교토, 효고를 비롯한 여러 도시에서는 일찍부터 재일조선인들의 귀환을 지원하고 생활을 지키려는 목적으로 각종 조선인 단체들이 속속 결성되었다. 오사카에서는 이미 8월 15일에 유지들 몇 사람이 이마자토(今里, 히가시나리구東成区)에서 회합을 열어 일본거류고려인중앙협의회를 결성하자고 제안했다. 도쿄에서는 스기나미, 시부야, 이타바시를 비롯한 각 지구의 움직임이 합류해 조선인연맹 준비위원회가 결성되었다(9월 4일).

김달수는 자신이 살고 있는 요코스카(橫須賀)에 자치 조직(요코스카 거주조선인동지회)을 만들어, "한시도 집에 가만히 틀어박혀 있지 못했다"고 한다. 나중에 조선총련(朝鮮總連, 재일본조선인총연합회) 의장이 되는 한덕수(韓德銖)는 요코하마를 중심으로 활동하면서 간토 지역 조선인 단체 전체의 결집을 줄곧 호소했다.

징용으로 탄광 등에 배속된 조선인 노동자들도 10월 이후에는 취로 거부나 본국으로 귀환시켜 줄 것을 촉구하면서 움직이기 시작했다. 조선인 노동자들 7,300명이 작업하던 홋카이도 유바리탄광(夕張炭鑛)에서는 조선인 노동조합이 결성돼 대우 개선, 귀환 촉진, 귀환자에 대한 임금 청산 등을 회사 쪽에 요구했다. 4천 명에 가까운 조선인들이 일한 조반탄광(常磐炭鑛)에서는 10월 19일, 공산당원 김두용(金斗鎔) 등이 개입하면서 조선인 노동자들의 행동이 명확한 노동운동으로 발전하게 된다. 유바리탄광이나 조반탄광 쟁의를 비롯한 조선인 노동자들의 쟁의는 전국 각지 42~52곳(약 9만 명)에서 벌어졌다고 한다(박경식,《해방 후 재일조선인 운동사》).

암시장의 시대

한편 "해방의 기쁨과 독립 국민이라는 자존심을 오해해서 여러 불상사"(1946년 10월에 개최된 재일본조선인연맹 제3회 전국대회 보고)를 일으키는 조선인도 적지 않았다. "어느 정도 지식과 재산을 가진 비양심적인 층은 어떤 사업도 하지 않고 매일 자동차와 연회에 몰두하며 일확천금을 꿈꾸고 있다. 그들은 무슨 회(会)니 동맹이니 하는 두세 명짜리 단체를 만들어 술과 담배 같은 물자를 획득하고 제 잇속을 채우는 등 입에 담기도 어려운 악행을 거듭 저지르고 있다"고 재일본조선인연맹('조련'으로 줄임—옮긴이) 스스로 정리하지 않을 수 없었다.

조선인에 국한되지 않고, 패전 직후 일본에서는 목전의 오늘내일 양식을 어떻게 구할 것인가가 최대의 관심사였다. 배급 제도의 파탄이 명백해진 가운데 불타 버린 도시 주민들에게 양식을 조달한 것은 사재기와 암시장이었다. 암시장에서는 옛 식민지 출신 조선인이나 중국인과 일본인 사이에 잦은 대립이 일어났다. 점령 초기에는 옛 식민지 출신자들에 대한 일본 정부의 검거·재판권이 현지 점령군에 의해 부인당하면서 재일조선인들도 패전국 일본의 법률에 따를 필요가 없다는 확신을 갖게 되었다. 그리하여 그들 마음대로 세를 과시했다. 엉거주춤한 단속 자세를 보이고 있던 경찰 당국은 흥행사나 협객 등과 손잡고 암시장에서 조선인이나 중국인의 대두를 막아 보려 했다. 조선인 쪽도 이런 움직임에 조직적으로 대항하기 위해 조련이나 공산당에 기댔다.

암시장이 융성했던 시절, 곧 패전의 혼란 속에서 조선인들이 막벌이를 할 수 있었던 시절은 1년도 채 가지 못했다. 사회가 안정을 되찾아가면서 거꾸로 거의 모든 재일조선인들은 생활양식을 잃고 막걸리나 소주 밀매, 날품팔이, 영세한 식당 경영 등으로 근근이 살아갈 수밖에 없게 된다. 그런가 하면, 패전 직후의 혼란을 틈타 한밑천 잡아서 이윽고 재일조선인을 대표하는 경제인으로 성공한 이들도 있었다.

전쟁 전 오사카에서 견습생으로 일하면서 베 짜는 기술을 익힌 서갑호(徐甲虎, 1924년생)는 전후에 군수물자 매매로 한밑천 잡은 뒤 사카모

토방적(坂本紡績)을 창립해 1950년대에는 서일본 최대 규모의 '방적 왕' 자리에까지 올랐다. 1941년, 열여덟 나이에 일본에 건너 온 신격호(辛格浩, 1922년생, 일본 이름은 시게미쓰 다케오重光武雄)는 암시장에서 화장품을 팔아 벌어들인 돈을 밑천으로 주식회사 롯데를 창립했다. 1950년대에는 껌 업계에 진출했고 마침내 제과업을 중심으로 한국과 일본을 넘나드는 대재벌로 성장하게 된다(박일,《재일'이라는 삶의 방식》).

조선반도의 분단과 밀항

식민지 시기에 《가나가와신문》과 《경성신보》 같은 신문사 기자 생활을 거쳐 "어엿한 민족주의자"가 된 김달수는 "그 무렵 재일조선인이라면 모두들 조선으로 귀국한다는 생각을 하고" 있었으나, 1946년 초가 되면 귀국자는 감소했고 "돌아간 이들이 다시 이쪽으로 역류해 오는 사태까지 벌어지고 있었다"고 회상한다.

패전 직전(8월 8일 심야), 막바지에 소련이 서둘러 참전함으로써 조선반도가 제2차 세계대전 뒤에 미국과 소련의 패권 다툼 무대가 되는 것은 피할 수 없는 일이 되었다. 1945년 12월, 조선반도를 미·영·중·소 4대국의 5년간에 걸친 신탁통치 아래 둔다는 신탁통치안이 발표되자, 조선반도는 곧 찬반을 둘러싼 격렬한 대립과 혼란의 도가니로 바뀌었다. 신탁통치에 대한 찬반은 그대로 좌우 분열로 연결되어 해방 뒤의 조선 사회를 찢어 놓았다. 좌우의 대립은 무장 습격이나 테러 보복 같은 극렬한 양상으로 전개되어 양쪽 모두에서 사상자가 속출했다. 살벌한 공기가 해방 조선을 뒤덮었고, 심각한 식량난과 실업이 남조선 사회의 혼란에 박차를 가했다. 이런 현상은 일단 일본에서 귀환한 조선인들의 '역류' 현상을 불러왔으며, 이윽고 재일조선인 사회도 심각한 분열을 겪게 된다.

역류하는 조선인들 중에는 해방된 조국을 꿈꾸었거나 친족의 손에 이끌려 본국으로 귀환한 2세들도 적지 않았다. 새 국가 건설의 발걸음을 내디딘 남조선에서 재일조선인들은 "해방 민족의 바로미터"로 찬양받았으며, 온갖 귀국 지원이나 구호 활동이 복수의 유력 단체들에 의해 조직되었다. 하지만 귀국한 재일 2세들은 "조선말을 할 수 없어서 집단 따돌림의 대상이 되었다"(현무암, 《코리안 네트워크—미디어 이동의 역사와 공간》)는 말까지 듣게 되었다. 일단 귀국은 했으나 그곳 생활에 적응하지 못한 채 일본으로 되돌아온 조선인들도 적지 않다. 나가사키에 떨어진 원자탄에 피폭당한 최순금(崔瞬琴, 1926년생)은 해방 뒤 남편의 반대를 무릅쓰고 먼저 귀환한 부모가 사는 곳(경북 안동)으로 갔지만 "고향에 돌아가도 말도 알아듣지 못했고 적응할 수 없었다. 게다가 아무래도 남편을 잊을 수 없어서" 일본으로 되돌아왔다.

재일조선인들의 이런 역류는 '밀항' 형태로 이뤄질 수밖에 없었다. 점령군은 한 번 본국으로 귀환한 조선인들이 다시 일본으로 건너오는 것을 엄격하게 막았다. 점령 기간에 남조선에서 일본으로 입국한 사람들 가운데 공식적으로 기록되어 있는 이들은 1949년 11월부터 이듬해 6월까지 501명에 지나지 않는다. 점령군의 기록에는 전체 밀입국자 수가 1946년에 약 22,132명으로 돼 있는데, 이 가운데 98퍼센트가 조선인이었다. 1947년 5월에는 '외국인등록령'(뒤에 나옴)이 공포되어 밀입국자는 6,630명으로 줄었으나, 1948년에 다시 늘어 8,408명이 되었으며 1949년에는 1만 명에 육박했다. 이런 수치는 점령군이 밀입국자로 파악하고 있던 수치인데, 1949년의 경우 체포당한 사람의 비율은 70퍼센트 정도였던 것으로 돼 있다. 점령군의 한 자료(G-2 각서, 'Data of Illegal

Entry of Korean for the year 1930(?)~1949')는 '외국인등록령'이 시행된 뒤에도 "상당수의 조선인들이 입국을 시도해 성공한 것은 분명하다"고 적고 있다. 조선에서 일본으로 밀항한 이런 큰 흐름은 한일협정이 체결된 1965년 무렵까지 이어져, 밀입국자 단속이나 강제퇴거의 상징인 오무라수용소(大村收容所)가 새로운 "'외부' 또는 '타자'와의 분할과 봉쇄, 배제를 통해 스스로를 구성하는 경계"(테사 모리스 스즈키,《북조선행 엑소더스》)로 탄생한다.

계획송환

앞서 얘기한 '계획송환'(1946년 4~12월)은 남조선 정세의 혼란이 한층 더 격렬해지는 시기에 실시되었다. 게다가 귀환자가 지니고 갈 수 있는 돈(지참금)은 1,000엔,* 갖고 갈 수 있는 동산은 250파운드(약 113킬로그램)까지로 제한되어 있었다. 이 지참금 제한은 징용 같은 형태로 홀로 일본에 온 사람은 그렇다 치고, 오랜 세월 일본에 살면서 적지만 자산을 축적했던 정주자들에게는 무거운 족쇄가 되었다. 결국 계획송환을 통한 귀환자는 약 8만3천 명에 그쳤고 나머지 55만여 명은 계속 일본에 살게 되었다. 그리하여 해방되고부터 1946년까지 150만 명에 가까운 조선인이 귀환했으나, 대부분은 징용이나 전시경제 수요에 이끌려와 일본에 거주한 기간이 짧은 조선인들이었다. 1920년대부터 1930년대에 걸친 시기에 일본에서 생활의 뿌리를 내리고 일본 사회 또는 일본

---

* 패전 직후의 맹렬한 인플레이션 속에서 이 1,000엔의 가치를 추산하는 일은 쉽지 않다. 1946년 2월, '종합 인플레 대책'의 일환으로 '새 엔 환전'(교환 비율은 1 대 1)이 단행되었는데, 그때 대장성(大藏省, 지금의 재무부―옮긴이)은 도시 5인 가족의 한 달 표준 생계비를 500엔으로 산출해, '500엔 생활'이라는 말이 유행했다.

과 조선의 경계를 넘나드는 생활권을 쌓아 가던 재일조선인들 다수는 일본에 그대로 눌러앉게 된다.

'계획송환'이 끝나 가던 1946년 12월, 점령군은 "일본에 계속 거주하는" 재일조선인은 일본의 "모든 국내법과 규칙에 따라야" 한다고 밝혔다(외무성 특별자료부 편, 《일본점령 및 관리 중요문서집 제2권 정치, 군사, 문화 편》). 오사카에서는 잔류한 조선인들이 '특권 상실자'가 되어 '거주 증명' 발행 시도나 조선인 등록 실시(1946년 12월) 같은 조선인 관리 체제를 전국에서 가장 먼저 강화했다.

10월에 조련(朝連)은 제3회 전국대회를 오사카에서 열고, 결성된 이래 1년 동안의 귀국 지원을 중심으로 펼쳐 온 대응책을 종합 정리했다. 그리고 '귀국이 일단락되었다'는 상황을 근거로 "결국 잔류 동포는 항구적으로 50만 명 아래로 내려가지 않을 것"이라는 전망 위에, "우리는 이 동포들을 위해 모든 것을 반항구적인 계획으로 수립해야 한다"고 밝혔다.

재일본조선인연맹 결성

해방을 맞은 조선인들은 남북조선 각지에서 '인민위원회'와 '건국준비위원회'를 비롯한 자치 조직을 열정적으로 만들었다. 이미 살펴본 것처럼, 일본에서도 조선인의 자치 조직 만들기 움직임은 해방과 함께 전국 곳곳에서 확인할 수 있다. 그리고 이런 움직임을 단일한 중앙 조직으로 묶을 수 있는 주도권은 역시 수도 도쿄의 대응 움직임 속에서 나왔다. 1945년 9월 4일, 조득성(趙得聖)의 호소로 권일(權逸, 권혁주權赫周), 김정홍(金正洪) 등 몇 사람이 모여 재일본조선인연맹 준비위원회를 창립했고, 그에 따라 상무위원회가 구성된다(오규상, 《도큐먼트 재일본조선인연맹》).

도쿄의 조련 본부(미나토구 다무라초 港区 田村町)

준비위원회 멤버들은 전국 각지로 내려가 지방의 조선인 조직들에게 조련에 가입하라고 호소했다. 김달수를 비롯한 요코스카거주조선인동지회도 준비위원회 멤버의 내방을 받고 "우리도 흔쾌히 곧 재일조선인연맹에 참가하기로 하고, 요코스카 지부가 되기로 했다"(김달수,《나의 문학과 생활》)고 한다.

조련의 모체인 중앙준비위원회에 참가한 사람은 도쿄에서 재일조선인연맹을 설립한 앞의 세 사람 외에 기독교인으로 인망이 높던 윤근(尹槿), 가나가와를 기반으로 활동하고 있던 한덕수, 간사이를 대표한 김민화(金民化) 등이었다《도큐먼트 재일본조선인연맹》). 조득성, 윤근 등은 당파색이 옅은 민족주의자들이었으나 권일은 만주국 사법관과 중앙흥생회 지도과장 등 친일파 경력이 있었고, 김정홍이나 김민화는 노동운동이나 항일운동을 펼친 사회주의자였다.

이런 다채로운 면모의 인물들과 지역 대표들 사이에 조정을 거쳐 그 해 10월 15~16일 이틀간 조련 중앙총본부 결성대회가 열렸다. 대회에서는 위원장에 윤근, 부위원장에 김정홍과 김민화가 선출되었고, 새 조선 건설에 공헌, 세계 평화, 일본 체류 동포의 생활 안정, 귀국 동포 지원, 일본 국민과 호양우의(互讓友誼), 대동단결 등 16개 항목이 강령으로 채택되었다. 이 대회는 점령군의 '인권지령'에 따른 공산당 간부의 출옥으로 힘을 얻은 김정홍, 김두용 같은 공산주의자들의 영향 속에서 진행되었다. 히비야 공회당에서 료고쿠 공회당으로 장소를 옮겨 열린 대회 이틀째 날에는 친일 단체 멤버였던 권일 등 네 사람이 우격다짐 끝에 배제당하는 일도 있었다.

신념이 굳건한 공산주의자로 알려진 인물로, 출옥 뒤 엿새 만에 이날 연단에 오른 김천해는 "조선의 완전 독립과 통일을 달성하고, 일본에서는 천황제를 타도하고 민주 정부를 수립하자. 그리고 친일 반역 분자들은 엄중하게 처단해서 우리가 살기 좋은 일본으로 만들자"고 호소했다.

조련의 활동

조련은 해방 민족의 대표적인 단체로, 일본에 있던 옛 총독부나 조선은행의 건물과 자산을 접수해 재정 기반을 다졌다. 귀국자 지원을 매개로 해서 얻은 자금도 막대했다. 귀국자들이 남긴 예금과 공채 따위를 양도받거나 일본 정부와 기업으로부터 조선인 피징용자 미지불 임금이나 사망자 보상금 등을 일부 받아내기도 했다. 조련은 이런 윤택한 재정 기반을 토대로 귀국 지원 외에 수해 피해자 원조, 암시장에서의 조선인 후원에 나섰고, 나아가 교육이나 문화 사업도 적극적으로 펼쳤다. 그리하여 결성한 지 1년 만에 전국에 540개 지부를 둔 강력한 대중 단체가 되었다.

조련 중앙총본부 간부들

이런 실적을 바탕으로 해서 열린, 앞서 얘기한 제3회 전국대회(3전대회)에서는 재일조선인의 장기 잔류라는 전망 속에 '재일동포의 권익 옹호와 생활 향상'이 가장 중요한 과제로 제기되었으며, 이를 독자적으로 담당할 기관으로 조선인생활권옹호위원회가 별도로 조직된다. 1946년 12월 20일에는 연합국 국민에 준하는 법적 지위와 처우 요구, 조선인 등록제와 조선인에 대한 재산세 적용 반대 등을 내세운 '조선인생활권 옹호 전국대회'를 도쿄 황궁 앞 광장(宮城前広場, 지금의 황궁 바깥정원 가이엔外苑)에서 열고 시위를 벌였으며, 대표들이 총리 관저에 요구 사항을 전달하러 가는 행동에 나서기도 했다.

그런데 총리 관저로 가던 대표 10명(일본공산당 조선인부 위원이던 송성철宋性徹 등 조련의 주요 간부가 포함되어 있었다)이 폭력 행위를 했다는 이유로 체포당해 이듬해 3월에 강제 송환된다는, 조련으로서는 생각지도 않은 사태에 직면했다. 이는 조련이 당한 최초의 뼈아픈 타격이었고, 패전의 혼란기를 거쳐 점령군의 권위를 배경으로 새롭게 태세를 정비한 일본 치안 당국이 재일조선인들에 대한 강경 자세를 노골적으로 드러 낸 사건이었다.

조련과 일본공산당

조련 결성에 관여했던 조선인 공산주의자들은 전쟁 전부터 일본공산 당('공산당'으로 줄임)의 일원으로 그 조직 노선에 충실한 사람들이었다. 나가노에서 아홉 살 무렵 종전을 맞이했고 1952년에는 자신도 당원이 된 김달관(金達官)은 "당시 재일조선인들 중에 사회활동을 하고 있던 사 람은 대부분 공산당 당원이었고, 나의 아버지와 형, 누이도 당원이었다" 고 회고했다. 거기에는 "생활상의 이유도 있었다. 예컨대 밀조주를 만들 경우 어디로 가져가면 팔 수 있는지 등의 정보나 인맥을 공산당을 통해 얻을 수 있었다"고 한다(앞의 책 《재일 1세의 기억》).

이런 조선인 당원을 대표하는 존재가 조련의 최고고문이 된 김천해였 다. 도쿠다 규이치를 서기장으로 선출한 일본공산당 4전대회에서는 바로 김천해가 7인의 중앙위원 가운데 한 사람으로 선출되었다. 그리고 중앙 위원회의 전문부 중에 조선인부가 설치되어 김천해(부장), 김두용(부부장), 송성철, 박은철(朴恩哲) 등이 배속되었다. 이들 가운데 공산당의 조선인 정 책 이론과 실천 양면에서 중요한 역할을 한 이가 김두용이었다. 김두용은 《전위》(前衛) 창간호(1946년 2월)에 〈일본의 조선인 문제〉(《日本における朝鮮 人問題》)를 썼는데, 전후 재일조선인 운동이 "'천황제 타도'라는 문제"에 대 해 "매우 소극적"이라고 비판하고, "종래 조선인들이 수행한 민족적 투쟁 을 일본 인민의 해방투쟁 방향과 결합할 것"을 강조했다.

그리고 공산당 제4회 확대집행위원회(1946년 8월)에서는 '조선인 문제'의 기본 노선으로 이른바 '8월 방침'이 채택되었다. 거기에 "조련은 될 수 있으면 하부 조직의 노골적인 민족적 편견을 억제하고, 일본의 인민민주주의 혁명을 지향하는 공동 투쟁의 일환으로 그 민족적인 투쟁 방향을 내세울 필요가 있다"고 돼 있다.

물론 "민족운동을 일본 혁명에 종속시킨다"(앞의 책《해방 후 재일조선인 운동사》)는 공산당의 이런 지도가 조련의 운동에 곧이곧대로 관철된 것은 아니다. 애초에 조련은 '독립'이나 '조국 건설'을 앞세운 민족 단체이고, 그 방침은 일본뿐 아니라 본국의 좌파 민족주의 세력과도 연동되어 있었다. 조련 내부의 공산당 분파 사이에서도 조련의 활동을 "본국 인민의 투쟁과 연대하게 하자"는 김천해와, "일본의 민주혁명 하나로 묶으려는" 김두용 사이에 의견 대립이 있었다고 한다.

내부에 이런 대립을 안고 있으면서도 조련은 일본 혁명을 목표로 하는 공산당의 전략에 점점 끌려가게 된다. '잔류 동포'를 위한 '반항구적인 계획 수립'을 호소한 조련 3전대회는 어떤 측면에서는 '8월 방침'을 구체화한 대회이기도 했다. 이 대회에서는 일본공산당 간부이기도 한 김천해가 중앙총본부 고문에 취임했으며, 이듬해 9월의 제11회 중앙위원회에서는 조련이 일본의 '민주민족통일전선'의 일익을 담당하는 것으로 위상을 설정했다.

민단 결성과 재일조선인 사회의 분열

조련에 대한 공산당의 영향은 재일조선인 운동의 좌우 분열을 촉발하기도 했다. 조련에서 배제당하거나 그 방침에 불만을 품은 민족주의자와 친일파는 조련이 결성되고 한 달 뒤에 조선건국촉진청년동맹(건청)

을 결성했고, 이듬해 1월에는 아키타(秋田)형무소에서 출소한 박열을 맞아 신조선건국동맹(건동)을 결성하게 된다. 그리고 그해 10월 3일에 건청과 건동은 합동으로 재일본조선거류민단(1948년 8월 대한민국 정부 수립에 맞춰 재일본대한민국거류민단이 되었고, 1994년부터 재일본대한민국민단으로 개칭)을 결성해 조련에 맞섰다.

조련은 건청과 건동 결성 직후부터 '반동분자'라며 공격했고, 조련의 젊은 행동대(1946년 1월 이후는 보안대나 자치대라는 이름을 사용했다)를 동원해 제거하려 했다. "그때부터 조련과의 전쟁이었습니다. 권총을 서로 쏘았어요. 트럭에 나누어 타고서 쳐부수러 오는 겁니다. 힘이 없으면 대항할 수 없었어요. 그래서 마치이(町井)라든가 완력이 강한 '무투파(武鬪派, 주먹이나 힘으로 해결하자고 주장한 분파―옮긴이)'가 힘을 키워 온 거죠." 당시 건청 부위원장이었던 허운룡(許雲龍)은 그렇게 회고했다(시로우치 야스노부, 《사나운 소라고 불린 남자》). '마치이'란 마치이 히사노부(町井久伸), 곧 정건영(鄭建永, 1923년 일본 태생)을 말하는데, 나중에 약 1,500명을 거느린 폭력단 '동성회'(東声会)를 이끌며 한일 정재계의 거물 해결사로 암약하게 되는 인물이다.

건청이 결성되고 얼마 지나지 않은 11월 말, '간다(神田)의 시가전'이라는 폭력 사건이 벌어졌다. 죽창과 곤봉으로 무장한 조련의 한 무리가 건청 사무소를 습격해 약 200명이 뒤섞인 채 일대 난투극을 벌인 것이다. 이 난투극 와중에 183센티미터 거구로 주먹을 휘두른 마치이의 활극이 일종의 무용담으로 지금도 민단 관계자들 입에 오르내리고 있다. 마치이는 그 무렵 이시와라 간지(石原莞爾, 1889~1949, 일본 육군 중장. 조선에서 근무하다 관동군 작전참모로 이타가키 세이시로板垣征四郎 등과 함께 남만주철도 폭파사건[류탸오후 사건]을 일으켜 '만주사변'을 야기함으로써 일본의 대륙 침략에 크게 기여했다—옮긴이)의 "동아연맹에서 영향을 받은 인텔리 청년 야쿠자를 자처하며 히가시나카노(東中野) 일대의 깡패 그룹을 이끌고 있었다."(시로우치 야스노부, 앞의 책)

'간다의 시가전'에서는 마치이 말고도 역시 동아연맹에서 영향을 받은 극진가라테(極真空手)의 오야마 마스다쓰(大山倍達, '최배달'로 잘 알려진 최영의, 1923년생)가 있었다. 조련에 비해 수가 훨씬 적었던 초창기 민단에서 '무투파'는 없어서 안 될 존재였다. 조련과 건청 사이에 벌어진 항쟁은 그 뒤에도 되풀이되었다. 1946년 7월에는 도쿄 세타가야(世田谷), 시나카와(品川), 아라카와(荒川), 무코지마(向島), 아오야마(青山) 등에서 수십 명에서 수백 명 규모의 습격이나 난투극이 집중적으로 벌어져 조련 지부원 두 명이 사망하는 사태까지 벌어졌다.

신탁통치를 둘러싸고

재일조선인 운동의 이런 좌우 분열은 미국과 소련의 분할 점령 아래에 놓인 조선반도의 정치 정세 추이와도 밀접하게 연결되어 있었다. 특히 1946년 초 '신탁통치 문제'를 둘러싼 좌우 격돌은 재일조선인 사회 전체에 깊은 균열을 가져왔다. 1946년 2월에 소집된 조련 제2회 임시전국대회에서는 격론 끝에 신탁통치안 지지와 남조선에서 결성된 통일전선 조직인 민주주의민족전선 가맹을 결정했다. 그렇게 해서 일본공산당, 남조선의 좌파와 연계를 강화한 조련 산하에는 재일조선민주청년동맹(1947년 3월 결성)과 재일조선민주여성동맹(1947년 10월 결성) 등이 조직되었는데, 민단은 건청 말고는 이렇다 할 대중 단체를 조직할 수 없었다. 그 건청도 1947년 4월 배급 물자를 둘러싼 다툼 끝에 한 명이 사망하는 내부 싸움이 일어났고, 그 뒤로 거의 자체 붕괴 상태에 있다가 1950

년에는 한국 정부의 지원 속에서 재일대한청년단으로 개편된다.

좌우 분열은 당초에는 거의 정치색이 없이 결성된 학생 조직 재일조선유학생동맹(조학동)에도 영향을 끼쳤다. 조학동은 조선총독부가 조선인 일본 유학생들의 사상 통제와 교육 거점으로 설립한 재단법인 조선장학회를 접수해서 재일 학생 자신들의 자치 단체로 조직한 것이었다. 그런데 조련계 이사가 조선장학회 이사회를 장악하자 좌우 양파 대립이 표면화되었고, 1949년의 제4회 정기총회에서는 이 대립이 유혈사태로까지 번지고 만다. 점령군은 장학회 건물을 경찰에 이관하는 조치를 단행했고, 이듬해 5월에 우파는 '재일한국학생동맹'이라는 간판을 내걸고 좌파와 결별한다.

상공인 조직도 재일본조선공업회(1945년 9월 결성)에서 재일본조선인상공회연합으로 개편(1946년 2월)하기까지는 정치색이 없는 단체로 출발해, 생활 필수물자 획득이나 재산세 면제 등 공통의 경제적 과제 해결에 힘을 쏟았다. 하지만 조련은 1947년 10월에 상공회연합을 반동 단체로 규정하고 조련 산하의 또 다른 상공회 만들기에 나서 조선전쟁이 일어난 1950년에는 좌우 분열이 절정에 이르렀다.

《민주조선》 창간

'해방'은 식민 지배라는 정신의 멍에로부터 해방된 것을 의미하기도 해서, 해방 직후부터 문학, 평론, 보도 등 왕성한 표현 활동이 봇물을 이루었다. 이런 흐름을 이끌어 나간 것도 조련계 지식인이나 문학자들이었다. 이 시기에 보도나 계몽과 함께 창작이나 시 등 활발한 표현 활동의 장이 된 것이 1946년부터 활판인쇄로 발행한 《해방신문》(조선어)이었다. 오사카에서도 활판인쇄로 《조선신보》(나중에 《신세계신문》으로 개

1946년에 창간된 월간지 《민주조선》

칭)가 간행되어, 두 신문을 통해서 이은직(李殷直), 박원준(朴元俊), 허남
기(許南麒), 강순(姜舜), 김달수 같은 이들이 시, 장편·단편 소설, 평론 등
을 정력적으로 발표했다.

이 시기에는 《백민》(白民),《조선문화》,《고려문예》를 비롯하여 다수
의 문예지가 조선어로 간행되었지만 대부분 오래가지 못했다.

그런 가운데 당시 조선 문학자들의 정수를 모아 간행한 것이 월간 문
화 종합지 《민주조선》(民主朝鮮, 1946년 창간)이다. 이 잡지는 소설 〈후예
의 거리〉(김달수)와 장편 서정시 〈조선 겨울 이야기〉(허남기)를 비롯하여
전후 재일조선인 문학의 출발점이 되는 많은 명작들을 낳아 일본 문단
에도 영향을 끼쳤다.

김달수에 따르면 《민주조선》은 제2차 세계대전 말기에 이은직, 장
두식(張斗植), 김성민(金聖珉) 등이 시작한 회람지 《계림》에서 출발했고,
1946년 발간 당시에는 《조선인》이란 이름을 달고 있었다. 《민주조선》

이라는 잡지명은 당시 조련 가나가와현본부 위원장이던 한덕수의 제안에 따른 것이라고 한다.

김달수의 출세작인 〈후예의 거리〉 주인공 창륜은, 김달수 자신이 그랬던 것처럼 조선반도에서 태어나 일본에서 자랐기에 모국어인 조선어에 콤플렉스를 갖고 있다. 장혁주와 김사량 같은 식민지 시절의 조선인 작가들은 정도에 차이는 있어도 일본어에 대한 콤플렉스에 시달렸다. 그런 의미에서도 감달수는 2세 세대를 중심으로 하는 전후 재일조선인 문학의 출발점에 자리하는 작가라고 할 수 있다(하야시 고지, 《재일조선인 일본어문학론》). 《민주조선》의 일본어 발간은 "조선 문화 소개와 조일 교류"(《재일조선문화연감》 1949년판), "조선과 조선인에 대한 일본인의 잘못된 인식을 바로잡기 위하여"(앞의 책 《우리문학과 생활》) 등을 표방했는데, 일본에서 자란 작가들에게 일본어로 창작한다는 것은 언어 그 이상의 의미가 있었음에 틀림없다.

하지만 일본어 창작 활동에 대해서는 비판도 적지 않았다. 해방 후의 재일조선인 문화 활동을 총괄한 1949년판 《재일조선문화연감》은 "착취와 폭압으로 강요당한 일본어로 조선문학을 할 수 있다는 피상적인 시각은 정치성이 빈약한 소시민적 …… 조선문학의 정통에 배치되는 문학"이라고 매섭게 비판했다. 김달수는 그 뒤에도 일본어로 창작 활동을 이어 나갔고 김석범, 김시종, 이회성, 김학영(金鶴泳), 양석일(梁石日) 같은 작가들이 그 뒤를 이었다.

한편 그 무렵 《화승총의 노래》 등 장편 서정시를 일본어로 발표한 허남기는 나중에 조선총련 산하 재일문학예술작가동맹의 초대 위원장이 되었으며, 1960년대 이후부터는 일본어로 하는 창작 활동을 그만두게 된다.

2. 점령 정책의 전환

초기의 기본지령

연합국 최고사령관 더글러스 맥아더의 '권한' 및 '지침이 되는 정책'을 정한 이른바 '초기의 기본지령'(1945년 11월 1일)에는 이런 구절이 담겨 있다.

중국인 대만인 및 조선인을 군사상의 안전이 허락하는 한 해방국민으로 대우한다. 그들은 이 지령에서 사용되는 '일본인'에는 포함되지 않지만, 그들은 일본 신민(臣民)이었기 때문에 필요한 경우에는 귀관(貴官)에 의해 적국인으로 취급될 수 있다.(8항의 d)

잘 알려져 있다시피 '카이로 선언'은 조선 민족의 "노예 상태에 유의"하고, 그 해방과 독립을 "적절한 절차를 거쳐"(in due course)라는 단서를 붙인 채 약속하고 있다. 그런데 미국은 전후 구상 과정에서 조선인들

의 자치 능력이 지극히 낮을 것으로 예상했다. '초기의 기본지령'에 나오는 '해방 민족'이라는 규정도 나중에 미국 점령 당국 스스로 인정했듯이 "실제상의 효과는 조선인 귀환을 장려하고 원조하는 게 전부였다"(《재일조선인의 지위에 관한 재경(도쿄)미국정치고문발표문서 580호》在日朝鮮人の地位に関する在京美国政治顧問発文書 580号).

시기에 따라 표출 방식에 강약의 차이가 있다고 할 수는 있지만, 점령군이 재일조선인을 점령 질서를 저해하는 요인으로 보고 있었던 점은 부인할 수 없다. 이런 시각은 1946년에 들어서 재일조선인의 본국 송환을 통한 문제 해결 전망이 사라진데다 공산당과 재일조선인 운동의 연대가 뚜렷해짐에 따라 한층 더 강화된다. 게다가 1946년, 특히 그해 5월의 1차 요시다 시게루(吉田茂) 내각이 성립한 이후로는 조선인을 비난하는 대합창이 국회와 매스컴을 떠들썩하게 만든 시기이기도 하다. 조선인은 암시장에서 막벌이를 하고 폭력적이어서 범죄율이 높으며, 밀입국을 통해 전염병을 옮겨 와 "패전과 혼란으로 생긴 우리의 비참한 상태를 먹이"(시이쿠마 사부로椎熊三郞 진보당 의원이 1946년 8월 중의원에서 한 발언)로 삼고 있다는 얘기까지 나오는 상황이었다. 점령군 검열관은 신문 지상을 시끄럽게 만드는 이런 '히스테리컬 캠페인'을 묵인했는데, 리처드 미첼에 따르면 이런 태도는 점령군 스스로 '반조선인 감정'과 '친일적인 의견'을 갖고 있었기 때문이었다(리처드 H. 미첼,《재일조선인의 역사》).

참정권 정지와 외국인등록령

일본에 그대로 눌러앉은 조선인들을 일본의 사법권 관할 아래에 둔다는, 앞서 얘기한 1946년 12월의 점령군 결정은 조선인들에 대한 일본 사회의 반발이 거세지는 가운데 나온 것이다. 옛 식민지 출신자들을

'법 형식상 연합국과 강화조약이 체결될 때까지는 일본 국민'(즉 일본의 검찰·사법권이 적용되는 대상)으로 간주한다는 일본 정부의 의향에 따른 것이기도 했다.

하지만 일본 정부는 한편으로 '호적법 적용을 받지 못하는 자' 즉 전쟁 전에 '내지 호적'을 갖고 있지 않았던 옛 식민지 출신자들의 참정권을 정지시켰다. 그것은 전후 개혁에서 하나의 상징으로 실현되었던 중의원 선거법의 근본적 개정(1945년 12월)에 슬쩍 포함시킨 조치였다.

이 선거법 개정은 2,100만 명의 여성도 포함해서 유권자를 일거에 세 배로 늘린 전후 개혁의 금자탑이라고 할 만한 개혁이었다. 그리고 그것은 "점령 당국에 앞서 실시한 일본 정부의 '자주적' 개혁이었다"(아마야마 아키라, 〈민주화 과정과 관료의 대응〉, 《전후 일본 점령과 전후 개혁 제2권》 수록)라는 지적도 있다. 10월 GHQ와 동시에 설치된 민정국(점령군)에서는 개정 선거법의 수정을 요구하는 의견도 있었으나, 재일조선인의 선거권과 '호적 조항' 문제가 중대한 논점으로 논의된 흔적은 없다. 재일조선인의 국적이나 법적 지위에 관한 문제가 점령 당국에게는 사소하고 부수적인 것일 뿐이었기 때문이다.

한편 재일조선인 쪽에서도 그 무렵에는 본국으로의 귀환이나 귀환 지원 일에 쫓겨 참정권 정지에 대해 뚜렷한 반대론을 제시하지 못했다. 조련이나 건청이 요구한 것은 패배한 일본 국민과는 구별되는 '해방국민', 곧 외국인으로서의 처우였다. 조련이 생활권 옹호의 가장 중요한 과제 가운데 하나로 다룬 재산세 문제도 패전국에 대한 징벌 의미를 지닌 이 재산세가 조선인들에게까지 적용되는 것에 대한 반발이었다.

연합국 국민을 비롯한 외국인들에게 주어지던 특별 배급(일본인의 주식 배급량인 하루 2.7홉보다 많은 4홉이 지급되었다)도 조련이나 건청·민단은 외국인 입장에 서서 일관되게 그 적용을 요구했다. 하지만 1947년 4월 총선거를 앞둔 무렵에는 그런 외국인으로서의 논리와 일본 사회에 생활 기반을 둔 주민으로서의 논리 사이에 모순이 표면화하게 된다.

조련은 이 선거를 앞두고 참정권 획득에 나서겠다고 밝혔고, 민단·건청은 이 요구가 공산당의 지도에 따른 것으로, 요구해야 할 것은 외국인(준연합국인)으로서의 처우라며 조련을 비난했다. 조련의 주장은 외국인이라 하더라도 거주하는 사회에서 정치 참여 권리는 확보되어야 한다는 것, 그리고 일본의 민주혁명이 '조선의 진정한 해방을 측면에서 촉진'(《조선인 생활권 옹호위원회 뉴스》)한다는 전략론에 바탕을 두고 있었다.

한편 총선거 실시 다음달(1947년 5월)에는 '외국인등록령'(외등령)이 새 헌법 시행 직전에 마지막 칙령으로 제정되었다. 이 외등령은 이른바 '간주(見なし) 규정'을 통해 '일본 국민'인 재일조선인을 강제 퇴거까지 할 수 있는 외국인 관리 대상에 포함시켰다. 재일조선인의 '외국인'화를 위한 2단계 조치라고 할 수 있다. 당초 점령군은 개인의 권리를 제한하는 입법은 국회에서 제정해야 한다며, 칙령을 통한 등록령 제정에는 난색을 표시했으나 결국 거기에 동의했다.

그 무렵 한국에서는 대구에서 시작된 '10월인민항쟁'을 거쳐 미군정과 남조선 좌익 세력의 대립이 새로운 국면을 맞게 됨에 따라 점령군의 재일조선인에 대한 자세도 더욱 강경해졌다. 1947년 3월에는 그때까지 비교적 평온하던 제주도에서도 경찰의 발포에 항의하는 전례 없는 총파업이 일어나 미군정을 괴롭혔다. 조련은 일본에서, 한편으로는 그런 남조선 좌익 세력과 연대하며 대중운동을 펼쳐 나갔다. 조련은 또한 '2·1 총파업'과 4월 총선거에서 산별회의(전일본산업별노동조합회의)와 공산당을 지원하는 활동에 적극 나섰다. 외등령은 그런 재일조선인들을 표적으로 삼은 치안법규 성격을 띠고 있었다. 그것은 치안유지법이라는 재일조선인 단속 방도를 잃어버린 내무 관료들이 중심이 되어 입안했으며, 점령군이 대체로 인정한 것이었다.

선거권 정지와 외등령 제정은 일본 전후 개혁의 폭과 깊이를 생각할 때 매우 상징적인 것이었다고 할 수 있다. 그 시기에 '2·1 총파업' 중지 명령이 있었는데, 과감한 개혁을 주도해 오던 점령 정책의 틀도 경제 부흥과 자립을 중시한 '안정' 쪽으로 역점이 옮겨 가고 있었다. 한편 1946년에 시작된 천황의 '순행'(巡幸)은 1947년에도 정력적으로 이어졌으며, 쇼와(昭和) 천황은 전국 곳곳 가는 데마다 국민들로부터 대환영을 받았다. '인간'이 된 천황을 국민 통합의 상징으로 삼아 평화와 민주주의, 또는 빈곤으로부터의 탈출이라는 전후적(戰後的) 가치 이념을 지닌 새로운 '일본 국민'이 탄생하려 하고 있었다.

참정권 정지와 외등령 제정은 그런 새로운 국민 형성 과정에서 '국민'의 의의를 축소하고, 재일조선인을 민주주의나 인권 같은 전후적 가치가 미치지 못하는 사각지대로 몰아냈다.

한신 교육투쟁

선거권을 잃고 '외국인'으로서 관리 대상이 되었지만 재일조선인들은 그때는 아직 법 형식상으로는 '일본 국민'으로서 일본의 사법적 통제 아래 놓여 있었다. 그리고 '한신(阪神, 오사카·고베) 교육투쟁'으로 알려진 사태의 원인이 된 민족교육에 대한 탄압에 이용된 것도 바로 이 논리였다. 1948년 1월, 문부성은 "조선인 자제도 취학연령에 해당하는 자는 일본인과 마찬가지로 시정촌립 또는 사립 소학교나 중학교에 취학시켜야 한다"고 했다. 4월 '비상사태'로까지 발전하는 민족교육을 둘러싼 공

효고(兵庫) 현청 안 계단을 가득 메운 재일조선인들
(1948년 4월)

방은 이 한 통의 통달(通達)로 시작되었다.

　패전 직후부터 조련을 비롯한 재일조선인 단체는 민족교육을 중시하고 전국 각지에서 민족학교를 설립해 운영하고 있었다. 1947년 10월 조련 4전대회에서 나온 활동 경과보고에 따르면, 패전 뒤 2년여 만에 초등학교가 541개교(학생 57,961명, 교원 1,250명), 중등학교가 7개교(학생 2,760명, 교원 95명), 그 밖에 청년 교육과 간부 교육을 위한 '고등학원'이나 '청년학원'이 30개교(학생 2,113명, 교원 160명)나 되는 민족교육 체계가 구축되어 있었다. 이런 각급 민족학교들은 공립학교 교실이나 민간 창고를 빌리기도 하고, 조선인이 소유한 건물을 개조하거나 해서 운영되었다. 말하자면 재일조선인의 총력을 결집시켜 쌓아 올린 것이었다. 학교 건물과 시설을 짓는 데에는 민단계 재일조선인이나 뜻있는 일본인의 협력을 받았고, 경우에 따라서는 오사카 부 같은 자치체로부터 지원받

효고 현청을 점령하고 농성을 벌이고 있는 재일조선인들(1948년 4월)

기도 했다.

　점령군과 문부성은 당초 이런 재일조선인의 민족교육을 사실상 허용하는 태도를 보였다. 그런데 1947년 10월, 점령군 민간정보국은 "조선인 학교들은 정규 교과의 추가 과목으로 조선어를 가르쳐도 좋다는 예외를 인정받는 것 외에는 일본의 모든 지령에 따르게 하도록 일본 정부에 지령"을 내렸다. 1948년 1월의 문부성 통달은 이 점령군의 지령에 따라 직접적으로는 전년도 8월의 오사카 부 학무과 조회(照會, 무엇을 알아보거나 알리기 위해 공문을 보내는 것—옮긴이)에 응하는 형태로 각 도도부현(都道府縣) 지사들 앞으로 발송된 것이었다. 이 통달은 조선인 학교의 존재를 사실상 부정하고, 민족교육의 핵심이 되는 조선어 교육에 대해서도 학교교육법에 따라 인가받은 소·중학교에서 "과외로 하는 것" 외에는 인정하지 않았다. 조선학교를 인정하지 않는 근거가 된 것은 전년도 3월에 제정된 '교육기본법'과 '학교교육법'이었다.

점령군을 등에 업은 문부성의 이 조치가 재일조선인에게는 전쟁 전 '황민화 교육'의 재현으로 받아들여져, 맹렬한 항의 운동이 이어졌다. 3월에 지방 군정부(軍政部)와 도도부현은 조선인 학교를 폐쇄하는 조치에 착수했고, 여기에 반대하는 조선인과 당국 사이에 충돌이 곳곳에서 벌어졌다. 반대 운동이 가장 격렬하게 벌어진 곳이 고베와 오사카였다. 4월 24일, 고베에서는 비상사태가 선포되고 27일까지 공산당 일본인 당원을 포함하여 1,664명이 검거되었다. 한편 오사카에서는 26일, 오테마에(大手前) 공원에서 학교 폐쇄에 항의하는 집회에 3만 명이 참가해 시위를 벌였고, 경찰이 발포해 당시 열여섯 살 소년 김태일(金太一)이 사망하고 27명이 다쳤다.

5월 5일, 조선인교육대책위원회와 문부성은 '① 조선인 교육에 대해서는 교육기본법, 학교교육법에 따른다. ② 조선인 학교는 사립학교로서 자주성이 인정되는 범위 안에서 조선인이 독자적으로 교육한다'는 것을 전제로 사립학교 인가 신청을 한다는 각서를 교환했다. 그리하여 민족학교를 둘러싼 대립과 혼란은 일단 수습되는 쪽으로 가닥이 잡혔다. 문부성을 뒤에서 밀어 주는 점령군의 거대한 압력에 조선인들이 양보할 수밖에 없었던 것이다. 전후 개혁의 중요한 줄기 가운데 하나인 교육개혁의 성과를 집약한 '교육기본법'이 조선인들에게는 거꾸로 민족교육을 부정하는 법규가 되어 앞길을 가로막았던 것이다.

진압을 주도한 점령군

조선인들의 필사적인 저항에 걸핏하면 기가 꺾이던 부나 현 당국자들을 뒤에서 압박하면서 강경 진압을 주도한 쪽은 미 점령군이었다. 고베에 선포된 '비상사태'는 점령군이 조선인 문제를 치안 문제로 간주하

조련 본부를 에워싸고 있는 무장 경찰대(1949년 9월)

고 '직접 개입'에 나선 것을 의미한다. 점령 아래에서 전국의 미군 시설에 대한 지상(地上) 방위 책임은 아이켈버거가 사령관으로 있던 제8군이 지고 있었기 때문에, "고베 사건에 대한 최종적 책임은 원칙적으로 제8군 사령관에게 있었다"(아라 다카시, 《일본점령사 연구 서설》). 그리고 아이켈버거는 "조선인과 일본인 아카(赤, 좌익 또는 '빨갱이'—옮긴이)"의 존재, 점령군의 병력 부족, "미국의 눈(관심)이 유럽 정세로 쏠리고 있는 것" 등의 이유로 일본의 치안 상황에 심각한 위기의식을 느끼고 있었다.

특히 5월 10일 단독선거를 앞두고 점령군은 재일조선인들의 항의 행동이 남조선 내의 단독선거 반대 운동과 연계되지 않을까 극도로 경계했다. 때마침 4월 3일, 오사카 재일조선인들과 연고가 깊은 제주도에서 단독선거에 반대하는 무장봉기가 일어났다. 4월 10일의 점령군 문서(GHQ, FEC, Staff Study Operation, 'STRETCHABLE, Edition 1,' 10 April 1948, MacArthur Memorial)는 "재일조선인 가운데 특히 오사카 지구 거주 이단 분자들은 남조선의 대규모 폭동과 연대해 일본 주둔 점령군을 곤란에 빠뜨릴 목적으로 시위를 벌이고 폭동을 일으켜 다른 민중운동을 지원할지도 모른다"고 적고 있다. 그리고 점령군(외교국)이 9월 3일자로 국무부에 보낸 문서에는 이런 구절이 들어 있었다.

…… 조련은 거의 공산주의자들 손에 좌우되고 있다. …… 일본인과 거의 동화되지 않고, 일본인과 위험한 마찰을 불러일으키고 있는 많은 재일조선인들은 극동의 중대한 불안정 요인이며 또한 일본의 주요 점령국인 미국에 대한 바람직하지 않은 프로파간다의 원인이 되고 있다. (앞의 점령군 문서, 제580호)

그렇게 해서 재일조선인들의 민족운동은 동아시아 국제 냉전의 한가운데에 놓이게 되었고, 점령군과 일본 정부가 하나가 되어 퍼붓는 공격을 받게 된다. 1949년 9월, 마침내 조련은 '단체 등 규정령' 제2조 제1호의 "점령군에게 반항하거나 반대하고, 또한 일본 정부가 연합국 최고사령관의 요구에 따라 발령한 명령에 반항하거나 반대한" 단체라는 이유로 해산당하고, 김천해를 비롯한 조련 간부 19명이 공직추방 처분을 받기에 이른다.

재일조선인의 생활

조련 해산은 재일조선인의 생활이나 권익옹호 활동에 심각한 타격을 주었다. 일본의 전후 부흥은 암거래 같은 비공식 틈새 산업이 도태되는 과정이었고, 이른바 카스토리(粕取り, 암시장에 범람하던 조악한 밀조주) 등의 밀조에 대한 경찰과 세무 당국의 적발도 강화되고 있었다. 조련은 그렇게 해서 적발된 궁핍한 가족을 긴급히 구제하고 동포 생활의 합리화와 합법화를 위해 행정의 발주 공사를 청부받거나 생협 활동을 추진하기 위해 노력했다. 그런데 조련의 해산으로 재일조선인들은 그런 뒷배경을 상실하고 말았다. 그뿐 아니라 이 무렵에는 '도지 라인'(Dodge line, 1949년 3월, 미국 은행가 조지프 도지가 1949년에 내건 일련의 일본 경제 재건책으로, 당시 요시다 내각 경제 정책의 주요 골자가 되었다—옮긴이)에 따른 초긴축재정이 패전 뒤의 혼란이나 인플레이션 속에서 오히려 삶의 활로를 찾고 있던 재일조선인들의 생활에 직접적인 타격을 주었다.

[표 3]은 그 무렵 재일조선인들의 생활이 식민지 시기보다 더 악화돼 있던 사정을 보여 준다. 네 번째 항목에는 날품팔이에서 실업자까지 잡다한 범주가 포함되어 있는데, 이들은 모두 사실상 실업자가 되어 있었

[표 3] 전쟁 전과 전쟁 후의 직업분포 비교(단위 %)

직업별	1940년(A)	1952년(B)	B - A
① 광업, 공업, 토건업	66.5	18.9	-47.6
② 농업, 수산업 운수업, 자유업	15.1	10.2	-4.9
③ 상업	14.9	18.5	3.6
④ 날품팔이, 기타 직업, 가사 도우미, 실업자	3.5	52.4	48.9
계	100	100	0

박재일, 《재일조선인에 관한 종합조사연구》, 1957.

다. 게다가 '상업' 등 취업자로 분류되어 있는 사람들 중에도 '실업자와 다름없는' 이들이 많아서, "재일조선인 취업 인구의 60퍼센트 가까이" 가 실업자였던 것으로 추정된다.

덧붙이자면, 1947년에 조련이 독자적으로 실시한 조사에서는 '노동가능 인구'가 303,512명이었고, 그중에서 '실업 인구'가 204,986명 (67.5%)이나 되는 것으로 나와 있다. 도쿄의 대표적인 조선인 커뮤니티로 알려져 있는 에다가와초(枝川町)에서는 1950년 당시 14~59세 '생산 연령층'(538명) 가운데 제대로 취업하고 있는 사람(완전 취업자)이 겨우 47명에 지나지 않는 참담한 상황이었다(재일조선과학기술협회, 〈재일조선인의 사회 실태〉, 박경식 편, 《재일조선인관계자료집성, 전후편》 수록). 일본에 있던 다른 많은 조선인 커뮤니티의 상황도 크게 다르지 않았을 것이다. 패전 직후에는 오사카, 가나가와, 도쿄, 효고, 교토, 후쿠오카를 중심으로 판자로 지은 가난한 조선인 가옥이 줄지어 늘어선 조선인 커뮤니티 (조선인 부락)가 일본 전역에 산재해 있었다.

후쿠오카 하카다의 수상 판잣집(1957년)

심해진 취업 차별

실업자가 많은 것과 함께, 눈에 띄는 대목은 첫 번째 항목의 광공업 부문 종사자가 전쟁 전에 비해 크게 줄어들고 있는 것이다. 재일조선인은 식민지 시기에는 날품팔이나 행상 말고도, 저임금이긴 했지만 섬유(방적·직물), 금속기계, 화학(고무·유리) 등 공장 노동자('직공')로 일할 수 있었다. 취업 차별은 오히려 전후에 더 심해졌다.

전쟁으로 일본의 광공업 생산은 중일전쟁 이전의 10분의 1까지 떨어져, 거리에는 300만 명이라고 얘기되던 제대 군인과 귀국자들로 채워진 산업예비군이 넘쳐나고 있었다. 게다가 임금 차별은 법 위반이었기 때문에 일본인과 같은 임금으로 재일조선인들을 고용하려는 고용주는 동포 경영자 말고는 거의 없었다. 암거래 등으로 벌어들인 이익을 밑천으로 중소 영세 공장이나 유흥업, 음식점을 운영하게 된 동포 경영자는 1947년에 3만 명을 헤아렸다고 한다.

하지만 그들도 '도지 라인'에 따른 불황(도지 불황) 탓에 1951년까지 섬유공업은 50퍼센트, 금속공업은 48퍼센트가 도산했다(신철호申徹浩, 《平和》 1952년 10월호).

3. 조선전쟁과 재일조선인

'민족파'의 태동

동아시아에서 중국혁명을 진원으로 하는 반제 민족혁명이 끓어오르던 1950년, 일본 국내에서는 조련의 강제 해산에 이어 '레드 퍼지'(red purge, 적색분자, '빨갱이' 추방·숙청—옮긴이) 폭풍이 초중고교의 교원들을 시작으로 거세게 불었다. 조선인의 후원자가 되어 줄 것으로 기대를 모았던 일본공산당도 조련 해산에 효과적인 대처를 하지 못했을 뿐만 아니라 그 지도력에도 어두운 그늘이 지기 시작했다. 그래도 조련마저 없어진 마당에 그 산하에 있던 조선인들의 활동은 일본공산당의 지도 아래에서 이어 갈 수밖에 없었다. 그리하여 조선인 당원을 지도하는 민족대책부(민대)가 1949년 11월에 공산당 중앙에 설치되었고, 재일본조선민주여성동맹, 해방구원회 등 해산을 면한 옛 조련 산하 단체들을 기반으로 조직 재건을 모색하게 된다.

코민포름 비판(공산당 정보국 코민포름 기관지에 옵서버라는 필명이 붙은 논평 〈일본의 정세에 대하여〉 1950년 1월)이 일본에 전해진 것은 바로 이 무렵이었다. 이 '논평'은 노사카 산조(野坂參三, 1892~1993, 일본공산당 의장이자 코민테른 일본 대표, 일본공산당 제1서기를 지냄—옮긴이)를 지목해서 비판하고, 그의 '평화혁명론'을 호되게 깎아내리면서 미 점령군과 대결할 것을 촉구하는 내용인데, 중국도 이런 움직임에 동조했다.

코민포름 비판에 충격을 받은 공산당은 도쿠다·노사카 등 주류파(소감파所感派)와 미야모토 겐지 등의 비주류파(국제파)로 분열하는데, 당내 혼란은 주류파가 중국과 소련 두 공산당의 노선을 받아들임으로써 일단 수습된다. 하지만 점령군에 대한 대결 자세를 강화하는 공산당에 대해 맥아더는 5월에 이를 격렬히 비난했고, 6월에는 공산당 간부 24명에 대한 공직 추방을 단행했다. 도쿠다·노사카의 주류파는 공식적인 당의 지도를 시이나 에쓰로(椎名悦朗)가 의장을 맡고 있던 '임시 중앙지도부'에 넘기고 지하로 잠행할 수밖에 없었다.

주류파는 국제파를 분파주의라며 강하게 비난했는데, 국제파(비주류파)라는 낙인이 찍혀 배제당하거나 자기비판에 내몰린 조선인 당원도 적지 않았다. 나카노 시게하루(中野重治), 구라하라 고레히토(蔵原惟人) 등 비주류 세력이 강하던 '신일본문학회'에 소속되어 있던 김달수도 그런 "당내 항쟁에 휘말려 들어," "민단" "스파이" 등 "온갖 비방, 중상"에 시달려야 했다(앞의 책 《나의 문학과 생활》).

한편 이 시기는 옛 조련계 조선인 당원들 사이에 김일성을 비롯한 북조선로동당과 연계를 중시하는 그룹이 대두하고 있었다. 조련은 1948년 12월에 한덕수 등 10명 정도로 구성된 공화국 창건 재일조선인 경축단을 몰래 파견한 이래 북조선과 관계를 강화했다. 한덕수를 비롯한 일부 간부들은 조선전쟁 와중에도 이따금 어선 등을 타고 밀항해 북조선의 요인들과 접촉했다. 이 간부들은 이윽고 '민족파'를 이루어 주류인 '민대파'와 대항하면서 재일조선인 운동의 노선 전환을 이끄는 주역이 된다.

재일의용군과 조국방위대

1950년 6월 25일, 북조선 인민군이 북위 38도선을 넘어 남쪽으로 진격하기 시작했다. 미군 점령 아래에 있던 일본 사회도 임전태세라고 할 만한 긴장에 휩싸였다. 전쟁은 경찰예비대의 창설 등 일본의 재군비를 촉진했으며, 일본 국내는 조선전쟁 병참기지로 바뀌어 갔다. 재일 미군의 다치카와(立川), 요코다(橫田), 아쓰기(厚木), 이타미(伊丹), 이타즈케(板付) 비행장에서 폭격기와 전투기가 출격했고, 다시 가동한 군수공장에서 무기와 탄약이 조선반도의 최전선으로 보내졌다.

전쟁으로 재일조선인 사회는 이상한 흥분과 열기에 휩싸였다. 히로시마에서 반전 삐라를 뿌리다 징역 7년의 실형을 받은 박실근(朴實根)은 "목숨을 걸고 나라를 지킬 각오"가 되어 있었다고 했다. 당시 메이지대학 학생이면서 재일 학도의용군으로 참전한 조영진(趙英振)은 "우리 집에 불이 났는데 그걸 가만히 바라보고" 있을 수는 없었다고 회고한다(앞의 책 《재일 1세의 기억》). 호세이대학과 메이지대학에서는 재일 학생들끼리 좌우로 나뉘어 난투극이 벌어졌고, 호세이대학에서는 학생 한 명이 사망했다.

재일한국학생동맹(한학동)은 전쟁이 일어난 직후인 27일, 긴급 집회를 열어 "학업을 일시 중단하고라도 조국에 돌아가 한국 국군과 함께 싸우자"고 결의를 다졌다. 한국군이 조금씩 남쪽으로 밀리고 있던 7월 15일에는 민단 중앙이 지원병 모집에 나섰지만, 재일동포에게 불신감을 품고 있던 이승만이 이를 받아들이지 않았다. 하지만 9월의 인천 상륙작전을 앞두고 병력 부족에 시달리던 미군의 요청으로 결국 642명의 재일 청년들이 '재일의용군'(재일한교韓僑자원군)으로 인천 상륙작전과 평양 탈환 작전 등 실전에 투입되었다. 이 가운데 59명이 전사하고 행방불명자도 97명이나 나왔다. 한일 양국 정부 사이에 재입국에 관한 협정이 체결되어 있지 않았기 때문에 미귀환자가 222명에 달해, 일본으로 귀환할 수 있었던 사람은 266명이었다(김찬정,《재일 의용병 돌아오지 못하다》).

한편 민대도 개전 소식에 재빨리 반응했다. 6월 28일, 중앙회의를 열고 각지에 조국방위위원회(조방위)를 조직하기로 결정했다. 그리고 이 조방위 아래에 조국방위대(조방대)가 설치되어 일본에서의 무기 생산과 수송 저지, 군수공장 노동자들에 대한 파업 촉구를 시도했다. 민단이 학생·청년 지원병을 직접 전쟁터에 보내 '조국'을 지키려한 데 비해 조방위는 전쟁 후방기지가 된 일본에서 무기·탄약 생산이나 수송을 저지함으로써 '조국'을 지키려 했다.

코민포름 비판 이래 중국혁명식 무장투쟁 노선이 일본에도 침투해, 1951년 2월의 일본공산당 제4회 전국협의회(4전협)에서는 '군사 방침'이 정식으로 결정되었고, 이후 재일조선인도 이 '군사 방침'의 선두에 서서 실력 투쟁에 돌입하게 된다.

민전 결성, 스이타 사건과 오스 사건

4전협에 앞서 1월 9일, 조선전쟁 발발로 연기되었던 재일조선통일민주전선(민전)이 결성되었다. 민전은 '조국의 완전 독립'과 '모든 외국 군대의 즉시 철수'를 비롯해 한일회담 반대, 재일조선인의 권익 옹호와 민족교육 등을 목표로 내걸었다. 민전은 옛 조련 산하의 대중단체 외에 민단·건청의 일부도 합류하는 통일전선으로 조직돼, 의장단(5인)에는 민단 부의장을 지낸 이강훈(李康勳)도 참여했다(1954년 1월에 제명됨).

한편 민전을 지도하는 민대는 재일조선인을 '일본의 소수민족'으로 규정하고, 일본공산당의 지도와 반요시다(反吉田), 반재군비(反再軍備) 등 일본의 변혁을 위한 투쟁 과제의 추진을 합리화했다.

일본공산당의 군사 노선은 제5회 전국협의회(5전협, 1951년 10월)를 거쳐 한층 더 고조되었으며, 샌프란시스코 강화조약이 발효돼 일본이 독립을 회복한 1952년 4월 이후 조방대의 실력 투쟁은 정점에 다다랐다. 일본 정부(요시다 내각)도 '독립 후의 치안 대책'으로 '단체 등 규정령'을 계승한 파괴활동 방지 법안을 4월에 국회에 상정해(7월에 공포), 공산당과 조선인의 항의 행동을 막으려고 했다. 두 명이 사망하고 2천여 명이 부상당한 황궁 앞 '피의 메이데이' 사건(7월), 오사카 각지에서 제조된 무기·탄약을 실은 화물차가 집중되는 스이타 조차장(吹田操車場)에서 시위대와 경찰이 충돌한 '스이타 사건'(6월), 무기 공장으로는 동양 제일이라고 하던 옛 오사카 포병공창의 분공장에 시한폭탄을 장치한 '히라카타(枚方) 사건'(6월), 조선인 고등학생 한 명이 경찰의 발포로 사망한 나고야 '오스(大須) 사건' 등 조선인을 주력으로 해서 화염병과 황산이 든 병이 난무하는 충돌이 잇따랐다.

메이데이 사건과 스이타·오스 사건에는 소란죄(당시 명칭은 소요죄)가 적용되어 스이타에서는 100명 가까이, 오스에서는 150명의 조선인이 체포되었다. 스이타 사건에 가담했다가 소요죄로 기소당한 부덕수(夫德秀)는 "스이타 조차장에서 시위를 벌여 무기가 조선반도으로 공수되는 것을 단 1분, 아니 10분만이라도 지연시키면 그만큼 동포의 목숨을 구

스이타 사건을 보도하는 신문(《아사히신문》 1952년 6월 25일)

할 수 있다고 진심으로 생각했다"고 회상했다(앞의 책《재일 1세의 기억》).

한편 전쟁으로 인한 철이나 구리를 비롯한 자원 수요는 재일조선인들에게 생각지도 않았던 수입원이 되었다. 니가타에서 반전운동에 참여하고 있던 홍려표(洪呂杓)는 동포들이 "화염병이나 고추폭탄을 만들고 시위를 벌이는" 한편으로 생계를 위해 "고철을 주웠다"고 한다. "나오에쓰스텐레스였는지 대일본소다였는지 정확하게 기억나지 않지만, 젊은 이들이 밤중에 그곳 쓰레기장에 가서 구리 선이든 폐품이든 닥치는 대로 주워 모았지요. …… 그것을 생활비나 운동 자금으로 보태 썼습니다. '전쟁 반대'를 외치면서 총탄 원료가 되는 그런 물자를 팔았으니 모순이었지요"라고 홍씨는 회상했다(앞의 책《재일 1세의 기억》).

옛 오사카 포병공창 터에서 고철을 빼내다 단속 경찰관과 공방을 벌였던 재일조선인이나 일본인들은 '아파치족'이라 불렸는데, 가이코 다케

시(開高健)의 《일본 서푼짜리 오페라》(日本三文オペラ)나 양석일의 《밤을 걸고》(夜を賭けて, 2002년에 영화로 제작) 같은 작품에 잘 묘사되어 있다.

조선전쟁 중의 과격한 반전운동은 일본공산당과 재일조선인을 일본 사회 속에서 절망적 상태에 이르도록 고립시켰다. 1952년 10월에 실시된 총선거에서 공산당은 1949년 선거에서 획득한 30의석을 모조리 잃었고, 이듬해 4월 총선거에서도 가까스로 1석을 얻는데 그쳤다. 고립감과 헛수고라는 허탈감이 퍼진 가운데 공산당과 민전 내부에서 그때까지의 투쟁 방식을 '한탕주의'나 '모험주의'라고 비판하는 소리가 높아졌다. 3월의 스탈린 사망, 7월의 조선전쟁 정전, 그리고 10월 도쿠다 규이치(德田球一)가 베이징에서 객사한 일 등도 영향을 끼쳐 합법적인 대중 노선으로의 공산당 정책 전환이 재일조선인 운동의 '노선 전환'과 함께 추진되게 된다.

일본 국적의 상실

한편 그런 상황 속에서 일본 정부가 재일조선인들의 법적 지위에 관한 매우 중요한 결정을 내렸다. 1952년 4월의 샌프란시스코 강화조약 발표 때 일본 정부는 법무부 민사국의 '통달'이라는 형식으로 옛 식민지 출신자들이 일본 국적을 잃게 된다는 사실을 밝혔다.

일본 정부는 1949년 12월의 중의원 외무위원회 답변에서는 재일조선인의 국적 문제에 대해 "대체로 본인이 희망하는 대로" 될 것이라는 전망을 내놓았다. 그 무렵 일본 정부는 강화조약 체결 때 국적 문제가 피해 갈 수 없는 중요한 문제의 하나가 될 것으로 예측하고 있었다. 하지만 그때 일본 정부의 최대 관심사는 식민지나 전쟁 지역 체류 일본인, 특히 조선에 거주하던 일본인의 귀환 문제였다. 일본 정부는 미국에 조선 거주 일본인에 대한 선처를 요구하면서, 재일조선인을 골칫거리로 여기면서도 철저한 배제의 논리로 일관하진 않았다. 그런데 이런 자세는 조선전쟁 발발 이후 바뀌게 된다. 조선에 거주하던 일본인의 귀환이 거의 완료된데다 미국 쪽의 평화조약 구상 속에 국적 규정이 없다는 사실을 알고 재일조선인의 일본 국적을 일률적으로 박탈하는 방향으로 전환한 것이다.

재일조선인의 국적 문제는 강화조약의 발효를 앞두고 열린 한일 예비회담에서도 논의되었으나, 한국 쪽은 국적 선택권보다도 재일조선인을 일률적으로 한국 국민으로 인정해 줄 것을 일본 정부에 요구했다. 그 무렵 재일조선인 등록자 56만여 명 가운데 한국 국적 보유자는 17퍼센트에 지나지 않았다. 한국 정부로서는 재일조선인들을 한국 국적자로 만드는 게 무엇보다 중요했다.

통달 한 통으로 외국인이 되어 버린 재일조선인들은 법률 제126호에 따라 당분간의 체류는 허용되었지만, 국외로 퇴거강제 규정을 집어넣은 출입국관리령(1951년 10월 공포)의 대상이 되어 외국인등록증을 상시 휴대하고 지문날인(1955년의 외국인등록법 개정에 따라 도입)을 하는 게 의무 사항이 되었다. 한편 일본 정부는 '귀화'를 둘러싼 재량권을 구실로 호감을 주는 자, 말하자면 일본에 완전히 동화한 자만을 일본 국민으로 삼는다는 정책을 그 뒤에도 변함없이 밀고 나갔다.

전후 보상에서 제외

그렇게 해서 일본 국적을 잃어버린 조선인들 중에는 대전 중에 일본군 군속으로서 포로감시원 등으로 동원되었다가 전후 BC급 전범자가 된 이들도 있었다. 그 수는 148명에 이르는데, 그들 중 23명이 사형을 선고받고 창이형무소(싱가포르) 등에서 교수형에 처해졌다. 사형을 면한 이들도 강화조약 발효 뒤 스가모(巢鴨)형무소에서 계속 복역했다(1958년까지 전원 석방). 일본 정부는 강화조약 체결 뒤 전쟁 부상자나 전몰자 유족들을 후하게 원호(援護)해 주기 위한 여러 입법 조치를 취했으나 '일본군'으로 싸우다 다친 조선인들에 대해서는 일본 국적을 상실했다는 이유로 적용 대상에서 제외하거나 귀화를 종용했다. 게다가 일본은 소련령이 된 사할린에서 일본인들을 귀환시키면서도 전시 동원 등으로 그곳에 끌려가 있던 조선인 4만여 명을 방치하다가 일본-소련 국교회복(1956년) 이후에야 일본인과 혼인 관계가 있는 조선인(2천 명 정도)만 일본으로 받아들였다.

'전후의 종결'과 역도산

1954년 2월 19일, 신바시(新橋) 역 서쪽 출구 광장에 설치된 텔레비전으로 일본 최초의 프로레슬링 국제 시합이 방영되었다. 시합은 세계 태그 매치 챔피언 샤프 형제 대 역도산(力道山)·기무라 마사히코(木村政彦)의 태그 매치였다. 옥외 텔레비전 앞에는 2만 명의 인파가 '가라테 춉'을 구사하는 역도산의 영웅적인 모습에서 눈을 떼지 못했다.

1924년 조선반도 북부 함경남도에서 태어난 역도산은 열일곱 살 때 일본으로 건너와 1941년 "조선 출신 리키도잔 미쓰히로(力道山光浩, 일본식 정식 이름은 모모타 미쓰히로 百田光浩—옮긴이), 본명 김신락(金信洛)"으로 스모계에 데뷔했다. 전후 1950년에는 일본 국적을 취득하고 프로레슬러로 전향하여 미국에서 레슬링을 연마한 뒤 1953년부터 미국인 레슬러들을 차례로 격파하고 단번에 '일본인' 영웅이 되었다.

조선전쟁 특수를 타고 일본 경제는 급속히 부흥했다. 역도산의 활

오사카의 불고깃집 '쇼쿠도엔'(食道園)에 자리한 역도산(1960년 무렵)
오사카에서 시합이 열리면 이곳에 반드시 들렀다고 한다. 왼쪽에서 두 번째가 '평양랭면 쇼쿠도엔'
창업자 에자키 미쓰오(江崎光雄, 임광식 林光植), 네 번째는 부인 에자키 미쓰코(江崎光子) 씨.

약에 일본 전국이 들끓던 무렵에는 1인당 국민총생산(GNP)이 전쟁 전
(1934~1936년)의 수준을 회복했다. IMF(국제통화기금)와 GATT(관세무
역일반협정)에 가맹하는 등 국제사회로 복귀도 이루어졌고, '보수합동'
(1955년 11월 15일 일본의 양대 보수 정당 자유당과 일본민주당이 합당해 자
민당[자유민주당]이 창당된 일. 앞서 사회당도 다시 통일되어 보수 혁신 양당
구도가 굳어졌고, 이후 자민당 장기 집권이 이어진다. '55년 체제'라고도 한
다—옮긴이)도 달성돼, 1955년의 일본 경제를 회고한《경제백서》에는
"이미 전후가 아니다"라는 유명한 구절이 기록되어 있다.

미국인 레슬러들을 '가라테 춥'으로 쳐서 꺼꾸러뜨리는 역도산의 늠
름한 모습은 그런 시대를 가르는 분수령이었으며, 패전국 콤플렉스를
극복하고 새로운 시대로 나아가는 '일본 국민'의 모습을 상징했다.

'대중사회'로 가는 입구로, 음식이나 오락 관련 신흥 산업들이 발흥했는데, 대개는 조선인들에게도 기회로 열려 있었다. 특히 파친코는 누구나 가볍게 즐길 수 있는 오락으로 1953년에는 일대 붐을 이뤄 파친코 점포는 물론 파친코 게임기 제조, 경품 사업에 종사하는 조선인들이 늘었다. 담배 따위를 매매한 당시의 경품 사업은 '전매법' 위반에 따른 단속으로 체포되는 사람이 끊이지 않았다. 그것은 '모 아니면 도' 식의 위험한 돈벌이이기도 했다. 경품 사업 관할 영역이나 이권을 둘러싸고 민전계와 민단계 동포들끼리 대립하면서 폭력 사태도 자주 벌어졌다. 파친코 점포는 1953년 4만3천여 곳을 정점으로 1954년에는 2만9천여 곳, 1955년엔 1만2천여 곳으로 급감했으며, 조선인들 대다수가 과당 경쟁과 점포 대형화에 따라 폐업으로 내몰렸다(한재향,《'재일 기업'의 산업 경제사》).

4. 재일조선인 운동의 전환과 귀국운동

총련의 결성

전후 일본 사회의 '일민족 일국가' 지향은 조선인 쪽에도 강렬하게 존재했다. 본국에 대한 귀속을 중시하는 경향은 민단은 물론 공산당의 영향이 강했던 조련 내부에서도 뿌리 깊었다. 이미 얘기했듯이 조선민주주의인민공화국이 건국하면서는 조련의 일부와 북조선 지도부의 연계도 깊어져 북조선으로 탈출한 김천해도 조국전선(조국통일민주주의전선, 1949년 6월에 북조선에서 결성)의 의장단에 들어가 재일조선인 당원에게 영향을 끼쳤다. 민전이 결성될 무렵이 되면 민족파가 세력을 불려 일이 있을 때마다 민대파(주류파)와의 불화도 분출했다.

민족파는 민전 외곽단체로 설립된 '조선문제연구소'와 '학우서방', 《해방신문》 등을 발판으로 영향력을 확대해 갔다. 일본공산당에서 떨어져 나와 북조선 당국의 지휘 계열에서 활동하는 당원도 늘기 시작했다. 한덕수는 이미 민전 결성 무렵이 되면 민대와 결별한 상태였다. 1948년 4

월에 공산당에 입당했던 김석범은 1952년 2월에 당적을 이탈해 '북계' (北系) 조직의 지령을 받고 자금 조달 공작을 하러 센다이로 갔다(김석범·김시종,《왜 계속 써 왔나, 왜 침묵해 왔나》なぜ書きつづけてきたか, なぜ沈黙してきたか).

조선전쟁이 정전(1953년 7월)될 무렵에는 동아시아 혁명의 기운도 퇴조하고 정세도 바뀌어 주권 존중이나 내정 불간섭을 원칙으로 하는 평화공존이 시대의 조류가 되었다. 중국과 소련 양국의 정책 전환이 뚜렷해진 제네바회의(1954년 4월)를 거쳐 6월에는 중국과 인도 사이에 평화공존 시대를 상징하는 평화 5원칙 공동성명이 나왔다. 이런 가운데 8월 30일, 재일조선인을 '공화국 공민'으로 하는 북조선 남일(南日) 외상의 성명('일본에 거주하는 조선인에 대한 일본 정부의 불법적인 박해에 항의하며')이 발표되었다. 성명은 재일조선인들이 조선민주주의인민공화국이라는 주권국가의 일원이라는 논리에 입각해서 공화국 정부가 재일조선인들의 자유와 권리를 옹호해 달라고 일본 정부에 요구하는 내용이었다. 동시에 성명은 간접적으로, '소수민족'이라는 규정을 전제로 일본공산당이라는 다른 나라 정당 밑에서 일본의 민주혁명을 추구해 온 민전의 노선을 부정하는 의미를 함축하고 있었다.

남일의 성명과 관련해 11월, 일본을 방문한 중국 홍십자회의 랴오청즈(廖承志, 1908~1983, 중국공산당 대외 활동 책임자—옮긴이) 등이 "외국의 정치 분쟁에는 절대 관여하지 않는다"고 발언하고, 일본공산당도 1955년 1월 1일자《아카하타》(赤旗)를 통해 "재일조선인들에게 일본 혁명을 함께하자고 의식적으로 끌고 가는 것은 명백히 잘못"이라며 방침 전환을 표명할 수밖에 없었다.

이런 추세 변화의 영향으로 그해 3월 민전 제19회 중앙위원회에서는 한덕수가 '재일조선인 운동의 전환에 대하여'라는 제목으로 연설하면서 "공화국 공민의 입장"에 선 "재일조선인 운동의 방향과 투쟁 방법"을 내세웠다. 위원회에서 민대파의 지도를 "근본적인 지도 오류"라고 한 한덕수 등의 주장에 대해 민대파는 재일조선인 운동의 전환 자체는 인정하면서도, 그 주장은 "정세 발전에 호응하는 전술적 전환"에 지나지 않는다며 반발했다. 양쪽의 대립이 격화되는 가운데 4월에 북조선 당국도 일본공산당도 민족파의 손을 들어 주었고, 박은철(朴恩哲)을 비롯한 민대파는 자기비판에 내몰렸다. 그리고 24일 임시대회에서 민전의 발전적 해소를 결의하는 과정을 거쳐 25~26일 이틀에 걸친 총련 결성대회로 나아간다.

총련(總連), 즉 재일본조선인총연합회는 재일동포의 공화국 주변 결집, 조국의 평화통일, 재일동포의 민주적·민족적 권리 옹호, 민족교육 실시, 조선-일본 친선과 세계평화에 공헌 등을 조직 강령으로 내걸었다. 6월 하순에는 공산당 민대의 마지막 전국회의가 열려 '재일조선인 운동의 전환에 대하여: 민대 전국회의 보고 초안'이 채택되었고, 조선인 당원들에게 공산당에서 이탈하라고 권고했다. 대략 3천 명의 조선인 당원들이 당적을 이탈함으로써, 재일조선인 운동은 4반세기에 걸쳐 그 깃발 아래서 싸운 일본공산당과 결별하게 되었다. 그리하여 재일조선인들은 일본공산당의 권위 대신에 '사회주의 조국'이라는 유일한 절대적인 권위 아래로 들어가 일본 사회의 구성원이나 주민이기보다는 바다 건너 '주권국가'의 일원으로서, 일본인들과는 평화공존과 문화 교류·친선 또는 '인민 연대' 등을 내세우게 된다.

북조선의 통일 공세와 민단

조선전쟁 이후 북조선 외교의 변화는 1955년 2월의 남일 외상 성명 (대일 관계에 관한 조선민주주의인민공화국의 성명)을 통해 좀 더 확실하게 제시되었다. 전해 8월의 남일 성명은 재일동포를 "박해하는" 일본 정부에 대한 비난 어투로 가득 차 있었다. 하지만 1955년 2월에 나온 성명은 완전히 바뀌어 일본과의 무역과 문화 교류, 나아가 국교 정상화를 촉구하는 것이었다. 그 무렵에는 일본에서도 전년도 12월 '자주평화 외교'를 내건 하토야마(鳩山) 정권이 들어서 일본과 소련의 관계 개선 등 냉전 구조로부터의 탈각을 모색하고 있었다. 그런 가운데 별안간 일본과 조선의 관계도 가동되기 시작했다. 일본 국회의원 방문단(10월 18~20일)이 좌우 양파의 통일을 달성한(10월 13일) 사회당 주도로 실현돼 사회당·공산당 양당과 일조협회(日朝協會) 등을 매개로 조일 간의 연대와 교류가 확대되었다. 총련은 이런 북조선의 대일 '인민외교'를 담당하는 '재외 공관' 또는 '주일 대표부' 역할을 했다. 총련을 매개로 북조선과 일본 혁신 세력의 우호 및 연대 운동이 고양기를 맞았으며, 이윽고 재일조선인의 북조선 귀국운동이라는 거대한 물결을 이루게 된다.

북조선의 평화 공세는 남북통일 문제에서도 새로운 국면을 조성했다. 1954년 10월, 북조선은 평화통일을 위한 남북 정당·사회단체·각계 대표연석회의 소집을 촉구하는 호소문을 채택했다. 이 호소문은 166명의 재일조선인 유력자들에게도 직접 전달되어 재일조선인 사회에 큰 파문을 불러일으켰다. 11월, 권일(權逸), 박춘금(朴春琴), 원심창(元心昌), 백무(白武)를 비롯한 민단의 전임 단장·부단장을 포함한 주요 간부들이 '남북통일준비회'를 결성하며 북조선의 호소문을 통해 조성된 평화통일 분위기에 호응했다. 다음 달에는 여기에 중립계의 김삼규(金三奎), 이북만(李北滿) 등이 합류해 '남북통일운동준비위원회'를 결성했으며, 나아가 민전계의 유지들도 함께 이름을 내건 초당파 남북통일촉진협의회(통협)의 결성(1955년 1월)으로 이어졌다. 하지만 통협에 대해서는 민단 잔류파가 북조선의 '정치적 모략'이라고 비난했고, 노선 전환을 거친 총련도 '제3세력'으로 단정해 간부들을 모두 철수시켜 버렸다. 이 때문에 결성 1년 남짓 만에 통협의 활동은 막다른 골목에 몰리게 되고 사실상 단명으로 해체될 수밖에 없었다.

민단과 권일

통협을 둘러싸고 동요했던 민단이지만, 그 무렵엔 한국 정부로부터 여권 업무의 말단 사무를 위촉받아 단원 수가 확대되었다. 그래서 1955년 당시 민단의 조직 기반인 한국 국적 재일조선인은 전체의 25퍼센트까지 차지하게 된다. 하지만 그 무렵 민단은 사실상 본국 방문을 위한 알선 기관 또는 한국의 '정계 진출을 위한 발판' 정도의 존재로 여겨졌으며, 1950년대 중반에는 지도부의 이반과 분열로 흔들리게 된다. 그런 민단을 얘기할 때 빼 놓을 수 없는 인물이 권일(權逸)이다.

이미 앞에서 살펴본바 친일파 경력으로 조련에서 배제당한 권일은 민단 결성에 가담했고, 한국 주일대표부의 지원 아래 단행된 1951년의 조직 재편에서는 부단장이 되었다. 하지만 통협을 추진한 일로 민단에서 제명 처분을 받았고, 1956년 1월에는 이 통협도 가망이 없는 것으로 보아 단념하고 '공산주의 및 독재주의와 대결하는' 제3세력을 표방하는 우리민주사회주의자동맹(민사동)을 결성했다. 그리고 이 길마저 어려워지자 반공·반총련 입장을 선명하게 내세웠고, 1957년 2월에는 민단과 화해했다《권일 회고록》). 뒤에서 다시 살펴보겠지만, 군사정권 등장 이후 권일은 민단 단장으로서 박정희 정권을 지지했으며, 1971년에는 여당인 공화당 국회의원이 되었다.

한편 원심창을 비롯해 통협에 참여한 멤버들 가운데 일부는 한국에서 일본으로 망명한 이영근(李榮根) 등과 합류해 1959년 1월 《조선신문》(그해 11월에 《통일조선신문》으로 개칭)을 창간하고 남북 양쪽 정권을 비판하면서 '평화통일론'을 주장했다. 그 주장은 민단 내에서 이승만 정권에 대한 비판의 강도를 높이고 있던 학생청년 조직에 적잖은 영향을 끼쳤다.

민족파와 민대파

탄생한 지 얼마 되지 않은 총련도 내부에 불화의 씨앗을 품고 있었다. 북조선 당국과 일본공산당의 보증을 받았다고는 하나 총련 내 민족파의 기반은 탄탄하지 못했다. 의장단은 거의 민족파가 차지하고 있었으나 6명으로 구성된 집단지도체제이고, 중앙상임위원회의 구성은 두 파가 거의 균형을 이루고 있었다. 도야마 현 민족대책부 책임자로서, 노선 전환을 통해 총련이 결성된 뒤에는 오카야마 현 본부 위원장 등을 역임한 박용철(朴容徹)은 "1955년에는 도야마에도 총련이 결성되었습니다만, 이렇다 할 혼란도 없이 민전 시절의 간부가 그대로 총련의 간부"가 되었다고 증언했다. 당시 오사카 민족학교(오사카 시립 니시이마자토西今里중학교)에서 교편을 잡고 있던 박종명(朴鐘鳴)은 "오사카의 활동가 전체에서 민전 시절의 노선이 올바르다고 생각하는 이들이 3분의 2"나 되었다고 기억했다(앞의 책 《재일 1세의 기억》). 민족파는 자신들이 선각자라 자처하면서, 민대파를 '후각자'라며 깔보았으나 여전히 강한 세력 기반을 유지한 후각자들이 선각자들로 구성된 집행부를 계속 흔들었다.

민대파는 총련을 북조선 지지자만이 아니라 남한 지지자도 가담할 수 있는 글자 그대로의 대중 단체로 만들어야 한다고 했다. 그리고 민전 속의 민대가 그러했듯이 이 대중 단체의 중추에 이를 지도하는 '전위 조직'을 재건하는 일에 집착했다. 여전히 유일하고 절대적인 권위를 확정짓지는 못한 채 조직 내의 분파 분자들이 논의나 절충을 거듭하는, 어떤 의미에서는 목가적(牧歌的)인 시대이기도 했다.

'유일지도 체제'

하지만 1957년에는 북조선의 지도 체제에 중대한 변화가 일어났고, 그것이 총련 내 알력의 귀추를 결정하게 된다. '8월 종파사건'(1956년)*을 타고 넘은 김일성은 1957년 거의 1년 내내 중국파(연안파), 소련파, 국내파 등 당내 비주류파들을 하나하나 배제하고 자파(빨치산파) 단독 지배 체제를 확립했다. 그와 동시에 북조선에서 확립한 김일성의 배타적 지도가 한덕수를 유일한 통로로 삼아 총련 조직에도 그대로 전달될 수 있는 체제를 갖췄다. 1958년 5월의 총련 제4회 전체회의에서는 한덕수의 단독 의장 체제로 이행함과 동시에 활동가들이 세 명 이상 있는 각급 기관과 직장, 지역마다 비공식 중핵적 지도 조직인 '학습조'가 조직되었다. 역설적이게도 민대파의 '전위 조직' 창출 주장을 받아들이는 형태로 만들어진 '학습조'가 김일성 혁명 사상의 총련 내 침투와 민대파 추방을 위한 지렛대 역할을 했다.

귀국운동의 극적인 고양 속에서 맞이한 총련 제5차 전체대회(1959년 6월)에서는 '종파주의'(민대파)에 대한 '사상투쟁'의 승리가 한덕수에 의

---

* 김일성을 내쫓으려 한 조선로동당 내의 비주류파가 거꾸로 배제당한 사건.

해 요란하게 선언되었다. 그리고 이 '사상투쟁'에서 한덕수의 오른팔 역할을 한 이가 한덕수 조카사위 김병식(金炳植)이었다. 조선총련 결성 이후에 두각을 나타내면서 1958년에 조선문제연구소 소장이 된 김병식은 이 대회에서 중앙상임위원(인사부장, 서열 6위)으로 발탁되었으며, 1960년대를 통해 비주류파의 배제와 김일성에서 한덕수로 이어지는 배타적인 지도 체제 수립과 절대화에 대단한 수완을 발휘했다.

한덕수의 단독 지배가 확립될 시기에 북조선 정부의 교육원조비 송금 및 귀국운동 고양과 발맞추어 총련은 전성기를 맞는다. 거의 모든 도도부현에 지방 본부가 설치되고 조청(朝靑, 재일본조선청년동맹)과 여맹(女盟, 재일본조선민주여성동맹)을 비롯한 14개 산하 단체, 조선신보사와 조선문제연구소 등 24개 사업체, 그리고 유치원부터 조선대학교에 이르는 150개교에 가까운 민족학교 등 오늘날에 이르는 총련의 조직 체계가 대부분 확립된다. 1952~1953년에 설립되었던 도쿄, 오사카, 교토, 고베, 이바라키 등의 조은(朝銀. 신용조합)을 망라한 조신협(朝信協. 재일본조선신용조합협회)도 1959년에는 사실상 총련 산하로 들어갔다. 공안조사청 자료에 따르면 1960년대 초에 총련 산하 동포는 20만 정도로, 6~7만 명의 민단 세력을 압도하고 있었다(공안조사청, 《조선총련을 중심으로 한 재일조선인에 관한 통계편람 1981년 쇼와 56년판》).

인정사정없는 비판

그렇게 해서 조직 내의 다양한 개인이나 그룹들이 서로 부딪치면서 만들어 내는 활력은 사라져 갔다. 조직 내 작가의 자기표현도 심하게 제약 당했다. 1958년 9월, 김달수는 이와나미신서(岩波新書) 《조선 민족·역사·문화》를 출간했는데, 조선문제연구소를 비롯한 총련의 각종 매체들이 인정사정없이 비판을 쏟아 부었다.

한편 민전 시절의 문화 활동을 대표하는 《진달래》 편집·발행에 관여했던 김시종은 '나쁜 사상의 표본'으로, 조직의 사상적 통제와 순화를 위해 이른바 희생양이 되었다. 《진달래》는 1953년 2월, 오사카 조선시인집단의 기관지로 창간돼, 김시종을 비롯하여 정인(鄭仁), 권경택(權敬澤), 양석일 등이 일본어로 창작하여 발표를 했다. 그런데 이에 대해 총련은 '민족 허무주의' 따위의 비판을 퍼부었다. 조선어로 쓴 '애국시' 창작을 요구하는 총련에 대해 김시종은 "시를 쓰는 것과 애국 시를 쓰는 것"은 무관한 일이고 "'재일'이라는 특수성은 조국과는 태생적으로 다른 창작상의 방법론"이 필요하다고 반론을 폈다(《소경과 뱀의 말다툼─의식의 정형화와 시를 중심으로》(盲と蛇の押し問答─意識の定形化と詩を中心に)*"비판은 1958년부터 1965년까지 줄기차게 이어져 꼬박 10년 동안 표현 활동을 할 수 없었다"(앞의 책 《왜 계속 써 왔나 왜 침묵해 왔나》)고 김시종은 회고했다. 거대화한 조직과 "자이니치(在日)로 살아가는" 표현자의 자기의식 사이에 괴리가 분명해지고 있었다.

귀국운동

1958년 8월 11일에 총련 가와사키 지부(가나가와 현)의 한 분회(나카토메中留 분회)에서 '조국을 아는 모임'이라는 이름 붙인 집회가 열렸다. 집회에서는 일본 생활을 단념하고 조국으로 집단 귀국하자는 결의가 이뤄졌고, 그 심정을 적은 편지를 김일성에게 보냈다. 이 집회는 이윽고

---

* 《진달래》와 그 후속 동인지 《가리온》의 모든 내용이 2016년 5월 총 5권짜리 한글판 《진달래 가리온》으로 완역 출간되었다. 마경옥 극동대 교수가 회장을 맡고 있는 '재일에스닉 잡지연구회' 번역, 지식과교양 펴냄─옮긴이.

이듬해에 걸쳐 전국적으로 고양된 귀국운동의 출발점이 되었다. 가나가와는 한덕수의 근거지로, 집회에서는 총련 중앙 간부 이진규(李珍珪) 교육문화부장이 직접 지도했다. 다음날 개최된 '8·15 기념집회'에서는 '집단적 귀국 문제에 관한 요청서'가 채택되었고, 이를 일본 정부에 전달함으로써 귀국운동이 본격적으로 시작되었다.

9월 8일, 이런 재일조선인들의 호소에 응하는 형식으로 김일성은 공화국 창건 10주년 기념대회에서 "우리 나라 인민은 일본에서 생활 방도를 잃고 조국의 품으로 돌아오려고 하는 그들의 염원을 열렬히 환영"하며, "공화국 정부는 재일동포가 조국에 돌아와 새로운 생활을 할 수 있도록 모든 조건을 보장하겠다"고 말했다. 그리고 31일 개최된 조국전선 중앙위원회 확대회의에서는 '재일동포에게 보내는 편지'가 채택되었다. '편지'에는 사회주의 조국의 급속한 발전상을 "전력 200억 킬로와트시, 시멘트 500만 톤, 화학비료 150~200만 톤……" 등으로 당시의 사회주의 건설 성과를 각 건설 분야마다 구체적인 생산고로 열거까지 하면서 재일조선인들에게 과시했다(외국문출판사 편집·발행,《조국은 기다리고 있다! 재일동포의 귀국 문제에 관한 문헌》). 그것은 공화국이 '지상낙원'이라는 언설과 이미지를 재일조선인 사회에 널리 전파했다. 그리하여 호소에 응하는 형태로, 총련은 두 차례(10월 30일, 1959년 1월 30일)에 걸쳐 전국 동시 진정(陳情) 행동과 귀국실현 서명운동을 전개했고, 총련의 조직 운동은 귀국운동 일색이 되었다.

경직법(警職法, 경찰관직무집행법) 반대투쟁에서 안보투쟁에 이르는 사회운동이 전후 최대 고양기를 맞고 있던 일본의 혁신 세력도 귀국운동을 지원했다. 11월 17일에는 고문으로 하토야마 이치로(鳩山一郎, 1883~1959, 총리 역임), 아사누마 이네지로(浅沼稲次郎, 1898~1960, 사회당 서기장, 위원장 역임), 미야모토 겐지(宮本顯治, 1908~2007, 공산당 서기장, 의장 역임)를 맞아들여 초당파 '재일조선인귀국협력회'를 발족했고, 1959년 2월 초까지 귀국촉진 결의가 47개 전국 도도부현과 290개 시구정촌(市区町村)에서 채택되었다. 귀국 희망자도 급증해 제2차 동시 진정행동 이튿날(31일), 총련은 11만7천 명에 달하는 귀국 희망자 명부를 공개하며 일본 정부에 압력을 가했다.

일본 정부는 원래 재일조선인들의 본국 귀환을 바라고 있었으나, 1958년에야 겨우 다시 시작된 한일회담에서 (북쪽으로 귀환을 반대하는) 한국 정부를 배려하는 차원에서 그 요청을 즉각 받아들일 수 없는 사정이 있었다. 하지만 1959년 1월 20일, 일본적십자 이사회는 귀국 문제가 정치와 분리된 인도적 문제라며 문제의 조기 해결을 호소했고, 이를 받아서 2월 13일에 일본 정부는 마침내 이른바 '각의 요해'(閣議了解, 재일조선인 중 북조선 귀환 희망자 처우에 관한 각의 요해)를 발표한다. 그 내용은 귀국에 뒤따르는 일체의 업무를 일본적십자사(일적)와 적십자국제위원회(ICRC)에 맡기고 일본 정부는 귀국을 위한 배선(配船, 선박 배치)도 하지 않는다는 것으로, 글자 그대로 '좋을 대로 하라'는 선처'식 '요해'였다. '각의 요해'라는 형식은 한국을 배려한 것이었으나, 한국 쪽의 반발은 예상보다 격렬해 한일회담 중단이나 이승만 라인의 감시 강화, 억류 일본인 석방 거부 등 보복 조치들이 단행되었다. 일본에서는 민단이 '북한송환반대투쟁위원회'를 결성하고 '북한 송환'이 한국의 주권 침해이며 비인도적 행위라는 항의문을 일본 정부에 들이밀었다.

민족 대이동

그러나 총련이 주도한 귀국운동은 이런 민단의 항의를 완전히 삼켜

니가타 항에서 귀국 환송회를 하는 모습(1960년대)

버릴 만큼 압도적이었다. '각의 요해'를 전후해서 일제히 재일조선인 귀국 문제를 보도하기 시작한 신문들은, 일본의 대응이 인도적이고 당연한 조치이며 억류 중인 일본인 어민의 송환을 거부하는 한국 정부야말로 '인질 외교'이며 '비인도적'이라고 비난했다. 이런 논조는 《산케이신문》, 《요미우리신문》, 《아사히신문》을 비롯한 모든 신문에 공통된 것이었다. 그런 여론의 덕도 있어 귀국운동은 일대 고양기를 맞았고, 3월 3일에는 조선-일본적십자회담 조기 개최를 요구하는 '귀국실현대회'가 일본 전역 58곳에서 10만여 명이 참여한 가운데 열렸다.

조일적십자회담은 제네바에서 4월에 시작되어 6월 24일 귀국협정에 가조인했다. 그리고 8월 13일에는 인도 캘커타에서 '귀국협정'(일본적십자사와 조선민주주의인민공화국 적십자회 간의 재일조선인 귀환에 관한 협정)이 정식으로 조인되었다. 그 뒤에도 귀국 절차나 의사 확인 등을 둘러

쌓 갖가지 난제가 진행을 방해했으나 12월 14일, 마침내 니가타 항에서 238세대 975명이 소련 선적의 배 2척(크릴리온호와 트보르스크호)에 올라 청진 항으로 향했다.

그해 12월에 3차에 이르는 귀국선으로 2,942명이 귀국했으며, 1960년에는 5만 명에 가까웠고(49,036명), 1961년에는 22,801명으로 불과 2년여 만에 모두 7만5천 명이 귀국했다. 자본주의 나라에서 사회주의 나라로 20세기 역사상 드문 민족 대이동이었다.

귀국운동의 배경

'법무부 민사국 통달'과 '노선 전환'이 있었던 1950년대는 재일조선인에 관한 모든 문제가 국민이나 민족의 논리로 수렴되어 가는 과정이었다. 일본 정부는 1952년 통달 한 통을 통해 재일조선인을 일률적으로 '외국인'으로 지위를 바꿨고, 재일조선인 쪽도 자신들을 '외국인'으로 여겼다. 하지만 전후 일본에 잔류한 재일조선인들 대다수는 전쟁 전부터 일본 사회에 뿌리를 내리고 있던 사람들이며, 1959년에는 어느덧 60퍼센트가 넘는 사람이 일본에서 태어난 2세나 3세들이었다. 게다가 당시 재일조선인 대다수(96퍼센트 남짓)는 조선반도의 남쪽 출신자들이었다. 물론 그렇다 하더라도 귀국을 추진하는 움직임은 조선전쟁이 끝나고도 끊이지 않았으나 막연한 조국 지향이 거주지 이전을 수반하는 귀국 결단이나 실행으로 곧바로 이어질 수는 없었다. 실제로 1958년 5월에 열린 총련 제4차 전체회의는 '생활의 장기 체제와 정상화'라는 방침이 결정돼, '재일조선인의 귀국 의사'는 오히려 '억제'되고 있었다.

1958년의 나카토메 집회 이후 졸지에 귀국운동이 대규모화한 배경을 두고 최근의 연구들은 모두 당시 동아시아 냉전 구조 속에서 나온 북조선의 상황 판단이나 정책 변화를 지적하고 있다. 요컨대 북조선은 김일성 단독 지배의 확립과 사회주의 건설 성과를 토대로 한일 관계의 이간, 조일 관계 추진, 대남 전략, 그리고 경제 건설의 인적 자원 확보 등 복합적인 이익을 추구하면서 대규모 귀국 정책으로 나아갔고, 총련도 그때까지의 방침을 바꿔 조직의 모든 역량을 동원해 프로파간다를 펼쳤던 것이다(박정진,《조일 냉전구조의 탄생 1945~1965》).

하지만 물론 재일조선인의 역사에서도 최대 규모의 운동이라 할 수 있는 귀국운동이 북조선의 지령이나 총련의 프로파간다만으로 실현될 수 있었던 것은 아니다. 말할 것도 없이 수많은 재일조선인들이 일본 생활을 단념하고 조국에 꿈을 가탁한 배경에는 뭐니 뭐니 해도 구제하기 어려울 정도의 빈곤과 차별이 있었다.

'니코용'과 생활보호

일본 국적을 잃게 됨으로써 조선인들은 국가나 자치체 직원은 물론 국영철도나 우체국 같은 공공기관에 취직할 수 없게 되었으며, 공영주택 입주를 비롯한 거의 모든 사회복지 제도에서 '국적 조항'에 걸려 적용 대상에서 제외되었다. '도지 라인'으로 불황에 신음하고 있던 일본 경제는 조선전쟁으로 되살아나 산업계가 '섬유 경기'(糸へん景気), '금속 경기'(金へン景気)로 달아올랐으나, 60퍼센트 정도가 사실상 실업자가 된 재일조선인들의 생활 상태는 전혀 개선되지 않았다. 대다수 재일동포들은 '실대일고'(失對日雇, 1949년에 시작되는 실업대책 사업으로 공공 직업안정소를 통해 알선 받은 날품팔이 노동. 일당이 240엔, 즉 100엔짜리 두 장과 10엔짜리 네 장이었는데, 거기서 '니코용'이라는 말이 나왔다)나 '생활보호' 말고는 살아갈 방도를 찾을 수 없었다.

[표 4] 피보호 조선인 수 및 보호율

	등록 조선인 수	피보호 조선인 수	보호율	일반 보호율
1951년 8월	554,768	59,968	10.8%	2.4%
1952년 3월	564,458	62,648	11.1%	2.5%
1952년 9월	571,008	74,911	13.1%	2.4%
1953년 3월	543,065	81,168	14.9%	2.3%
1953년 9월	552,252	97,837	17.7%	2.2%
1954년 3월	559,756	112,222	20.0%	2.2%
1954년 9월	564,849	123,913	21.9%	2.1%
1955년 3월	568,179	133,709	23.5%	2.2%
1955년 9월	574,510	137,472	23.9%	2.2%
1955년 12월	577,682	138,972	24.1%	2.2%
1956년 12월	575,287	89,763	15.6%	2.0%
1957년 6월	597,237	81,631	13.7%	1.6%
1957년 12월	601,769	80,178	13.3%	1.8%

교토부 행정문서b 《부책(簿册)번호·유기(有期) 32-003 외국인보호 1건 쇼와 32년도》, 김영자, 〈생활보호 제도의 조선인 처우를 둘러싸고〉

[표 4]에서 보는 것처럼, 1950년대 초 재일조선인 생활보호율은 10퍼센트 남짓으로 일본인의 보호율을 훨씬 넘어서고 있다. 1950년 에다가와초(枝川町)의 조사에서는 조사 대상 116세대 가운데 89세대(약 77퍼센트)가 피보호 세대였다(앞에 나온 〈재일조선인의 사회실태〉). 조선전쟁에 따른 특수 경기가 끝난 1950년대 중반에는 경기가 곤두박질해 거의 재일조선인 주민 넷 가운데 한 명, 가나가와나 교토, 오카야마에서는 조선인 주민 절반 가까이가 생활보호에 의존하는 사태가 벌어졌다.

일본 정부는 1956년 이런 조선인 보호율의 급증에 대해 조선인 피보호자의 대폭 삭감을 단행했다. 그 결과 가나가와에서는 보호율이 49퍼센트에서 20퍼센트로, 보호율이 50퍼센트를 넘던 교토에서는 15.7퍼센트, 즉 3분의 1 이하로 떨어졌다. [표 4]에서 보듯 24퍼센트를 넘는 수준이었던 전국의 보호율도 13퍼센트로 절반 가까이나 줄었다. 생활보호 중단이 단행된 1956년의 도시 근로세대 평균수입(실질 수입액)은 3만 엔에 가까웠으나(경제기획청 조정국,《국민생활 현상》, 쇼와 32년), 그해 5인 가족의 보호 기준액은 8천 엔, '니코용' 등으로 어느 정도 수입이 있는 경우 지급액은 4~6인 가족에 5천 엔 정도였다고 한다(가고야마 다카시,《저소득층과 피보호층》). 미약하지만 그나마 최후의 의지처이기도 했던 생활보호에 폐지나 감액 처분이 단행된 것이다. 전후 10여 년의 궁핍 생활에 지칠 대로 지치고 온갖 방책을 다 써 봐도 소용없는 땅에서 이제 떠나고 싶다는 생각이 조선인 커뮤니티를 뒤덮기 시작했다고 해도 이상할 게 없었을 것이다.

1950년대 후반의 한국

한편 그 무렵 재일조선인의 또 다른 조국인 한국도 재일조선인이 장래를 맡길 수 있을 만한 상황과는 거리가 멀었다. 1950년대 후반 한국은 조선전쟁의 상흔이 여전히 아물지 못한 가난한 농업국의 처지를 벗어나지 못한 상태였다. 미국의 전략적 원조에 의존하던 공업화도 1950년대 말에는 한계점에 도달했고 1인당국민소득도 80달러 정도로 바닥 수준이었다. 도시에는 실업자가 넘쳐나고 농촌에서는 초봄에 양식이 떨어지는 '보릿고개'와 '절량'(絶糧. 양식이 떨어져 굶주림―옮긴이)이 사회문제가 되어 있었다. "어쩌다 민단 사람이 착실하게 상당한 돈을 벌어서 영주 귀국을 해도 한두 해만 지나면 빈털터리나 다름없는 처지가 되어 일본으로 되돌아오는 사례도 적지 않았다"(《민단 신주쿠 60년의 발자취》)고 한다.

'고마쓰가와 사건'

나카토메 분회에서 귀국을 결의했던 1958년 8월, 도립 고마쓰가와 고등학교에서 여학생 시신이 발견되고 그 다음달 열여덟 살 이진우(李珍宇)가 여학생 살해 용의자로 체포되었다. 이른바 '고마쓰가와(小松川) 사건'이다. 이진우는 날품팔이 노동자인 아버지와 제대로 듣지도 말하지도 못하는 어머니 밑에서 가난한 가메이도(亀戸)의 조선인 부락에서 나고 자라 일본 이름을 쓰고 일본어밖에 할 줄 모르는 조선인 2세였다.

중학교를 졸업한 뒤 히타치제작소와 제2세이코샤(精工舍)에 들어가려 했으나 국적을 이유로 취직을 거부당해 도립 고마쓰가와고등학교에 정시제(定時制, 밤이나 이른 아침 등 특별히 정한 시기·시간에 하는 학습 과정—옮긴이)로 입학했다. 귀국운동이라는 일종의 민족운동이 일대 고양기를 맞아 민족이라는 가치 규범이 그 무게를 결정적으로 키워 가고 있던 시대였다. 이진우는 여학생과 또 한 사람의 여성 살인죄 혐의로 최고재판소에서 사형을 언도받았다(1962년 1월 집행). 그는 자기가 지은 죄와 조선인으로 태어난 것이나 그 환경을 반드시 연결 지어 생각한 것은 아니었다. 하지만 많은 재일조선인들이 이진우의 처지와 자신들의 아이나 자기 자신의 처지를 겹쳐 보면서 장래에 대한 불안과 절망을 품은 채 '사회주의 조국'에서 실낱같은 희망을 찾아보려 했다고 해도 이상할 게 없었다.

4장

2세들의 모색

1. 한일회담과 재일조선인 사회

4월혁명의 파문

1960년 4월, 한국에서 미증유의 부정선거로 불이 붙은 학생과 시민의 항의 행동(4월혁명)으로 정부 수립 이래 12년이나 이어진 이승만 정권이 무너졌다. 귀국 사업으로 운동의 일대 고양기를 맞고 있던 총련은 이 사건을 '귀국 사업에 이은 승리'로 규정하고 "8·15 해방 15주년 기념일까지 민단을 해산시킨다"(5월 8일 긴급 확대중앙위원회)며 위압적인 태도로 민단에 공세를 가하려 했다. 하지만 이 강경 노선은 북조선의 이른바 '선상(船上) 지도'에 따라 머지않아 수정되었다. 5월 30일, 급거 전국의 지방본부 위원장들이 소집되었고, 민단에 대해 '상호불가침 입장'으로 임하라는 지시가 내려졌다. 귀국선은 1958년 12월부터 1960년 말까지 1년 동안 51차에 걸쳐 니가타 항으로 입출항을 거듭하면서 '선상지도'라는, 총련에 대한 조선로동당의 직접 지도를 가능하게 만들어 주었다. 북조선은 4월혁명 직후부터 한국의 정당·사회단체에 대화를 제

그

의하고 있었는데, 총련에게 민단에 대한 공세를 보류하도록 지도한 것도 이 '대화 노선'에 따른 것이었다.

4월혁명은 민단 사회를 심각하게 동요시켰다. 이미 귀국 사업이 본격화한 1960년부터 시즈오카, 오사카, 교토 등 각지에서 민단을 집단 탈퇴해 총련으로 달려가는 일이 줄을 잇고 있었다. 그런 와중에 민단은 5월 25~26일 이틀에 걸쳐 제25회 전국대회를 열고 '제3선언'*을 발표했다. "이제까지의 체제로부터 탈피"가 선언되었다(《민단 40년사》). 7월 임시대회에서는 대립한 후보 권일을 가까스로 따돌리고 단장에 선출된 조영주(曺寧柱)가 총련의 대화 노선에 호응하는 구상을 제시하면서 중앙에서 산하 단체에 이르기까지 폭넓은 대화와 교류가 실현되었다.

이승만 정권을 퇴진으로 몰아간 한국 학생들의 투쟁이 민단 산하의 학생·청년에게 가져다준 충격은 헤아리기 어려울 정도로 컸다. 이 시기는 일본에서도 미일 안보개정 저지 투쟁이 전례 없는 고양기를 맞고 있었다. 이승만이 퇴진을 표명한 4월 26일에는 약 8만 명이 일본 국회에 청원하러 모여들었고, 전학련(全学連) 주류파는 전해 11월 27일에 이어 두 번째로 국회 진입을 시도했다. 그리고 당시 일본에서 대학에 다니고 있던 2,500여 명의 재일 학생들도 이런 소란스런 시대의 공기를 가슴 깊이 호흡하고 있었다. 한국 정부와 직접 연결되어 있던 재일대한청년단도 10월, '재일한국청년동맹'(한청동)으로 이름을 바꾸고 본국의 민주화와 통일을 추구하게 된다. 1세에서 2세로 세대교체도 진행되면서 1960년대 전반에는 한학동 활동을 경험한 재일 청년들이 한청동의 조직 간

---

* 1946년 창단, 대한민국 건국에 따른 개칭(재일본조선거류민단에서 재일본대한민국거류민단으로)과 5대 강령 책정에 뒤이은 것이라는 의미에서 '제3선언'으로 불린다.

부로 등장하기 시작했다.

8월 1일, 김일성은 남북이 각기 다른 체제로 존속하는 것을 보장하는 '남북연방제안'을 통일로 가는 과도기 조치로서 남쪽에 제안했다. 이 제안은 조선전쟁의 참화를 넘어 한국 사회의 저류에 웅크리고 있던 민족주의 마그마를 자극해 한국 진보 세력과 학생들이 통일 논의와 통일 투쟁에 본격적으로 나서게 만들었다.

이런 움직임은 또 재일 사회에 통일을 향한 기운을 고양시켰다. 제안이 나온 다음날(15일) 총련은 재빨리 전국에서 15만 명이 참가하는 '조국해방 15주년기념 재일조선인대회'를 열고 '연방제 통일안'을 지지하는 결의를 채택했다. 남북통일은 아주 가까이 와 있으며, "평화통일이 달성되면 재일동포 문제도 근본적으로 해결될 것"(총련 제24차 중앙위원회 한덕수의 보고)이라는 낙관적인 분위기가 총련 관계자들만이 아니라 재일동포들의 지적(知的) 세계 전체를 뒤덮고 있었다. 민단도 총련의 대화 노선에 호응해 언론, 문화, 예술에 이르기까지 다양한 수준의 교류가 1961년까지 이어졌다.

박정희 군사정권의 등장

하지만 1961년 5월 16일, 한국의 중견 장교들을 중심으로 군사 쿠데타가 일어나 4월혁명 이후의 짧은 '서울의 봄'에 마침표가 찍혔다. 쿠데타의 일격으로 정치 실권을 장악한 박정희 등 군부는 야당과 학생, 교원노조 등 민주화운동이나 통일운동 참가자들을 닥치는 대로 구속했다. 체포된 이들 중에는 민단 간부로 4월혁명 뒤에 한국에 건너가 《민족일보》를 창간한 조용수(趙鏞壽)도 들어 있었다. 중립화 통일론을 주장한 조용수는 총련에서 자금을 제공받았다는 이유로 쿠데타 직후인 5

월 20일에 체포되었고 12월에 처형당했다. 재일 한국인이 군사정권에 정치범으로 체포되어 처형당한 최초의 사건이었다.*

쿠데타 당일, 전체대회를 이틀째 진행하고 있던 민단은 임원을 선출했다. 조영주 대신에 새로 권일이 단장에 선출되었는데, 새 단장은 취임하자마자 다른 민단 기관장들(의장, 감사위원장)을 설득해 '군사혁명' 지지를 선언했다. 권일은 한 달 전부터 쿠데타 정보를 입수하고 있었기 때문에 그런 즉각적인 대응이 가능했다고 한다.

'혁명 정부 절대 지지'를 기본 방침으로 한 권일 집행부는 총련과 교류를 추진했던 민단 내의 세력을 '내부 5열'이라며 '철저히 배제'하려 했고(《권일 회고록》), 한학동, 한청동, 나중에 '유지간담회'로 불린 비주류파(개혁파)와의 알력 조짐이 나타나기 시작했다. 특히 한학동은 쿠데타 직후에 열린 정기대회(5월 27일)에서 '쿠데타 정권 타도' 성명을 발표했고, 그 뒤에도 민단 내에서는 가장 급진적으로 반군정 투쟁을 벌여 나갔다. 이에 대해 민단은 한학동 집행부 전원을 권한정지 처분하고 민단이 주선한 집행부 요원들을 새로 투입했다. 한학동은 분열의 위기를 맞았으나 1963년 5월의 전체대회에서 개혁파의 지원을 받은 김금석(金今石) 집행부가 탄생했고, 6월에는 반군사정권 기치를 내건 학생들이 한학동의 주도권을 회복했다.

군사정권의 등장은 한일회담을 크게 진전시켜 6월에는 이케다-케네디 회담, 9월의 김종필 중앙정보부장 일본 방문, 11월 박정희의 미국 방문과 일본 방문이 진행되었고, 미국과 일본이 한국의 군사정권을 지원

---

* 2006년 한국의 '진실화해를 위한 과거사정리위원회'는 이 사건의 재심을 권고했고, 2008년 서울중앙지법은 무죄라는 재심 판결을 내렸다.

해서 한일 간에 국교를 정상화하고 이를 통해 한국의 경제발전과 정치 안정을 꾀한다는 시나리오가 확정되었다. 1962년 11월에는 김종필 중 앙정보부장과 오히라 외상의 회담이 열려 청구권(경제 협력) 문제가 무 상 3억 달러, 유상 2억 달러로 타결되었다.

이런 한미일 동맹 관계의 진전에 맞서 북조선은 소련, 중국과 잇따라 군사동맹의 성격을 띤 '상호원조조약'을 체결함으로써 동아시아에서 대 결 구조가 한층 더 심화되었다. 쿠데타로 남북통일을 향한 절호의 기회 를 놓쳐 버린 김일성은 그 원인을 한국에 전위당이 없다는 점에서 찾 고, '남조선 혁명'을 목표로 한 전위당 건설과 '반미구국 통일전선운동' 쪽으로 힘을 기울게 된다. 그런 와중에 조직 내에서 민대파를 배제하고 배타적인 지도 체제를 굳힌 한덕수와 김병식도 북조선의 '남조선 혁명 노선'에 대응하는 총련 조직 개편을 추진했다.

1963년 12월, 박정희는 '민정 이관'으로 제3공화국 대통령이 된 뒤 이미 마지막 단계까지 진척되어 있던 한일회담을 마무리하는 작업에 착수했다. 그러나 학생들의 격렬한 반대 운동이 이를 가로막았고 야당 도 언론도 거기에 동조해 남한 전역에서 조약 반대 기운이 끓어올랐다. 일본에서도 사회당의 총평(總評, 일본노동조합총평의회, 1950년 7월에 결성 되어 1989년 11월에 해산되었다—옮긴이)과 공산당을 중심으로 한일회담 반대 운동이 벌어졌다.

하지만 그 무렵에는 중소분쟁이 본격화한 것을 배경으로 일본공산 당이 분열(가스가 쇼지로春日庄次郎 등의 탈당)하고 1962년 원수폭(原 水爆, 원자·수소 폭탄) 금지 세계대회에서 사회당과 공산당이 대립하는 등의 사태로 운동은 제대로 보조를 맞추기 어려웠다. 북조선과 총련 은 1963년, 북조선과의 '자유왕래 운동'을 제기하고 귀국운동과 안보

투쟁이 함께 상승되던 1959년 상황을 재현하고자 했으나 불발에 그쳤다.

김금석 집행부는 한학동·한청동과 더불어 한일회담의 주요 현안 가운데 하나였던 재일 한국인의 '법적 지위 요구 관철'을 위한 싸움을 펼쳐 나갔다. 하지만 1964년 7월에는 박정희 정권을 추종하며 한일회담 조기 타결을 주장하는 권일이 단장 자리를 되찾아 또다시 민단 집행부와 한학동·한청동, 민단 내 개혁파와 갈등의 골이 깊어졌다.

폐기된 외국인학교법안

한일회담은 대체로 1964년 12월 제7차 회담에서 타결되어 이듬해 2월 가조인, 6월 조인, 12월 비준 단계를 거쳐 마무리되었다. 한일 국교 정상화의 최대 주안점이 돼야 할 과거 청산 문제는 미뤄졌다. 회담은 재일조선인 처우에도 커다란 그늘을 드리우게 만들었다. '구보타(久保田) 발언'*은 형식적으로는 철회되었으나, 1965년 1월에는 식민지 지배를 "선의로 했다"는 다카스기 발언(제7차 교섭 수석대표 다카스기 신이치高杉晋一의 발언)이 나와, 14년 동안 교섭 과정을 거쳤지만 여전히 일본 정부의 역사인식에는 어떤 변화도 없다는 점이 명백해졌다. 게다가 다카스기는 "창씨개명도 좋았다. 조선인들이 동화되어 일본인과 똑같은 대우를 받게 하기 위해 취해진 조치였으며, 착취나 압박이 아니었다"(《아카하타》 1965년 1월 12일자)고 발설했다.

이런 다카스기의 인식은 조약 발효와 동시에 발표된 민족교육에 관

---

* 한일회담 제2차 청구위원회(1953년 10월)에서 일본 쪽 대표 구보타 간이치로(久保田貫一郎)가 일본의 식민지 지배를 정당화한 발언.

한 두 건의 '문부 사무차관 통달'*에 그대로 투영되었다. 통달은 자이니치(재일) 어린이들을 "일본인 자제와 마찬가지로 취급한다"고 함으로써 일본인 학교 내의 민족학급을 부정했다. 또 민족학교에 대해서도 "우리나라 사회에서 각종학교 지위를 줄 만한 적극적 의의를 지닌 것으로는 인정할 수 없기 때문에 이를 각종학교로 인가해서는 안 된다"고 했다.

학교 폐쇄라는 수난(3장 2. '점령 정책의 전환')을 경험한 조선인 학교는 공립학교와 그 분교로서 교육 인사나 교육 내용에 현저한 제약을 받든지, 아니면 무인가 학교로서 존속하는 수밖에 없었다. 그러나 이런 추운 시절에도 재일조선인들의 민족교육을 향한 열의는 식지 않아, 1953년에는 학생 수가 거의 곱절로 늘어 2만 명을 넘는 수준으로 회복되었다. 그리고 총련 결성을 전후한 무렵부터는 자주학교(학교교육법에서 말하는 '각종학교'로 인가를 받은 사립학교)로의 전환을 모색했다.

1956년에는 조선대학교(당초에는 2년제로, 학교 건물도 도쿄 도 기타구北区의 조선중고급학교 부지 한켠에 있었다)가 창설되었고, 1957년에는 북조선에서 첫 교육원조비 약 1억2천만 엔을 보내왔다. 1950년대 말에는 귀국운동이 고양된 영향도 있어서 조선인 학교는 다시 전성기를 맞아 4년제가 되어 고다이라 시(小平市)에 캠퍼스를 지은 조선대학교를 정점으로 전국 각지의 초급학교에 이르는 교육 체계가 갖춰졌다.

1960년에는 모두 371개교에 학생 수도 4만6천여 명에 달해, 겨우 6개교**에 학생 수가 2천 명 정도밖에 안 되던 비총련계 민족학교를 압

* '법적 지위 협정의 교육관계 사항의 실시에 대하여' 및 '조선인만을 수용하는 시설의 취급에 대하여.'
** 오사카 백두학원(건국고등 · 중 · 소학교), 오사카 금강학원, 구라시키(倉敷) 한국학원, 도쿄 한국학원, 교토중학교, 다카라즈카(宝塚) 한국소학교.

도했다. 교육 내용은 북조선의 사회주의 건설에 충실한 '공화국 공민'의 육성을 꾀한 것으로, 그런 '사회주의적 애국주의 교육'을 관철하기 위해서라도 '자주학교'로 전환을 추진했던 것이다. "문부 사무차관 통달"은 이런 자주학교를 각종학교로 인가해 줄 수 없도록 각 자치체에 지시하는 내용이었지만 많은 도도부현들은 아랑곳하지 않고 인가를 내주었다(1965년 12월부터 1966년 4월까지 30여 개의 조선학교가 인가를 받았다). 더욱이 1968년에는 전해에 들어선 혁신 도정을 내건 미노베 료키치(美濃部亮吉) 도지사가 문부성의 간섭을 물리치고 조선대학교 인가를 단행했다.

이런 자치체들의 움직임에 속을 태우던 일본 정부는 1968년 3월, 외국인 학교에 대한 관리와 통제를 문부성으로 일원화하는 '외국인학교 법안'을 국회에 상정하기에 이른다. 법안에는 학교의 설치부터 교장과 교원의 임면, 수업 내용 등을 문부대신에게 의무적으로 보고하고, 현장 검사(임검) 권한을 강화하는 내용 등이 규정되어, 외국인학교가 이를 위반할 경우에는 '수업중지 명령'이나 '학교폐쇄 명령'을 내릴 수 있었다. 이에 대해 총련은 물론 한청동이나 한학동까지도 '민족학교 사수'를 내걸고 법안에 반대하는 '궐기대회'를 도쿄, 오사카 등에서 열었다. 또 혁신 도정을 실현한 사회당·공산당 등의 혁신 세력이 국회 안팎에서 반대 운동을 전개함으로써 법안은 폐기되기에 이른다.

법적 지위 협정

그 무렵 총련이 민족교육을 중시했다면, 민단이나 한학동·한청동은 일치단결해서 일본에서 법적 지위를 개선하는 과제를 추구했다. 재일 한국인의 법적 지위 문제는 한일회담의 중대 안건 가운데 하나였으며, 한일조약 체결을 앞두고 한학동·한청동은 "자손만대까지 부모와 동등

한 영주권을 달라," "영주권 부여자에 대한 강제 퇴거 절대 반대" 같은 구호를 내걸고 '법적 지위 요구 관철' 투쟁을 벌였다. 하지만 실제로 체결된 '법적 지위 협정'(재일 한국인의 법적 지위 및 처우에 관한 대한민국 정부와 일본국 정부의 협정)은 '협정 영주권'의 적용 범위를, 전쟁 전부터 계속 일본에 체류하고 있는 자와 1945년 8월 16일부터 협정 발효 5년 이내에 태어난 2세, 3세의 한국적 보유자로 한정했다.

즉 해방 뒤 밀항 등으로 일본에 건너간 한국인은, 전쟁 전부터 일본에 거주했지만 일단 귀국했다가 일본으로 되돌아온 이도 포함해서 모두 적용 대상에서 제외되었다. 또 협정 발효로부터 6년 이후에 태어난 3세, 4세에 대해서는 1991년까지 다시 한일 정부 간 협의의 대상으로 삼기로 했다. 후자는 '1991년 문제'로 자이니치의 법적 지위를 둘러싼 중대한 현안으로 남게 된다. '강제 퇴거'에 대해서도 '일본국 외교상의 중대한 이익을 해친 자'는 금고 이상의 형을 받으면 강제 퇴거 사유가 되고, 경우에 따라서는 한국 정부에 반대하는 시위 투쟁 등으로 검거되기만 해도 강제 퇴거를 당할지 모르는 내용을 담고 있었다.

'법적 지위 협정'에서 엿볼 수 있는 일본 정부의 속내는, 동아시아 냉전 정책을 수행하는 차원에서 한국 국적 보유자에 한해 '영주권'을 주겠지만, 될 수 있으면 제한하고 싶다는 것이었다. 당시 총리 사토 에이사쿠(佐藤栄作)는 국회 답변에서 "영구히 영주권, 거주권"을 인정하고, "외국인으로서 특수한 생활양식을 갖는 것"은 "장래에 화근을 남긴다"(한일 조약 및 협정에 관한 중의원 특별위원회 1965년 10월 30일)고 말했는데, 언론의 논조도 크게 다를 바 없었다.

《아사히신문》도 "자손대까지 영주를 보장한다면 장래에 이 좁은 국토 안에 이상하고 해결 곤란한 소수민족 문제를 떠안는 것"(1965년 3월

31일자 사설)이 된다고 썼다. 일본 쪽의 이런 동화주의는 한국 정부의 자이니치에 대한 '기민정책'(棄民政策, 자기 국민을 버리는 정책—옮긴이)과 표리 관계를 이루고 있었다. 1965년, 이동원 외무부장관은 "재일 한국인은 일본인으로 동화될 운명에 있고, 재일 한국인에 대해 그런 방향에서 일본 국민이 배려해 주기를 기대한다"고 말해, 그 무렵 한국 정부의 인식을 그대로 드러냈다.

재일 한국인의 '법적 지위'를 둘러싼 한일 양국 정부의 이런 자세는 한학동·한청동 같은 민단 내 개혁파로부터도 강한 반발을 샀다. 한학동은 가두시위 투쟁을 벌이며 조직했고 때로는 경찰과도 충돌했다. 그러나 민단의 권일 집행부는 11월에 성명을 발표하고 아무 거리낌 없이 한일회담의 "타결 내용을 진심으로 지지·환영하며, 일본 정부에게 심심한 경의"를 표명했다.

협정 영주권을 둘러싼 공방

한일 양국 정부는 협정 영주 신청이 1966년에 10만 명, 5년의 신청 기간(1966년 1월~1971년 1월)에는 36만 명(협정 영주 해당자는 56만 명)에 이를 것으로 내다봤다. 하지만 1966년 1월부터 시작된 신청의 첫출발은 너무도 부진해서, 1967년 5월 말 기준 신청자는 3만2천여 명(허가 2만1천여 명)에 그쳤다.

한국 정부는 국교 정상화에 따라 설치된 총영사관(오사카, 후쿠오카, 삿포로)이나 영사관(고베, 시모노세키, 요코하마, 나고야, 센다이), 그리고 민단 조직을 지렛대로 삼아 영주권 신청자를 확보하려고 기를 썼다. 1966년 9월, 초대 주일 대사 김동조는 "영주권 신청을 하지 않는 사람은 여권 발급을 중지한다"는 말까지 했다.

'영주권'과 국적 변경을 둘러싸고 이를 추진하는 한국 정부·민단과 저지하려는 총련의 치열한 공방이 전국에서 펼쳐져, 영주권 신청 기한이 끝나는 1971년 1월의 오사카 이쿠노구 관공서 앞에서는 난투극이 벌어지기도 했다. 마지막 날인 1월 16일, 이쿠노구 관공서는 자정까지 신청을 받았으나 총련 쪽의 방해로 60여 명이 신청에서 누락되는 사태도 벌어졌다(《민단 오사카 30년사》).

첫 출발이 좋지 않았던 협정 영주 신청은 신청 마감 1년을 앞둔 무렵부터 한국 정부와 민단의 맹렬한 몰아치기가 효과를 거둔 덕인지 신청이 급증했다. 일본 정부도 협정 영주권 취득에 따르는 거주 경력 조사나 전후 입국자의 영주권 취득 심사 완화 같은 조치를 취해(1969년 한일 법무장관회의 공동성명) 민단의 신청 촉진 운동을 거들었다. 민단의 마지막 몰아치기가 얼마나 치열했는지는 5년의 신청 기간 중 처음 4년 동안 15만9천 명에 그쳤던 신청자 수가 나머지 1년 사이에 20만 명 가까이나 되었던 사실에서도 엿볼 수 있다.

결과적으로 협정 영주권 신청자는 351,755명(그중에서 허가를 받은 이는 342,909명)에 달했다. 조선적 보유자 수가 신청 기간에 5만6천 명 가까이 감소한 것으로 볼 때, 적어도 신청자 가운데 10퍼센트 이상은 조선적에서 이적한 것으로 보인다. 조선적 보유자에게 협정 영주권이 가져다주는 가장 큰 이점은 제4조에서 "교육, 생활보호 및 국민건강보험"에 대해 "타당한 고려를 해주는 것으로 한다"고 명기한 점에 있었다. 교육은 실질적으로 일본인 학교에서 동화 교육을 "차별 없이" 받을 수 있다는 것뿐이고, 생활보호도 일본인에 준해서 적용받아 왔기 때문에 그다지 이점은 없었다. 그런데 국민건강보험은 일본 기업 취직 차별의 벽이 두터워 사회보험에서 거의 배제되어 있던 재일조선인들에게는 매우 절

[표 5] 국적별 통계

연 도	한국적		조선적	
	인수	%	인수	%
1950년 3월	39,418	7.4	495,818	92.6
1950년	77,433	14.2	467,470	85.8
1951년	95,157	17.0	465,543	83.0
1952년	121,943	22.8	413,122	77.2
1953년	131,427	23.6	424,657	76.4
1954년	135,161	24.3	421,078	75.7
1955년	143,889	24.9	433,793	75.1
1956년	146,331	25.4	428,956	74.6
1957년	158,991	26.4	442,778	73.6
1958년	170,666	27.9	440,419	72.1
1959년	174,151	28.1	444,945	71.9
1960년	179,298	30.8	401,959	69.2
1961년	187,112	33.0	380,340	67.0
1962년	199,174	35.0	350,168	60.5
1963년	215,582	37.6	357,702	62.4
1964년	228,372	39.5	350,173	60.5
1965년	244,421	41.9	339,116	58.1
1966년	253,611	43.3	331,667	56.7
1967년	267,261	45.2	324,084	54.8
1968년	289,551	48.4	308,525	51.6
1969년	309,637	51.0	297,678	49.0
1970년	331,389	54.0	282,813	46.0

이광규, 《재일한국인—생활실태를 중심으로》

실한 문제였다. 협정 영주권을 둘러싼 재일조선인들의 대립과 고뇌를 취재한 《아사히신문》 (1970년 10월 7일)은 "고민 많은 '영주권'—국보(國保, 국민건강보험) 없으면 목숨을 잃는다"는 제목으로 총련계 사람들에게 협정 영주 신청이 국민건강보험 가입을 위한 고뇌의 선택이었던 실정을 파헤치고 있다.

어쨌든 이렇게 해서 [표 5]에 나오는 것처럼 총련 결성 때(1955년)는 75.1퍼센트(433,793명)를 차지했던 조선적 보유자가 1970년 12월에는 과반수를 밑도는 46퍼센트(282,813명)까지 떨어졌다.

물론 조선적 재일조선인의 감소는 협정 영주를 통한 배제만이 그 원인이었던 것은 아니다. 원래 귀국운동의 성공이 역설적이게도 총련의 대중적 기반을 무너뜨려 그 뒤의 총련 조직 쇠퇴에 결정적인 역할을 했던 것이다. 귀국 사업은 1968년~1970년 기간에는 중단되었지만 1984년까지 이어졌으며, 최종적으로는 일본인 처와 아이들 등 일본 국적 보유자 6,839명을 포함해서 93,340명이 일본을 떠났다.

조국으로 돌아간 대다수 동포들은 당연히 총련 지지자들이었고, 귀국은 장기적인 조직 형성과 유지의 관점에서 보면 세력 기반의 중대한 손실일 수밖에 없었다. 협정 영주는 이 총련의 세력 기반을 더욱 침식하는 효과를 가져왔다. 대규모 귀국이 실현된 5년 동안(1960~1964년)의 절정기에 9만5천 명 가까운 조선적 보유자가 감소했으며, 협정 영주 신청 기간 5년 동안(1966~1970년)에는 또 다시 5만6천 명 가까이 감소했다. 결국 이 두 가지 사태에 흔들린 1960년대에 조선적 보유자의 감소는 15만 명에 육박했다.

김병식 사건

35만 명에 이르는 '협정 영주' 신청에 따라 총련의 힘에 그늘이 보이기 시작한 1960년대 후반은 김병식에 의해 조직이 경직되기 시작한 시기이기도 했다. 김병식은 '한일 국교 정상화'에서 '남조선 혁명·통일' 노선으로 대외 정책의 축을 옮기고 있던 북조선한테서도 지지를 얻어 1966년에 부의장으로 승격했다. '학습조'와 가라테 유단자들로 구성된 비밀공작부대(이른바 '올빼미 부대')가 김병식의 경쟁자나 비판자에 대한 감시와 검열, 가혹한 '총괄'이나 '자기비판'을 강요했다.

이런 총련 조직의 경직화는 1967년에 조선로동당에서 박금철(朴金喆)을 비롯한 '갑산파'가 숙청되고 김일성의 주체사상이 당의 유일사상으로 확정된 상황과도 관계가 있다. 김일성의 지도사상은 마르크스·레닌주의조차도 뛰어넘는 독자적인 사상으로 격상되고, 식민지 시절의 김일성 항일운동과 관련된 '혁명 전통'이 총련 조직이나 민족학교의 필수 학습 항목이 되었다. 김병식은 총련 조직 내의 주체사상이나 혁명 전통에 바탕을 둔 '유일사상 체계' 확립을 강력하게 추진했으며, 1971년에는 제1부의장 자리에까지 올랐다. 1972년에는 마침내 한덕수까지 밀쳐 두고 실질적인 우두머리 자리를 노렸지만 한덕수의 반격을 받고 김일성이 한덕수를 지지함으로써 김병식은 실각하고 북조선으로 소환되었다.

지도부 내의 대립이나 혼란을 재단하는 것은 언제나 김일성의 '교시'였고, 정책 형성이나 조직 운영상의 민주주의는 순식간에 유명무실해졌다. 중견이나 말단 일꾼들의 애국심이나 사회정의를 향한 정열은 건재했으나, 간부들 다수는 조직 산하 동포들의 의향보다도 멀리 바다 건너편의 권위에 매달리기 십상이었다. 김병식의 실각 뒤에도 총련의 그런 체질에 변화는 없었고 김일성 신격화도 더욱 심해졌다. 1973년에는 조선로동당 내에서 김정일이 떠오르면서 주체사상을 유일지도 체계로 하는 '김일성주의'의 탄생을 요란하게 선언했다.

고뇌하는 2세들

전후 20년이 지났지만 여전히 일본 사회는 자신들의 역사가 낳은 민족적 소수자의 존재를 '화근'이나 '색다른 존재'로밖에 보지 못했으며,

재일조선인들은 변함없는 차별
과 동화 압력에 직면해 있었다.
한편으로 한일조약은 자이니치
(在日) 사회를 깊이 갈라놓았다.
한국이냐 북조선이냐, 민족으로
귀속이냐 일본인으로 동화냐, 본
명이냐 통명(通名, 일본명)이냐, 나
아가 조직이냐 개인이냐, 청년기
를 맞은 수많은 자이니치 2세들
은 이런 경직된 양자택일의 질문
에 직면해야 했고, 정신적 좌표

야마무라 마사아키(양정명)의 유고집
《이 생명 다 바쳐서라도》의 표지

축을 잃고 폭주하는 재일조선인들도 적지 않았다.

1968년 2월, 자이니치 2세 김희로(金嬉老, 당시 39살)가 스마타 협곡
온천(寸又峽, 시즈오카 현)에 있는 여관에서 닷새에 걸쳐 농성하면서 전
국에 텔레비전으로 중계되는 사건이 터졌다. 어음 문제로 다투다 폭력
단 조직원 두 사람을 살해하고 도주한 끝에 감행한 농성이었다. 농성하
면서 김희로는 재일조선인들에 대한 일본 사회의 민족 차별을 거듭 고
발했다.

또 1970년 10월에는 야마무라 마사아키(山村政明, 양정명梁政明)가
분신자살을 감행했다. 야마구치 현에서 태어난 야마무라는 아홉 살 때
가족이 모두 일본 국적을 취득했고, 1967년에 고학으로 와세다대학 제
1문학부에 입학했으나 경제적 이유로 퇴학할 수밖에 없었다. 하지만 이
듬해인 1968년 야간 과정인 제2문학부에 재입학했다. 대학 입학 뒤 학
원 분쟁에 관여해 학내 자치회를 지배하고 있던 신좌익계 당파와 대립

하면서 등교 방해를 당했다. 그런 상황에서 한일 관계사와 민족 문제에 관심을 기울이면서 조선인으로 살아가기로 결의했으나 재일동포 학생 서클로부터 귀화했다는 이유로 거절당한다. '항의 탄원서'라고 적은 유서에는 당파에 대한 비판과 함께 자신의 국적 및 민족과 관련한 고뇌가 절절하게 담겨 있다(《이 생명 다 바쳐서라도》(야마무라 마사아키 유고집).

2. 재일조선인 사회의 변모

7·4 공동성명과 민단

총련에서 김병식이 대두했던 1960년대 후반, 민단은 '한국민족자주 통일동맹'(한민자통)이라는 새로운 세력의 등장으로 출렁거렸다. 이 한 민자통은 통협(남북통일촉진협의회)의 흐름을 이어받은 원심창과 진보당 사건으로 일본에 망명한 이영근 등이 조직했고(1965년 7월), 《통일조선 신문》, 《통일조선연감》 등을 발행하면서 민단과 총련 양쪽을 비판하는 급진적 논진을 폈다.

1966년에는 한민자통의 청년 조직 '한국민족자주통일청년동맹'(한민 자청)이 결성되었으며, 한학동 내에도 통일조선신문계 학생들이 대두해 법적지위 관철 투쟁을 중시하는 주류파와 격론을 벌였다. 한학동·한청 동 주류파는 한일조약 체결 이후에도 권익 옹호를 중심에 두고 '외국인 학교법안'과 '출입국관리법안'(1969년) 반대 운동을 벌였는데, 한민자청 은 이를 두고 '권익옹호 지상주의'라고 비난하면서 반박정희 투쟁과 남북통일운동으로 가자고 재일 청년들을 선동했다. 하지만 이영근 등은 1970년대에 들어서면 박정희 군사정권을 용인하는 자세로 돌아서 한국 정부에 직속된 민단 중앙에 접근했다.

국교 정상화로 한국 영사관이나 교육문화센터가 전국에 설치되고 이들 기관을 통해 본국 정부가 민단을 관리하고 유착시키는 경향이 한층 더 강화되었다. 북조선의 '선상 지도'와 '김일성 교시' 정도는 아니었지만, 일본에 파견되는 공사나 영사들 중에는 민단을 영사관의 하위 기관쯤으로 여기는 듯한 풍조도 나타났다. 1969년, 한국에서는 박정희가 대통령 3선을 금지한 헌법 개악을 시도함에 따라 '개헌반대·호헌'을 외치는 학생운동이 고양되었으나, 권일 민단 단장은 개헌 지원을 위해 전국의 지방본부 단장들을 한국에 보내는 등 박정희에 대한 충성을 과시했다.

이런 민단의 지도부에 민단 내의 개혁파가 대항하고 나섰다. 1969년 3월의 중앙 정기대회(단장 선거)에서는 개혁파 유석준(兪錫濬) 후보가 선전했다. 이런 분위기에 위협을 느낀 한국 정부는 1971년 3월의 민단 중앙대회(단장선거)를 앞두고 '녹음테이프 사건'*으로 알려진 노골적인 선거 개입도 서슴지 않았다.

또 1972년에는 민단 중앙이 한민자통·한민자청의 적성단체 규정을 해제하고 이영근 등을 민단 내로 끌어들였다. 그런가 하면 개혁파의 민단 도쿄 본부와 가나가와 본부에 '직할 처분'을 내렸고, 급기야 한청동·한학동의 산하 단체 인정 취소 처분을 단행했다. 한청동·한학동을 대체하는 새로운 학생·청년조직(청년회·학생회)이 이영근 등에 의해 민단

---

* 1971년 3월 민단 중앙대회를 앞두고 열린 중앙위원회에 내빈으로 참석한 김재권(金在權) 공사가 개혁파 요인들이 총련 간부와 밀담한 녹음테이프가 있다며 유 후보를 지지하지 말도록 간섭한 사건.

내에 만들어졌다. 이에 대해 개혁파는 본국의 '반독재 민주화'라는 명확한 정치 목표를 내걸고 본국 정권과 손잡은 민단 조직의 민주화를 위해 본격적인 싸움을 시작한다.

그해 7월 4일에는 한국·북조선 당국이 자주·평화·대동단결이라는 조국통일 원칙에 합의한 '남북공동성명'이 갑자기 발표되었다. '남북공동성명'의 발표는 법적 지위 문제에서 본국 지향의 정치 노선으로 전환하고 있던 한학동·한청동의 청년들에게 실로 혼을 뒤흔드는 사건이었다. 통일에 대한 기대와 흥분이 용솟음쳤고 민단 개혁파와 총련의 공동대회가 각지에서 열렸다. 8월 7일에는 '남북공동성명을 열렬히 지지하는 재일동포 청년들의 중앙대회'가 한청동과 조청(朝青) 공동으로 개최하여 8,700명(《마이니치신문》 1972년 8월 8일자)이 센다가야(千駄ヶ谷) 대회장을 가득 채웠다.

8월 15일, 개혁파의 민단 도쿄본부(정재준鄭在俊 단장)가 한국 대사관과 민단 중앙본부의 반대를 누르고 총련 도쿄 도 본부와 공동으로 남북공동성명을 지지하는 '도쿄 전체 동포대회'를 열었다. 센다가야의 도쿄체육관에 동포 1만3천 명을 모아 놓고 연 이 대회는 총련과 민단의 역사에서도 특필할 만한 대회가 되었다. 20일에는 민단 개혁파(유지간담회)가 '민족통일협의회'(민통협)를 결성하고 배동호(裵東湖)를 수석의장으로 선출했다. 한국 대사관과 민단 중앙에 대해 민통협·민단 도쿄·한청동·한학동의 개혁파가 대항하는 민단의 분열이 결정적인 국면에 들어섰다.

고도 경제성장과 자이니치 사회

한학동·한청동이 민단 중앙에 이의를 제기한 것은 일본에서 태어난 세대가 자이니치 사회에서 새로운 가치와 언설을 만들어 내는 주체로 대두하고 있었다는 점을 말해 준다. 재일조선인의 인구 구성으로 보더라도 1960년대 말에는 이미 2세 세대가 70퍼센트를 넘었다. 이런 세대 교체에 더해서 재일조선인 사회는 1960년대를 거치면서 참으로 구조적이라고도 할 만한 변화를 경험했다. 원래 빈곤층을 중심으로 하던 재일조선인의 (북으로) 대량 귀국 자체가 재일조선인 사회의 계층 구조에 무시할 수 없는 변화를 가져다주었다. 물론 귀국자들 가운데에는 기술자나 공장 경영자, 학생, 그리고 일본인 처 등 다양한 계층과 다양한 경우의 사람들이 포함되어 있었다.*

그렇지만 역시 귀국자들 대다수는 에다가와나 나카토메 같은 조선인 부락의 가난한 주민들이었다. 에다가와에서는 조선인 세대가 "300채나 있던(조선인 세대) 중에서 절반은 돌아갔다"(김일만金一萬의 증언, 고토·재일조선인의 생활을 기록하는 모임 편, 《도쿄의 코리안타운 ― 에다가와 이야기》 수록)고 한다. [표 6]에서 볼 수 있는 것처럼 1963년까지 귀국한 남자 19,344명 가운데 '무직' '토목공, 인부, 날품팔이 등' '공원'(工員), '행상인·넝마주이' 등 빈곤층으로 생각되는 범주에 들어가는 이들이 14,000명에 가까워 전체의 70퍼센트를 넘었다.

게다가 그 무렵은 고도 경제성장에 따른 거대한 지각변동이 일본 사회에서 진행되고 있었고, 이에 따라 재일조선인들의 일상도 변화를 피할 수 없었다. 고도성장기의 대규모 공공 투자로 하천 부지나 불량 주택지의 재개발이 추진되어 조선인 부락, 특히 '불법 점거' 부락은 주민들 다수가 "얼마간의 보상과 함께 제공받은 공공주택으로 분산 입주함으

---

* 귀국자 중에는 일본인 처와 그 자녀 등 일본 국적 보유자가 6,800명 포함되어 있었다.

로써 소멸해 갔다"(김찬정,《재일, 격
동의 백년》).

변화의 물결은 일본 최대의 재
일조선인 집단거주 지역인 오사카
이카이노(猪飼野)의 조선시장에도
찾아왔다. 1960년대까지는 "여인
이 치마저고리를 입고 당당하게
生活"했고 "총련이 가장 활기찬 시
절"로, "민족교육도 왕성"했다. 하
지만 1969년에는 지하철 센니치
마에선(千日前線)의 쓰루하시(鶴橋)
역이 들어선 뒤 고객들을 쓰루하

[표 6] 귀국자의 직업(1963년)

토목공, 인부, 날품팔이 등	4,149
공원(工具)	1,716
운전수	763
회사원, 점원 등	684
행상인, 넝마주이 등	289
상공업	1,125
고물상, 폐품장수	784
유흥업소(遊技場), 음식점 영업	259
농림, 수산업	572
학생	197
기타	1,001
무직(기입하지 않은 이들 포함)	7805
합계	19,344

김영달·다카야나기 도시오 편,《북조선 귀국
사업관계 자료집》

시 역 주변의 국제 마켓에 빼앗겨 "1970년대에 들어서는 점점 피폐해
져" 갔다. 조선시장에서 장사로 한 밑천 모아 다른 곳으로 나간 사람도
많고, 세대가 변해 "식생활이 바뀌고 제사도 간소화되어 점차 조선시장
의 존재 가치가 떨어졌다"(고찬유,《코리아타운에서 살다―홍려표 라이프
히스토리》)고도 한다. 1973년에는 행정구획 개편으로 '이카이노'라는 지
명 자체가 지도상에서 사라졌다. 총련계 동포들이 대다수를 차지하던
도쿄의 미카와시마(三河島)와 에다가와의 조선인 부락에도 1960년대에
는 귀국하거나 타지로 전출한 조선인들을 대신해 일본인들이 유입되었
고, 주거도 판잣집이나 연립주택에서 단독주택이나 아파트로 바뀌어
갔다.

자이니치 기업의 성장

고도성장에 따른 경제적 파이의 확대는 재일조선인들에게도 새로운 창업이나 경영 규모 확대의 다시없는 기회였고, 그 기회를 잡아 성장한 자이니치 기업들이 이윽고 민족 단체들의 존속을 떠받치게 되었다. 고도성장이 한바탕 휩쓸고 간 1960년대에는 가방과 플라스틱 성형, 신발(케미컬슈즈, '헵샌달'=배우 오드리 헵번이 신었다는 샌달―옮긴이) 제조업과 건설업 증가가 눈에 띄었다. 1970년대 후반 이후 제조업 분야가 정체하거나 쇠퇴하고 파친코 사업 같은 오락업이나 불고깃집 같은 음식업이 재일조선인들의 주력 산업으로 대체되어 간다(앞의 책《'재일 기업'의 산업 경제사》).

파친코 산업은 이미 얘기했듯이 1950년대 전반에 첫 번째 피크를 맞은 뒤 일단 기세가 꺾였으나, 1960년 무렵의 튤립(구슬이 특정 구멍이나 게이트를 통과하면 튤립 꽃잎이 열려 일정 시간 유지되도록 해서 다음 포상을 쉽게 해 주는 전동 장치)의 등장으로 '제2의 황금기'를 맞는다.

그 뒤 1970년대 전반에 다시 피크가 찾아왔고, 1979년 '인베이더 게임'(invader game, 우주의 침략자를 주제로 한 전자오락 게임의 하나―옮긴이)의 등장으로 한 차례 침체되지만, 1980년대 전반에는 '피버(fever) 게임기'(메달을 대량으로 획득할 수 있는 기회를 계속 부여하는 파친코의 보너스 게임―옮긴이)의 등장으로 폭발적인 신장세를 보이면서 오늘날의 파친코 산업 기반이 확립되었다. 1990년대의 절정기에는 총매출 30조 엔의 산업으로 성장했고, 경영자의 70퍼센트가 재일조선인과 중국인들이었다는 얘기도 있다.

현재 자이니치의 파친코 최대 기업 마루한코포레이션(사주 한창우 韓昌祐)도 1980년대의 '피버 붐'을 타고 경영 규모를 확대한 기업이다.

1960년대의 파친코 기계
(파친코박물관 제공)

1957년 파친코 경영을 시작한 한창우는 1960년대 후반부터 볼링장 사업에 손을 댔으나 큰 빚을 지고 경영 파산을 맞았다. 하지만 승용차의 대중화 물결을 타고 대형 주차장 시설을 완비한 교외형 파친코점을 선보였고, 이것이 피버 붐과도 겹쳐 큰 성공을 거두었다. 이 한창우가 민단계 기업인을 대표하는 인물이라면, 총련계 기업인을 대표하는 이는 모란봉(사쿠라 그룹)의 전진식(全鎭植)일 것이다. 조선요리와 문화를 일본 사회에 보급할 목적으로 1972년에 모란봉을 창업한 전진식은 불고기 양념장 개발과 조선요리의 살균 밀봉 식품화에 성공해 경영 규모를 확대함으로써 일본에서 조선식품 보급에 선구자가 되었다.

상공회와 총련의 재정

이런 자이니치 오락 산업과 음식·식품 관련 사업의 성장을 뒷받침한 것은 총련과 민단 산하의 재일본조선인상공회연합과 재일한국인상공회연합회(지금의 명칭은 재일한국상공회의소)였다. 특히 총련의 상공회는 국세청과의 '합의'(1976년)에 따라 결산 사무와 세무신고 대행까지도 할 수 있게 돼 재일 상공인은 세무 대책을 이 상공회에 맡겼고, 절세로 생긴 이익의 많은 부분이 총련에 기부금으로 환류되었다. 그리고 파친코업의 성장은 "조은(朝銀)을 '상부상조적 금융기관'에서 대량의 자금을 공급할 수 있는 어엿한 금융기관으로 크게 성장시켰다"(박두진,《조선총련 그 허상과 실상》)고도 한다.

조은은 1960년대에 예금 잔고 50억 엔(12개 신용조합)이었으나 1970년대에는 예금 잔고가 1,000억 엔을 넘었고, 1975년에는 3,000억 엔 가까이(35개 신용조합)까지 예금 잔고를 키웠으며, 1985년에는 무려 1조 엔 규모에 다다랐다. 파친코와 음식점은 이른바 '현금 장사'이고, 그 수입의 일부를 절세(탈세도 포함)해서 조은에 가명 또는 차명으로 예금하고, 또 이 '뒷돈'을 담보로 융자를 받을 수도 있었다고 한다.

결성 직후 무렵의 총련 재정은 애국심에 불타는 1세들의 있는 돈 없는 돈을 긁어 모은 기부금과 북조선으로 귀국하는 상공인들이 남긴 자산으로 조달했다고 한다. 그러나 조은이 상공회의 절세 활동과 연계해 규모를 확대하자 조선총련의 재정 활동도 이 "조은을 지렛대로 삼은 활동 쪽으로 중심을 옮겼다"(박두진, 앞의 책)고 한다. 1960년대 후반, 그렇게 해서 확대된 총련의 연간 총예산은 100억 엔에 달했으며, 이 윤택한 자금력을 기반으로 1만 명 규모의 학생들을 동원한 매스게임이나 13층짜리 출판회관(도쿄 도 분쿄구 하쿠산白山에 1972년 건립) 건립을 통해 일본 사회에서 총련의 존재감을 과시할 수 있었다. 1972년의 김일성 환갑 축하행사 때는 공작기계를 비롯하여 모두 50억 엔에 이르는 '충성의 선물'을 김일성에게 보냈고, 그 뒤에는 김일성·김정일 부자 생일 같은 축하 행사 때마다 거액의 돈과 선물을 평양에 전달했다.

재일 기업의 요람기에 총련이 상공회나 조은을 매개로 수행한 역할은 참으로 컸다. 그러나 1970년대에는 재일 기업들이 벌어들인 부가 총련을 매개로 북조선에 흡수되는 구조가 만들어졌다. 1985년, 김일성은 총련 결성 30주년 기념식전에 축전을 보내 재일 상공인들을 '총련의 기본 군중'이자 '애국 사업의 주인'이라고 치켜세웠다. 하지만 이미 대체되고 있던 동포 상공인들에게 북조선으로 보내는 헌금은 애국심보다도 귀국한 친척들의 생활과 지위 향상을 바라는 상납금으로서 의미를 적잖이 띠고 있었다.

3. 재일 2세들의 도전

히타치 취직차별 재판투쟁

1970년대는 고도성장기에 인격 형성기를 거친 자이니치의 전후 세대가 취직, 결혼, 육아 등 생활인으로서 지역사회의 현실에 대처하기 시작한 시기이기도 했다. 1960년대를 통해 총련이나 민단의 민족학교를 다닌 재일조선인 자녀들은 대략 20~25퍼센트 정도였고, 그 밖에 대다수의 자녀들은 재일 커뮤니티에서 떨어져 나가 고립 분산된 가운데 소년기를 보냈다. 그런데 1970년대의 차별 사회에 대한 새로운 이의 신청의 주체가 된 쪽은 오히려 그런 '민족'과는 무관한 환경에서 자란 젊은이들이었다.

1970년 12월, 열아홉 살 청년 하나가 히타치제작소에 대한 소장(訴狀)을 요코하마 지방재판소에 제출함으로써 그 3년 전의 김희로와는 다른 방식으로 일본 사회 민족 차별의 벽에 도전했다. 소송을 제기한 청년 박종석(朴鐘碩)은 1951년에 아이치 현의 가난한 재일조선인 가정

박종석(朴鐘碩) 씨의 승소를 보도한 신문
(1974년)

에서 태어나 고등학교 때까지 일본 공립고교를 다녔고 이름도 아라이 쇼지(新井鐘司)로 불렸다. "태어난 뒤 계속 일본 교육을 받았고, 나도 일본인의 한 사람으로 일본 사회에서 살아간다고 생각"(《상신서》上申書, 박군을 에워싸는 모임 편, 《민족차별, 히타치 취직차별 규탄》)해 온 청년이었다. 고등학교를 졸업한 박종석은 히타치소프트웨어 도즈카(戶塚) 공장의 구인광고(사무직)에 응모해 본적을 출생지(아이치 현 니시오西尾 시)로 하고 아라이 쇼지라는 이름으로 시험을 봐서 합격했다. 그런데 채용 때 호적등본을 제출하라고 해서 한국 국적이라는 사실을 밝히자 회사는 갑자기 채용 취소 통고를 했다.

재판은 3년 반을 끌어, 1974년 6월 판결 때까지 22차례나 구두변론을 거듭했다. 박종석은 채용을 취소한 처사는 재일조선인에 대한 차별이라고 주장했고, 히타치 쪽은 채용 거부 이유는 이름과 본적을 허위 기재한 탓이며 "사실 은폐는 성격을 말해 주는 것으로, 종업원으로서

신뢰할 수 없다"고 대응했다. 재판에서는 일본조선연구소의 사무국장으로, 박종석의 지원 조직(박군을 에워싸는 모임)을 이끈 사토 가쓰미(佐藤勝巳)를 비롯해 역사가 박경식(朴慶植), 가지무라 히데키(梶村秀樹), 작가 이은직(李殷直), 종추월(宗秋月) 같은 인사들이 재일조선인의 역사와 차별 실태를 알리며 호소했다. 또한 재일조선인 노동자와 학생들이 증언대에 서서 생생한 차별 체험들을 얘기했다.

재판은 박종석 쪽의 전면 승소로 끝났다. 히타치 쪽도 한국에까지 퍼진 불매운동에 겁을 먹고 항소를 포기할 수밖에 없었다. 판결문은 심각한 차별에 직면하고서야 오히려 조선인으로 살아가는 것이야말로 자기 회복의 길이라고 결의를 굳힌 박종석에게 응원을 보내면서, 조선인이 조선인으로 살아가는 것을 허용하지 않는 일본 사회의 현실을 준엄하게 따져 묻는 획기적인 것이었다. '박군을 에워싸는 모임' 멤버였던 최승구(崔勝久)는 이 판결을 쟁취한 히타치 투쟁을 떠맡은 것은 박종석과 같은 처지에 놓인 '자이니치'와 "일본인으로서 가해자성을 자각하기 시작해 '자이니치'의 문제 제기를 수용하려는 일본인 청년"들로 구성된 '시민운동'이었다고 말했다. '시민'이라는 말이 자이니치의 새로운 주체성을 표현하는 말로 등장하기 시작한 것이다. 하지만 총련을 비롯한 기존의 민족 단체나 재일 지식인·작가들 다수는 이 '시민운동'에 대해 일본의 대기업에 취직하는 것은 "동화로 이어진다"며 강한 경계심을 나타냈다.

한편 박종석 지원에 참여한 '일본인 청년'도 일본의 기존의 좌익 정당과는 무관한 사람들이었다. 귀국운동이나 한일조약 반대 투쟁에서 총련과 공동투쟁(共鬪)을 벌인 좌익 정당이나 노동조합은, 그 무렵에는 이미 과거에 지녔던 힘을 잃었거나 고도성장 시스템 속으로 편입되어

가고 있었다. 그리고 이런 기성 좌익을 비판하면서 대두한 전공투(全共鬪) 운동도 독선적인 혁명 논리를 고집하며 고립되어 가고 있었다. 조직이나 집단을 중시하는 사회운동이 쇠퇴해 가는 가운데 그 주변에서 이와는 이질적인 '베헤이렌'(ベ平連, 베평련, 베트남에 평화를! 시민연합)이나 '우먼 리브'라는 새로운 유형의 사회운동(시민운동)이 전공투(전국학생공동투쟁회의) 운동에 가담하고 있던 일부 젊은이들을 끌어들이면서 대두하고 있었다. 그리하여 히타치 취직차별 재판투쟁은 재일조선인 사회운동의 전환점을 보여 준 동시에 일본 사회운동의 변화도 알려 준 사건이었다.

입관 투쟁과 아시아

이런 변화는 1969년 국회에 상정된 '출입국관리법안' 반대 운동에서도 드러났다. '출입국관리법안'은 1951년에 제정된 '출입국관리령'을 정비해서 1960년대 이후의 '외국인 관광객의 급증과 불량 외국인의 범죄 빈발'에 대처하려는 것이라는 설명이 붙어 있었다(다나카 이사지田中伊三次 당시 법무상의 발언, 《마이니치신문》 1967년 6월 12일자). 그러나 거기에는 재일조선인이나 중국인에 대한 통제 강화와 함께 전쟁에 반대하는(反戰) 외국인이나 탈주병, 이주노동자 유입 같은 조항도 들어 있었다. 총련과 민단이 이에 대해 조직적으로 반대 운동을 펼친 데다 베헤이렌, 전공투, 화교청년단체 등이 가세하는 국제 공투가 실현되었다. 베헤이렌과 전공투에게 입관(출입국관리법안) 투쟁은 일본 속 '아시아와의 만남'의 장이기도 했다. 그 만남은 침략 전쟁이나 식민지 지배 가해자로서 의식을 넓히고 심화시키는 계기가 되기도 했다.

입관법(출입국관리법안) 반대 시위

지역 '주민'으로서

히타치 투쟁을 떠받쳐 준 또 하나의 원천은 "지역사회에서의 '하느님 선교'"(가와사키川崎교회역사 편찬위원회 편,《가와사키 교회 50년사》)를 중시하기 시작하던 재일 기독교인들의 투쟁이었다. 사쿠라모토(櫻本), 이케가미(池上), 나카토메 같은 일본에서도 손꼽히는 조선인 집단거주 지역이 교구 속에 포함되어 있는 가와사키교회(재일대한기독교회)는 이미 1969년부터 자이니치와 일본인 유치원생들이 함께 배우는 사쿠라모토 보육원을 개설했고, 히타치 재판 이후에 각지에서 활발하게 전개되던 지역 활동의 선구 역할을 했다. 최승구는 이 가와사키교회의 청년회 회장이었고, '박군을 에워싸는 모임'을 이끈 한 사람으로 참여한 이인하 (李仁夏) 목사는 가와사키교회의 초대 담임목사로서 이 지역 선교 활동의 지도자였다. 재일대한기독교회의 목사와 신도들의 호소는 기독교의 교파를 넘어선 결속을 지향하는 에큐메니칼운동 네트워크를 통해 해외로도 확산되었는데, 한국에서 히타치 제품 불매운동이 일어난 것도 그런 네트워크를 통해서였다.

재일대한기독교회는 본디 본국으로의 '종지향'(縱志向)이 강한 교회이고 기존의 민족 단체와 마찬가지로 당초에는 박종석을 지원하는 일에 적극적이지 않았다. 히타치 투쟁을 지원하는 최승구의 행동이나 발언이 "동화를 조장"한다는 비판을 받고 청년회 회장직을 물러나는 일막도 있었다(앞의 책《민족차별 히타치 취직차별 절규》). 히타치 투쟁의 경험은 그런 재일대한기독교회를 바꾸고 "지역사회에서의 '하느님 선교'"를 본격화하게 만든 계기가 되었던 것이다.

히타치 투쟁이 벌어졌던 1970년대 초는 고도성장의 악영향이 환경 파괴와 도시 문제로 현실화되면서 생활의 장으로서 '지역'에 뿌리를 내리는, 주민들이 밑에서부터 이의 제기를 하는 움직임이 거세지고 있었다. 1963년의 통일 지방선거에서 시작되어 미노베 도쿄 도정의 탄생(1967년)을 거쳐 1970년대 전반까지 이어진 '혁신 자치체 붐'도 그런 주민들이 이룩한 밑으로부터의 반란이 그 배경에 깔려 있었다. 가와사키에서도 주민의 공해반대 운동을 발단으로 혁신 통일후보 옹립 움직임이 시작되었고, 1971년 시장 선거에서 사회당 공산당 양당·노조·시민 단체가 미는 후보(이토 사부로伊藤三郎 가와사키 직장노조 위원장)가 자민당 후보에 압승해 혁신 시정이 탄생했다. 가와사키 교회가 "지역사회에서의 '하느님 선교'"를 내세운 것도 그런 시대의 분위기를 반영한 측면이 있었다. 혁신 자치체는 1970년대 전반의 전성기에는 전체 인구의 40퍼센트나 되는 주민을 관장했으며, 자이니치 전후 세대의 운동이나 사상에도 큰 영향을 끼쳤다. '주민'이라는 말이 도시에서 살아가는 사람들의 주체성의 표현으로 중시되기 시작한 시대이며, 그것은 '민족'이나 '국적'에 기반을 둔 차별의 논리를 무너뜨릴 가능성을 간직한 말이기도 했다.

그런 가운데 자치체가 재일조선인의 처우 문제를 '주민' 또는 '시민'이라는 관점에서 다시 보려는 움직임도 나타났다. 1973년 이토 사부로 시장 등이 발의한 '가와사키 시 도시헌장'(자민당 의원의 저항으로 '환상의 도시헌장'이 되었다)에서는 '가와사키 시민'을 '가와사키에 사는 모든 사람'(원안 13조)으로 정의했다. 또 이 가와사키에서는 1974년 7월, 교회 관계자와 사쿠라모토 보육원의 부모, 일본인 주민들이 결속해서 아동수당과 공영주택 입주 때 국적 조항 철폐를 요구하는 움직임이 생겨났다. 공영주택 입주 자격에서 국적 조항 철폐의 실현은 바로 터를 잡고 산다(住)는 사실과 관련되어 있는 만큼 그런 움직임은 매우 상징적인 전환의 계기(轉機)를 보여 주는 것이었다.

1954년, 건설성은 '공영주택'은 "일본 국민만을 대상으로 한 것으로" 외국인에게는 입주 자격이 없다는 '행정 견해'를 제시했고, 오랫동안 그런 '국민'과 '외국인'이라는 "중앙정부의 이분법이 자치체들에서도 완벽하게 관철되고 있었다"는 것이다(다나카 히로시, 〈외국적 주민, 자치체 참가〉, 《이와나미 강좌, 자치체의 구상 5 자치》 田中宏, 〈外国籍住民と自治体参加〉《岩波講座自治体の構想 5 自治》).

정부보다 지방자치체가 앞장서다

가와사키에서 돌파구가 열렸다고는 하나 1970년대에는 재일 외국인들을 주민으로 처우하는 자치체는 여전히 소수파였다. 공영주택이나 아동수당의 국적 조항 철폐도 전국적으로는 난민조약*이 비준(1982년)된 뒤 연금법과 아동수당 3법의 국적 조항이 철폐될 때까지 기다려야 했다. 그런 가운데 가와사키 시는 아동수당과 시영주택에 이어 교육과 복지 관련 국적 조항에 관한 운동 쪽의 지적과 요청을 받아들여 차례차례 철폐했다. 그 사례는 자치체가 나라보다 앞장서서 외국인 시책을 전환함으로써 정부 시책에도 영향을 끼치는 흐름을 만들어 간다.

사쿠라모토 보육원을 중심으로 한 '청구사'(青丘社)**가 그런 행정 차별에 반대하는 지역 활동의 거점이 되었다. 그리고 그런 가와사키 시의 시책을 배후에서 받쳐 준 것은 '민제(民際) 외교'와 '내적인 국제화'를 내건 나가스 가즈지(長洲一二) 현지사 시절(1975~1995년)의 가나가와 현 현정(県政)의 대처였다(야마다 다카오山田貴夫, 〈지방자치체의 외국인 시책—가와사키 시를 사례로 삼아〉, 도미사카기독교센터 편, 《재일 외국인의 주민자치》 수록).

가나가와와 나란히 도쿄 도의 미노베 도정(1967~1979년), 교토 부의 니나가와(蜷川) 부정(府政), 오사카부(府)의 구로다(黑田) 부정(1971~1979년) 등 재일조선인들이 많이 거주하는 대도시에서 혁신 자치체들이 장기간에 걸쳐 존속하면서 재일조선인들의 지위 개선에 공헌

---

* 정식 명칭은 '난민의 지위에 관한 조약'인데, 난민에게도 사회보장상의 내국민 대우를 요구하고 있다.
** 히타치 투쟁이 한창이던 1973년 10월에는 사쿠라모토 보육원이 종교법인에서 분리된 사회복지법인 인가를 받아 '청구사'로 확대 재편되었다.

했다. 가와사키와 마찬가지로 이쿠노(오사카)와 히가시구조(東九条, 교토)는 재일대한기독교회를 중심으로 한 기독자들의 "지역의 '하느님 선교'"가 지역 활동의 버팀목이 되었다.

한편 오사카 부 야오(八尾) 시의 '두꺼비어린이회'(후술)처럼 부락해방운동의 반차별 투쟁 경험이 자이니치의 지역 활동을 적잖이 촉발한 지역도 있었다.

국적 차별 철폐 투쟁

히타치 투쟁 이후에 그렇게 해서 각지로 확산된 지역운동 투쟁은 '민족 차별과 싸우는 연락협의회'(민투련)라는 네트워크형의 온건한 연합조직을 통해 연결된다. 민투련은 먼저 가나가와에서 히타치 투쟁에 참가한 멤버를 중심으로 조직되었으며, 이인하, 사토 가쓰미 등이 공동대표를 맡고 사무국장은 배중도(裵重度)가 맡았다. 가나가와에 이어 오사카·아이치·효고·오카야마·후쿠오카 등 각지에서 조직되었으며, 1975년에는 제1회 전국교류집회가 열렸다. 민투련은 ① 재일 한국·조선인의 생활 현실을 토대로 민족 차별과 싸우는 실천, ② 각 지역의 실천을 강화하기 위한 교류의 장 확보, ③ 재일 한국·조선인과 일본인 공동투쟁이라는 '3원칙' 하에서 1970년대부터 1980년대에 걸친 재일조선인 권익옹호 운동의 커다란 흐름을 만드는 원동력이 되었다.

자이니치와 일본인 공동투쟁을 통한 행정 차별 철폐 싸움이 고조됨에 따라 국가·지방의 공무담임권 과제도 제기되었다. 거기에는 '당연한 법리'*라는 국적 차별의 두꺼운 벽이 가로막고 있었다. 재일조선인 쪽에서도 외국인인 한 당연히 취직할 수 없다는 '상식'이 버젓이 통하고 있었다. 문제는 나라의 의사 형성에는 직접 관여하지 않을 것 같은 전문직

(국공립 대학 교원이나 변호사)이나 공사(公社) 직원, 지방공무원에까지 국적 조항이 적용되고 있다는 것이었다. 이에 대한 이의 제기가 1970년대 중반 이후 분출했다.

1974년에는 간사이 지역의 대학에 근무하는 재일조선인 교원 유지들이 재일한국·조선인대학교원간담회를 결성하고 외국인 교수 임용 운동을 시작했다. 그때까지 일본의 국공립 대학에는 교수회에 참가하지 않는 조수 등을 빼면 외국인 교원(교수·조교수)가 단 한 명도 없었다. 1975년, 한국 국적의 고등학생 두 명이 전전공사(電電公社, 일본전신전화공사) 입사시험을 친 것이 발단이 되어 전전공사의 국적 조항 철폐를 둘러싼 싸움이 국회 논의와 전전통(全電通) 노조를 끌어들이면서 고조되었고, 1977년 이를 실현했다. 1978년에는 야오 시에서 '두꺼비어린이회'를 중심으로 이 도시 공무원 일반행정직의 국적 조항을 철폐하려는 싸움이 시내 노동조합과 시민단체의 지원 아래 벌어졌다. 2년에 걸친 교섭 끝에 야오 시는 시 직원의 국적 조항 철폐를 단행했는데, 그 싸움은 1980년대에 전국으로 확대되는 지방공무원의 국적 조항 철폐 운동의 선구가 되었다.

변호사 자격에 대해서도 공무원 임용 문제와 비슷한 '상식'이 있고, 재일조선인들 자신도 거기에 구애받고 있었다. 이 상식의 껍질을 깨 버린 이가 김경득(金敬得)이었다. 1976년, 사법시험 2차 시험을 통과한 김경득은 그때까지 외국인이 사법연수생이 되기 위한 조건으로 되어 있

---

* 1953년, 내각 법제국은 "공무원에 관한 당연한 법리로서, 공권력 행사 또는 국가의사 형성 참획에 관여하는 공무원이 되는 데는 일본 국적이 필요하다."는 견해를 보이고 있었는데, 이것이 국·지방 공무원, 국공립학교의 교직원으로 재일조선인을 채용하는 것을 막는 근거로 되어 있었다.

던 '귀화'를 거부하고 최고재판소에 "귀화 신청을 하는 것은…… 내가 변호사가 되고자 하는 입각점 자체를 잃어버리게 되는 것을 의미한다" 는 내용을 담은 청원서를 제출했다. 김경득의 이 문제 제기를 역시 일본인과 자이니치가 공동 투쟁하는 '김경득 씨를 지원하는 모임'이 지원했다. 1977년 3월, 최고재판소는 사법연수생에 대해 "일본 국적이 없다는 이유로 채용하지 않아서는 안 된다"는 판단을 내렸고, 이로써 변호사가 될 수 있는 길이 열렸다.

국적 차별 철폐를 둘러싼 각지의 움직임은 민단의 지방본부도 움직이게 만들었다. 1976년에는 시즈오카에서 '시즈오카현한국인복지연락협의회'가 가동되고 주택·아동수당·국민연금·금융차별·취직차별 등을 철폐하는 싸움이 일어났다. 나라에서는 노령연금·유족연금을 비롯한 갖가지 연금 철폐 싸움이 진행되었다. 1977년에는 민단 중앙본부도 각지의 행정 차별 철폐 운동을 지원할 목적으로 권익옹호 특별위원회를 발족시켰다.

반독재 민주화운동

지문날인 문제가 중대한 쟁점이 되는 1980년대에는 이런 인권옹호·차별철폐 싸움이 재일조선인 운동의 한 흐름이 되었다. 하지만 히타치 취직차별 투쟁에 대한 반응에서도 보듯이 1970년대에는 이런 움직임이 재일조선인들의 인식이나 운동에서도 널리 지지를 받았다고 할 수는 없다. 야오의 시 직원 채용 등을 둘러싼 싸움에 대해서도 "적잖은 동포들 (지역 바깥)이 동화(同化)로 가는 길이라고 비판하는 소리도 있었다."(서정우徐正禹, 〈나의 체험적 지역활동론〉, 이진희 편, 《'재일'은 지금, 재일 한국·조선인의 전후 50년》)고 한다.

한일조약에서 남북공동성명을 거쳐 남북조선의 관계는 더욱 긴박해졌고, '민족'이나 '국가'라는 큰 상황과 얽히는 정치의 계절이 2세를 포함한 많은 재일조선인들의 의식을 계속 붙들어 놓고 있던 시대이기도 했다. 7·4공동성명이 발표되고 석 달 남짓 지난 10월 17일, 박정희는 돌연 유권자들의 대통령 선출 권리를 박탈하고 '긴급조치권'이라는 만능의 대권을 대통령 스스로에게 부여했다. 1970년대의 재일조선인들에게 이 너무나도 부조리한 독재 체제에 어떻게 대항할 것인가 하는 문제가 피하기 어려운 주제로 떠올랐다.

녹음테이프 사건 이래 대립을 심화시켜 가고 있던 민단 중앙과 민단 도쿄본부·한학동·한청동 등 개혁파는 유신 체제에 대해 서로 반대되는 대응을 나타냈다. 민단 중앙은 10월 30일, "현재의 모든 내외 정세에 비춰보건대 불가피한 영단"이라는 유신 체제 지지 담화문을 발표했고, 12월에는 도쿄본부 직할대회를 강행해 정재준을 비롯한 개혁파를 추방했다.

당시 김정주(金正柱) 민단 단장은 한국에서 1970년대 초부터 추진된 새마을운동에 호응하는 새마음운동을 제창하고, 자이니치 2세, 3세가 나무심기 같은 일을 하는 '청년봉사단'을 한국에 파견했다(《민단 40년사》). 한국 정부는 일본 전국의 대사관과 영사관에 중앙정보부 요원들을 배치했으며, 그들은 재일 사회 감시, 협박, 회유, 정치자금 징수 등을 위해 암약했다.

한편 병 요양차 일본 방문 중에 10월 유신과 조우한 김대중은 유신 체제에 항의하며 망명을 결의한다. 1971년 대통령선거에서 박정희와 접전을 벌인 김대중은 반독재 민주화운동을 상징하는 인물로 민단 개혁파와 손을 잡게 된다. 김대중의 등장은 한청동이 민단과 결별하고 '반독재 민주화'의 기치를 더욱 선명하게 내세우는 계기가 되었다. 1973년 8월 4일, 김대중, 김재화(金載華), 정재준, 배동호, 조활준(趙活俊) 등이 만나 김대중이 미국에서 결성한 한민통(한국민주회복통일촉진국민회의)의 일본 지부를 결성하기로 합의했다. 민단 도쿄, 민단 가나가와, 한청동 등 개혁파가 이 흐름에 합류했고, 13일에는 발기대회, 15일에는 선언대회가 히비야 공회당에서 열릴 예정이었다.

그런데 8월 8일, 김대중이 도쿄 구단시타에 있는 호텔 그랜드팰리스에서 중앙정보부 요원들에게 납치되는 '김대중 사건'이 발생했다. 민단 개혁파는 납치 사건 발생 직후부터 '김대중선생구출대책위원회'(구대위)를 조직하는 동시에 13일에는 예정대로 한민통 일본본부 발기대회를 도쿄 우에노(上野)에서 열었다. 구대위의 활동은 유신 체제가 박정희 사살 사건으로 막을 내리고(1979년 10월), 이듬해 2월 김대중이 공민권을 회복할 때까지 이어졌다. 그동안 김대중은 자택연금과 거듭되는 체포 구금에도 굴하지 않고 유신 체제에 저항했다. 김대중 지원은 그대로 한국의 반독재 민주화운동이 되어 한민통·한학동·한청동은 아오치 신(靑地晨), 와다 하루키(和田春樹) 등이 결성한 '한일연대연락회의'와도 공동투쟁을 벌이면서 박정희 정권에 대한 도전을 계속했다. 김대중 외에도 거듭되는 투옥에도 굴복하지 않았던 김지하와 가톨릭 신부와 개신교 목사들의 끈질긴 항의 행동, 또 한국 대학생들의 목숨을 건 싸움이 일본이라는 안전지대에서 살아가는 자이니치 청년 학생들의 혼을 끝없이 뒤흔들었다.

자이니치 청년과 한국

'모국 유학' 등을 통해 한국에 가서 바로 민주화운동에 투신하는 자이니치 청년도 1970년대에는 적지 않았다. 이르게는 1971년 '서씨 형제'(서승, 서준식)가 서울대학교에 유학하던 중 국가보안법 위반으로 육군 보안사령부에 체포 구금되었다. 취조 중에 고문을 받은 서승은 자살을 기도하다 안면에 화상을 입었다. 공판정에 나타난 서승의 모습에 자이니치 사회가 받은 충격은 엄청났다. 서씨 형제는 모두 비전향을 관철하다 한국이 민주화된 이후에야 석방되었다(서준식은 1988년, 서승은 1990년). 1975년에는 13명이나 되는 자이니치 청년들이 체포된 '학원침투간첩단 사건'(11·22사건)이 발표되어 백옥광(白玉光), 강종헌(康宗憲), 이철(李哲), 김철현(金哲顯) 등 네 명이 사형을 선고받은(나중에 감형) 사건도 일어났다. 재일조선인이 '간첩'으로 체포당하는 사건은 1980년대의 신군부 정권(전두환 정권) 시대까지 계속되어, 확인된 것만으로도 피해자 수는 100여 명에 이른다.

유신 독재가 자이니치 2세 사회에 던진 어두운 그림자를 상징하는 것이 문세광(文世光) 사건이었다. 1974년 8월 15일 '광복절'을 기념하는 서울의 행사장에서 자이니치 3세 문세광이 오사카 부 경찰서에서 훔친 권총으로 박정희 대통령을 저격해 함께 자리한 부인 육영수가 총탄을 맞고 사망했다. 그 자리에서 체포된 문세광은 서울지방법원에서 사형 판결을 받았고 12월 20일 사형이 집행되었다. 사건 자체는 지금도 여전히 알 수 없는 부분이 많지만 '민족'이나 '사회'에 눈을 떠서 극한의 삶을 살아간 자이니치 2세를 상징하는 사건으로, 자이니치 사회에 던진 파문은 적지 않았다.

4. 전환기의 사상과 문화

재일조선인 문학의 성립

고도성장이라는 거대한 사회변동과 그 한복판에서 인격 형성기를 보낸 재일조선인 전후 세대의 등장은 재일조선인이 그때까지 품어 온 이념과 가치관에도 동요와 파열을 일으켰다. 재일조선인의 새로운 삶의 방식과 사상을 문학자의 창작 활동 등을 통해 모색하게 된다. 특히 김달수, 김석범, 이회성 같은 총련의 조직 활동과 민족교육에 종사했던 작가와 지식인들의 자기표현은 시대의 전환기를 살아가는 재일조선인의 초상을 떠올리게 했다.

김달수는 그가 쓴 이와나미신서 《조선 민족·역사·문화》를 둘러싼 총련의 거센 비판이 쏟아진 뒤에도 총련 산하 문예동(재일본조선문학예술가동맹)의 비상임 부위원장 자리를 지키면서,《밀항자》나《태백산맥》등을 발표해 일본 문단에서도 부동의 지위를 확립했다. 1969년부터《일본 속의 조선 문화》(日本の中の朝鮮文化, 講談社)* 간행 이후에는 활동의

중심을 고대 조선반도와 일본의 관계 연구 쪽으로 옮기고 총련에서도 발을 뺐으며, 1975년에는 강재언(姜在彦), 이진희 등과 함께《계간 삼천리》(季刊 三千里)를 창간한다.

김달수에 이어 일본어로 창작 활동을 해서 각광을 받은 이가 김달수보다 여섯 살 아래인 김석범이다. 1925년에 오사카에서 태어난 김석범은 1945년 3월에 징병검사를 이유로 제주도에 건너가 중국으로 망명하려 했으나 뜻을 이루지 못하자 거기서 해방의 날을 기다리지 않고 일본으로 되돌아왔다. 그런데 1948년, 김석범이 떠나 버린 그 제주도에서 4·3사건으로 알려진 처참한 살육극이 벌어진다. 고향 사람들이 당한 이 역사의 비극과 그 자리에 부재했다는 통절한 자책과 결락(欠落) 의식은 김석범을 창작의 길로 내몬 가장 중요한 모티프가 되었다.

이 김석범이 본격적으로 창작 활동을 시작하는 것은 노선 전환 무렵이었는데, 1960년대에는《조선신보》(朝鮮新報)와 문예동에 소속되어 있었고 조선어 창작도 시도했다. 그러나 4·3사건을 소재로 삼은《까마귀의 죽음》(鴉の死, 처음 발표한 곳은《문예 수도》1957년 2월호)이 조직의 비준을 얻지 못하고 단행본으로 간행(1967년)한 것을 기화로 역시 총련을 떠났다.

김달수와 김석범 등 전후 재일조선인 문학 1세대라고도 할 수 있는 작가들은 "내가 '조선인'인 것은 자명한데, 오히려 그렇기 때문에 이번에는 '왜 나는 재일(在日)하고 있는 것인가'하는 질문"(다케다 세이지,《'재일'이라는 근거》)이 절실할 것 같은 세대의 작가들이었다. 이 1세대보다도

---

* 1969년에 교토의 실업가로, 도자기 등의 미술품 수집가인 정조문(鄭詔文)을 스폰서로 해서 간행되었다.

한 세대 아래의 이회성(李恢成)이나 김학영(金鶴泳)으로 대표되는 2세대 작가들은 이른바 반(半)조선인(=반일본인, '반쪽바리')으로서의 고민을 안고 살아가면서 '조선인'으로서 자기 확인 자체가 난제가 된다.

이회성은 그런 '반조선인'의 고민을 정면에서 묘사한 최초의 작가였다. 그는 와세다대학에서 유학동 활동을 했고 졸업 뒤에는 조선어로 창작하는 것을 지향하면서 조선신보사에 근무했으나 1966년에는 조직을 떠났고, 1969년 《다시 걷는 길》(またふたたびの道)로 《군상》(群像) 신인문학상을 받았고, 1972년에 《다듬이질 하는 여인》(砧をうつ女)으로 재일조선인으론 처음으로 아쿠타가와상을 받았다. 이회성이 묘사하는 자이니치상은 조선인으로 태어난 것을 부인하고 이른바 일본인보다 더 일본인이 되고자 하는 단계에서 출발해서, '반(半)조선인'으로서 혼돈과 번뇌를 거치고, '조선인'으로서 이념적인 자기 확인으로 나아가는 내면의 과정을 더듬어 간다. 이회성에게 그런 '반조선인'으로서의 고민은 어디까지나 '민족으로서의 각성'에 이르는 통과점이며, 그것 자체에서 독자적인 의의와 가치를 찾아내려 했던 것은 아니다. 그런 의미에서 이회성은 '민족'을 자명한 가치로 여기는, 노선 전환 이래 자이니치 사회의 사상적·이념적 틀에 머물렀다.

그런가 하면 김학영은 자이니치라는 것 외에 말더듬이라는 또 하나의 고통을 안고 있는데, 출세작인 《얼어붙는 입》(凍える口, 1966년 문예상 수상)이 그러하듯이 이것을 작품의 모티프로 삼은 작가이다. 말더듬이란 어떤 관념의 이야기로도 환원될 수 없을 것 같은 불우함을 드러낸다. 김학영의 작품 세계에서는 바로 그런 갈 데 없는 불우함이 '자이니치'로 존재하는 것의 핵심과도 겹쳐져, 민족이라는 관념은 오히려 작가의 자의식을 부정하는 것으로 나타난다. 거기에서는 민족에 귀속되는

것을 자명한 가치로 여겨 온 자이니치의 지적 세계의 바닥 깊은 동요를 엿볼 수 있다.

1970년을 전후한 시기에는 장편 시집 《니가타》(新潟)를 간행한 김시종(金時鐘), 《밤이 시간의 발걸음을 어둡게 할 때》(夜がときの歩みを暗くするとき)를 간행한 고사명(高史明), 그리고 《택시 광조곡》(タクシー狂躁曲)의 양석일, 《골편》(骨片)의 김태생(金泰生), 《벌거벗은 포로》(裸の捕虜)의 정승박(鄭承博) 등 일본어로 창작하는 수많은 재일 작가들이 실로 성난 파도처럼 문단에 등장해 느슨하지만 하나의 범주로서 '재일조선인 문학'의 존재를 인지할 수 있게 되었다.

'고대사' 붐 속에서

1972년 3월, 아스카무라(明日香村, 나라 현)에서 다카마쓰(高松) 무덤 벽화 고분이 발견되어, 일본에서는 때 아닌 '고대사 붐'이 뜨겁게 일었다. 그리고 그 '고대사 붐'의 주역 가운데 한 사람이 그해 10월에 《광개토왕릉비 연구》를 출간한 이진희였다.

이미 이진희는 김달수 등과 함께 계간지 《일본 속의 조선 문화》와 학회지에 조선의 고대 문화가 일본에 끼친 영향을 파헤치는 논문을 잇따라 발표하고, 여전히 황국사관이 뿌리 깊은 일본의 고대사 연구에 새 바람을 불어넣었다. 1929년생인 이진희는 조련 시절인 1948년에 이바라키 현의 조선 소학교 임시교사가 된 이래 조련과 총련에서 민족교육에 힘썼다. 메이지대학에서 고고학을 전공했고, 1955년에는 도쿄 조선고교의 교원, 1961년에는 조선대학교 교원이 된다. 하지만 1960년대 후반에는 김병식의 경직된 조직 운영이 조선대학교에도 밀려와, 1971년에 이진희는 조선대학교를 나와 재야에서 고대사 연구자의 길을 걸을 수밖에 없었다.

《일본 속의 조선 문화》를 중심으로 한 이진희와 김달수의 연구와 계몽 활동은 일본의 진보적인 역사학자와 사상가들로부터 압도적인 지지를 얻었다. 1973년 2월에 김달수, 시바 료타로(司馬遼太郎), 우에다 마사아키(上田正昭)가 주도하여 '일본 속의 조선 문화를 격려하는 모임'이 열리는데, 거기에는 나카노 시게하루(中野重治), 마스모토 세이초(松本清張), 다케우치 요시미(竹內好), 오카모토 다로(岡本太郎), 진순신(陳舜臣) 등이 참석했으며, 인사말을 한 다케우치 요시미는 《일본 속의 조선 문화》를 '일본에서 가장 혁명적인 잡지'라 칭했다.

《계간 삼천리》

그리하여 총련을 떠나간 지식인들의 활동이 각광받는 가운데 근대 한일관계사와 오늘날의 남북통일 문제도 시야에 넣은 종합 잡지 발간에 대한 기운이 높아진 가운데 1975년 2월, 《계간 삼천리》가 창간되었다. 김달수, 이진희 외에도 이철, 윤학준(尹學準), 박경식, 김석범, 강재언이 편집위원에 이름을 올렸다. 스폰서는 1970년대 초에 역시 총련을 떠난 서채원(徐彩源)이 맡았고 편집장을 이진희가 맡았다. 창간호 특집은 1974년에 한국 군사법정에서 사형을 구형받은 '김지하'였다. 이 잡지에 쏠린 재일 지식인의 현실 참여 자세가 드러나 있다. 일본의 신문들은 《계간 삼천리》의 간행을 호의적으로 소개했다. 창간호 발행부수가 무려 1만3천 부였으나, 곧 3천 부를 더 찍어야 했다.

총련은 《계간 삼천리》에 대해 "반동적 모략 잡지," "민족 허무주의"라고 중상을 퍼부었지만 이 잡지 간행은 순조롭게 이어졌다. 김달수, 이진희, 강재언의 한국 방문(1981년)으로 일부 편집위원들이 이탈했으나, 50

호(1987년 5월)로 종간될 때까지 자이니치 문화 운동의 중추를 계속 담당했다. 필자는 재일조선인에 한정되지 않고 여러 일본인 문학자, 연구자, 저널리스트들이 적극적으로 기고해 역사와 문화, 현실 정치에 대한 발신 등 그 내용도 다채로웠다. 특히 역사 연구에서는 조선반도(한반도) 역사 연구의 새로운 방향을 제시할 만한 갖가지 성과가 이 잡지를 통해서 등장했다.

이진희는 고대사 연구에 덧붙여 조선통신사 연구에서도 성과를 올렸고, 근대사에서는 강재언이 조선의 개화사상과 실학사상 연구에서 새로운 경지를 열었다. 강재언도 민전 시대부터 총련 시대에 걸쳐 전업으로 활동해 온 역사학자인데, 1968년에는 조직을 떠났고 그 뒤에는 일본의 조선 근대사 연구를 이끌어 가는 존재로 활약했다. 강제연행이나 재일조선인사 연구의 선구자라고도 할 수 있는 박경식도, 조선대학교 역사지리학부 학부장까지 지냈으나 1970년에는 그 역시 조직을 떠났다.

《삼천리》가 50호로 종간한 1987년, 《계간 재일문예 민도(民濤)》(1990년 10월호로 종간)가 이회성을 중심으로 역시 전 총련 소속이거나 총련에 가까운 그 세대의 문학자들에 의해 간행되었다. 이승옥(李丞玉), 양민기(梁民基), 종추월, 박중호(朴重鎬) 등의 문예 작품뿐 아니라 김찬정(金贊汀)의 다큐멘터리와 영화평도 이 잡지를 장식했다.

일본 이외의 남북조선과 중국, 소련에 사는 조선인 작가의 작품과 팔레스타인처럼 자립을 추구하며 싸우는 제3세계 민족운동과의 연대도 주제가 되었으며, 자이니치의 민족적 문예 운동을 세계사의 맥락에서 평가하려는 시도도 이뤄졌다.

다채로운 발신

1970년대 중반~1980년대는 《삼천리》와 《민도》(民燾) 외에도 계간 잡지와 동인지를 통한 사상, 삶의 방식, 생활 의식 등에 관해 2세와 3세들이 다채로운 발신을 시도했다. 일찍이 1973년에 《계간 마당》(1975년 6호로 휴간)이 김주태(金宙泰), 김양기(金兩基), 이승옥 외에 오병학(吳炳學) 같은 화가와 사진가들 참여하는 가운데 간행되었다. 1979년에는 《계간 창소리》(季刊 ちゃんそり)를 영화감독 오덕수(吳德洙)와 문예 평론을 중심으로 활동하고 있던 다케다 세이지(竹田靑嗣) 등이 간행했다. 1981년 8호 종간이라는 단명으로 끝났지만, 지면은 1세식 민족 규범에 대해 독기를 머금은 야유와 이의 제기로 넘쳐나, 전후 세대의 독자적인 표현 매체로서 한 시대의 획을 그었다고 할 수 있다.

1987년에는 '재일동포의 생활을 생각하는 모임'(1984년 결성)을 모체로 전 총련 활동가 김규일(金奎一), 작가 정윤희(鄭潤熙) 등이 《우리 생활》을 간행, 거의 1년에 한 권씩 내면서 결혼과 취직, 귀화 등 생활에 밀착한 특집을 계속 내보내며 1999년(14호)까지 이어 갔다. 1989년에는 《삼천리》를 계승하여 역시 이진희를 편집장으로 《계간 청구》가 간행되었다. 편집위원에는 강상중(姜尙中), 사토 노부유키(佐藤信行), 위양복(魏良福)을 비롯한 젊은 층이 참여해 25호(1996년)까지 이어 갔다.

1990년에 들어서면 《삼천리》 편집위원을 거쳐 자신이 출판사를 차린 고이삼(高二三)이 무크지 《호르몬 문화》(ほるもん文化, 1990~2000년)를 간행했고 강상중, 조경달(趙景達), 정아영(鄭雅英), 박일(朴一) 등이 논진을 폈다. 그리고 역사가 정조묘(鄭早苗)를 중심으로 1970년대 이래의 자이니치 권익옹호 운동 흐름에서 생겨난 《계간 Sai》(1991~2010년), 르포 라이터 고찬유를 중심으로 1991년부터 월간지가 된 《미래》(1997년

재일조선인들이 발신한 다채로운 잡지들

종간) 등이 간행되었다.

《호르몬 문화》에는 김영(金榮), 박화미(朴和美), 김조설(金早雪), 김창생(金蒼生) 등 젊은 세대의 여성 작가나 연구자도 집필했지만, 1991년에는 오문자(吳文子) 등을 중심으로 여성 문예지 《봉선화》가 간행되어 이중 삼중으로 억압당하는 자이니치 여성들의 '신세타령'을 끈질기게 써 나갔다. 동인으로는 김마스미(金眞須美), 김계자(金啓子), 이우란(李優蘭)처럼 문학상을 받아 문단에 데뷔한 작가들도 있었다(2006년에는 고영리高英梨, 오문자, 이미자李美子, 박화미 등이 자이니치 여성문예협회를 발족했다. 이 협회가 문예 종합지 《땅에 배 저어라─자이니치 여성문학》(地に舟をこげ─在日女性文学)을 발행하고 있다).

잡지 창간호가 1만6천 부라는 옛날 《삼천리》의 영광은 아득히 멀어지고, 1990년대가 되면 일본 사회 전체의 활자 이탈이나 미디어 다양화로 잡지라는 형태의 표현 매체 존립이 점점 어려워진다. 폐간이나 축소가 불가피해진 잡지도 많고, 1990년대 후반 이후는 새 잡지 발행도 지지부진했다. 3세가 표현자로 떠오르면서 표현 주체의 다양화와 개별화도 진행되었다. 잡지를 통한 표현 활동의 정체는, 일정한 역사적 특질이나 지향성을 지닌 집단으로서 '재일조선인'을 논하는 것 자체가 어려워지는 시대 상황도 반영되어 있다.

'제3의 길'을 둘러싸고

1960~1970년대 재일조선인 사회의 구조 변화는 당연히 재일조선인의 존재 방식이나 운동 방향을 둘러싼 논의를 분출시켰다. 이미 지역사회에 뿌리를 내린 권익옹호 운동 흐름이 재일조선인 운동을 둘러싼 새로운 방향을 시사했고, 1세 가운데에서도 그런 권익옹호 투쟁을 재일조선인 문제의 구조적 변화 속에서 좀 더 의식적으로 자리매김하려는 논의가 나타났다(강재언, 〈재일조선인 65년〉, 《계간 삼천리》 8호 등).

1970년대 후반부터 1980년대 중반에 걸친 시기는 재일을 둘러싼 사상이나 논의의 전환기였고, 이 전환기를 둘러싼 논쟁의 시대이기도 했다. 크게는 세 차례에 걸쳐 논쟁이 벌어졌는데, 각기 재일의 존재 방식이나 미래를 향한 투쟁 방향을 제대로 설정하는 데 중요한 나침반이 됐다.

첫 논쟁은 자이니치의 인권 옹호를 위해 싸워 온 일본인들 사이에서 일어났다. 논쟁의 무대가 된 《조선연구》는 1961년에 조선 문제를 일본인 처지에서 연구할 목적으로 설립된 일본조선연구소가 발행하고 우쓰미 아이코(內海愛子), 가지무라 히데키, 사토 가쓰미, 후지시마 우나이(藤島宇內), 데라오 고로(寺尾五郎), 오자와 유사쿠(小澤有作) 등 조선 문제에 관여하는 비중 있는 일본인 연구자들 거의 대부분을 망라했다.

논쟁은 1977년, 사토 가쓰미를 비롯한 일본 조선연구소의 주요 멤버

다섯 사람이 연명으로 발표한 〈자립적인 관계를 위하여〉(172호)가 불을 붙였다. 사토 가쓰미 등이 1970년대의 자이니치 정주화(定住化)의 진전을 토대로, 재일조선인은 "공화국(북)이나 한국 이상으로 일본에서의 삶을 더 진지하게 모색해야 한다"고 하자, 역시 일본 조선연구소 멤버인 가지무라 히데키가 이 견해를 비판하는 논평을 《조선연구》(176호)에 발표했다. 가지무라는 자신의 견해가 사토 등에 대한 비판이라면 당연히 예상되는 통일 중시(본국 지향)라는 의미에서 그 전형은 아니라는 점을 분명히 하면서, 오히려 그런 양자택일의 관점 자체에 이의를 제기했다. 논쟁은 왕복 두 차례에 걸쳐 진행된 뒤 논점이 거의 다 드러나 버렸고, 중요한 조선인들의 참가가 이뤄지지 않은 탓에 종결되었다.

논쟁은 재일조선인 내에서도 막연한 형태로 품고 있던 '재일 지향' 심정이나 기운을 공개 논의의 도마 위에 올렸다는 점에서 새로운 '재일론'의 출발점으로서 의미를 띠고 있었다. 사토 가쓰미는 1980년대에 들어 자이니치의 동화가 '자연스런 흐름'이라고 주장하는 등 히타치 투쟁을 벌이던 시대와 달리 크게 변모하게 되는데, 사토가 다섯 사람의 연명으로 제기한 '재일 지향적' 사고방식은 그 뒤 '제3의 길'이라는 주장으로 정식화되었다고 할 수 있다. '제3의 길'라는 말은 간사이 지역에서 베트남 반전운동 등에 관여해 온 이누마 지로(飯沼二郎)가 쓰루미 슌스케(鶴見俊輔)와 함께 발행하고 있던 잡지 《조선인》(17호, 1979년)에서 김동명(金東明, 가명)과 대담이라는 형식으로 제시한 생각이다. 이누마는 그 뒤에 그 논지를 이렇게 요약했다(이누마 지로 편,《재일 한국·조선인》).

일본에서 태어나 자란 2세 이하의 사람들 중에는 일본에 정주하겠다는 의지를 지닌 사람들이 많다. 이 현실을 제대로 인식하자. 그러나 귀화

할 의지는 없다. 일본 사회 속에서 조선 민족으로서 민족의식을 확실히 지닌 채 살아가고 싶다. 그러기 위해서는 조국과 유대를 견지해야 한다. 만일 유대의 끈을 놓아 버린다면 이미 일본 사회 속에 동화되어 버릴 수밖에 없을 것이다.

조국과의 '유대'를 강조한 뒷부분은 제3의 길을 둘러싼 논쟁을 빠져나가는 과정에서 다시 한 번 강조된 것이다. 그 주장은 동화도 본국 지향도 아닌 제3의 길, 즉 민족성을 유지하면서도 일본에서 시민적 권리 획득을 중시하는 주장으로 받아들여졌고, 이에 대한 반향은 적지 않았다. 김시종은 히다카 로쿠로(日高六郎), 쓰루미 슌스케 등이 참가한 잡지 《조선인》의 좌담회(18호)에서, 그것이 본국과의 관계로 자리매김될 수밖에 없는 '재일'의 적극적인 존재 의의를 애매하게 만들고 "거꾸로 민족성을 흐트러뜨린다"고 비판했다. 직접 '제3의 길'에 대해 언급한 것은 아니지만, 1981년에 《'재일'의 사상》을 낸 김석범도 "일본 사회에 정주하는 사람으로서 재일조선인의 주체를 지니고 귀속한다"는 것을 강조하면서도 "남과 북을 넘어 통일을 향한 전체적인 관점을 지닐 수 있는 점"에 재일의 "창조적인 성격"이 있다면서 재일의 존재 의의를 '통일 조국'에 '귀속'한다는 점에서 찾았다.

'방법'으로서의 재일, '사실'로서의 재일

김석범의 《'재일'의 사상》은 그 무렵 젊은 연구자로서 두각을 나타내고 있던 강상중에 의해 '방법으로서의 재일'로 좀 더 말끔하고 세련된 논의로 다듬어졌다(〈재일의 현재와 미래 사이〉, 《계간 삼천리》 42호, 1985년). 강상중은 그 무렵 지문날인 거부 운동 쪽으로 전개되고 있던 재일의 '인권·시민권 획득 싸움'의 의의를 인정하면서도, 그런 싸움이 '조선계 일본 시민'이라는 운동으로 나아가려면 "일본 사회와 국가의 정신 구조까지 포함한 근원적인 전환이 없는 한" 실현 불가능하며 "그것을 넘어서기 위해서는 역시 그 흐름을 조국을 향해 정위(定位)시키지 않으면 안 된다"고 주장했다. 나아가 "내 생각에 그것은 '재일'과 일본, 그리고 분단 조국 쌍방이 공통의 역사적 과제로 안고 있는 것을 제대로 보고 거기에 대한 태도 결정을 축으로 삼고, 간접적으로 조국을 지향하는 것을 의미한다"고 했다. 거기서 강상중이 문제로 삼고 있는 것은 이른바 "민족들의 문화와 인간적 가치의 서열"이 뒤따르는 근대의 위계적인 가치관과 질서 그것이며, 일본 사회를 규정하는 "사이비 문명의 억압 구조"도 거기서 비롯되는 셈이 된다. 강상중의 입장에서 보자면, '조선계 일본 시민'으로서 권익옹호 운동은 본질적으로는 그런 질서나 억압 구조를 전제로 한 지위향상 운동이긴 해도 그것 자체를 부정해야 하는 것으로 보이진 않는다. '공통의 역사적 과제'라는 것은 근대의 '사이비 문명'이나 억압 구조 자체에 대한 저항을 의미하며, 강상중은 그런 싸움의 피안에 '조국'을 위치시켜 놓고 있다고 할 수 있다.

이 '방법으로서의 재일'을, 1970년대 권익옹호 운동의 조류를 상징하는 존재로 되어 있던 양태호(梁泰昊)가 '사실로서의 재일'을 대치시키는 형태로 비판했다('사실로서의 재일—강상중씨에 대한 의문'《계간 삼천리》 43호, 1985년). 양태호는 강상중이 "우리는 어디까지나 '외국인'이며 '조국'을 갖고 있다"고 하는 점에서 일본 사회 저변에 있는 다른 피차별자와 재일이 다르다는 것을 강조한 점을 두고 "심각한 문제라기보다는 차별"이라고 비판했다. 자이니치에게 권익옹호 운동을 "조국을 향해 정위시키자"고 하는 주장에 대해서도 "다른 종류의 '국수화(國粹化)'를 불러

올 위험"을 느낀다며, "마이너리티(소수자) 문제를 해결하기 위해 머조리티(다수자) 쪽으로 옮겨 가면 된다는 발상"이라고 비판했다. 이 점은 강상중이 말하는 '조국'이 피안이나 이념으로서의 '조국'이라는 점에서, 다소 논의가 빗나갔다. 강상중이 '조국'에 대한 지향을 얘기할 경우, 구체적으로는 그런 이념으로서의 조국 실현을 향해 가는 본국의 통일이나 민주화 운동과의 연대를 의미하고 있을 테고, 그 점에서 그것은 1970년대에 한학동이나 한청동의 반독재 민주화운동 조류에서 생겨난 논의의 도달점을 보여 주었다.

이에 대해 양태호는 정주라는 사실을 토대로, 반차별·인권옹호의 연대와 투쟁을 적극 펼쳐 나가는 것이 본국에도 영향을 끼치고 전체적으로 "'사이비 문명'으로부터 자유를 획득하는 방법"도 될 수 있다고 했다.

논쟁은 두 차례의 공방을 거치면서 본국 지향이냐 재일 지향이냐, 라는 단순한 양자택일론을 넘어선 지점에서의 쌍방 인식이 각각 제시되는 형태로 끝났다. 강상중은 "'재일'의 삶은 이른바 스펙트럼 형상으로 다양한 위상을 따라 연속"되어 있다는 것을 다시 한 번 확인한 위에, 그럼에도 역시 "바람직한 조국과의 유기적 관련 고리를 잃어버리지" 않도록 "스스로 위상을 극복하고 승화해 갈 것"을 주장했다. 이에 대해 양태호는 재일 2세에게는 확실히 "조국과의 연계를 의식"하고, "'조선인'이라는 문 앞에 서는 것이 '인간적' 해방으로 이어졌다," 하지만 3세에게는 "오히려 발상의 입구와 출구를 역전시켜서 '인간적'이라는 입구 쪽으로 들어감으로써 역사적 존재로서 조선인이라는 자신을 마주볼 수 있지 않을까"라고 결론지었다. 논쟁을 거치면서 양쪽 사이에 그다지 큰 틈은 없다는 사실이 확인되었다. 이런 점에서 1970년대 이후의 "2세들의 모색"이 도달한 지점을 얘기하는 것이기도 했다.

일본군 '위안부' 문제와 재일 사회

자이니치 2세의 모색과 사상의 전환은 자이니치 여성을 주체로 한 위안부 문제 관련 싸움 속에서도 나타났다. 전시 중 조선인 '종군위안부'의 존재는 1973년에 출판된 센다 가코(千田夏光)의 《종군위안부》(雙葉社) 등으로 알려져 있었으나, 싸움이 본격화한 것은 1991년에 한국 거주 '위안부' 피해자 김학순(金學順) 등이 도쿄 지방재판소에 제소하고 이 소식이 일본에서도 크게 보도되고 나서다.

한국에서는 1990년에 한국정신대문제대책협의회(정대협)가 조직되었다. 정대협의 활동은 그 무렵 한국에 유학하고 있던 자이니치 여성 야마시타 영애(山下英愛) 등을 통해 일본에도 전해져 자이니치 여성들을 주체로 '종군위안부 문제 우리 여성 네트워크'(간토), '조선인종군위안부를 생각하는 모임'(간사이) 등이 조직되었다. 1993년에는 '재일 위안부재판을 지지하는 모임'의 지원 속에 일본에 거주하는 '위안부' 피해자 송신도(宋神道)가 '사죄문 교부'와 '국회의 공식 사죄'를 요구하며 도쿄 지방재판소에 소송을 제기했다. 송련옥(宋連玉)은 그렇게 해서 그 시기에 '위안부' 문제로 활동한 자이니치 여성들의 특징으로, "기성의 민족조직과 어느 정도 선을 긋는 개인들의 모임을 중심으로, 차별 반대 싸움을 통해 획득한 민족·젠더·계급의 복합적인 관점을 갖고 있었던 점을 들 수 있다"(《재일 코리안 사전》在日コリアン辞典)고 한다.

야마시타 영애도 '위안부' 문제에서 젠더라는 관점을 중시한다. 예전에 한국 사회에서는 "여성은 집안의 아내나 어머니나 누이로서 '정숙한' 여자와 그렇지 않은 '더렵혀진' 여자로 이분되어", "'위안부'로 동원된 여성들은 피해자임에도 불구하고 이미 '민족'에게 필요한 '정숙한' 여성이 아니라는 이유로 후자에 속하는 것으로 여겨졌다"(《내셔널리즘의 틈새에

서》ナショナリズムの狭間で)고 한다. '위안부' 문제의 제기는 그런 '남성혈통 중심주의'에 대한 비판이나 패러다임 전환을 의미하는 것이기도 했다.

이 '남성혈통 중심주의'는 재일조선인 1세는 물론 전후 세대인 2세에게조차 뿌리 깊게 남아 있었다. 일본에서는 1970년대 후반의 안정 성장기 이후 '단카이(團塊) 세대'가 '뉴패밀리' 만들기를 시작하자, 부부는 물론 부모자식 관계조차도 같은 문화를 공유하는 대등한 '벗의 관계'가 될 정도로 가정 내의 인간관계 이미지는 쇄신되었다. 하지만 이런 '근대 가족'의 이미지는 재일조선인이 옛날부터 품고 있던 가부장적인 부권 의식이나 성별 역할분담 제도와 반드시 모순되는 것은 아니었다. '기업 전사'로 상징되듯 원래 일본의 고도성장 그 자체가 남편은 공적 존재로 바깥에서 일하고, 아내는 사적 영역에 머물면서 가사나 육아를 처리한다는 역할 분담을 전제로 추진된 것이다. 재일의 세계에서도 공적인 장에서의 지적 표현이든 '혁명가'의 사회운동이든 가정생활의 일상에는 거의 무관심하고 홀가분한 남자들이 주역을 맡아, 가정은 어차피 남자 업무의 후방기지라는 의식이 버젓이 통용되고 있었다.

자이니치의 '위안부' 문제 제기는 과거청산 투쟁임과 동시에 그런 남성 중심의 '천하·국가형' 발상이나 행동에 대한 비판이라는 의미도 담고 있었을 것이다. 하지만 '위안부' 문제를 식민지 지배 청산이라는 관점 이상의 문제의식으로 포착한 자이니치 남성들이 그렇게 많았다고 할 수는 없다. 2000년, 도쿄에서 일본의 '위안부' 문제에 대한 책임을 추궁하는 도쿄 여성국제전범법정이 개최되는데, 그 자리에 자이니치 남성들의 모습은 거의 없었다고 한다.

5장

글로벌 시대의 재일조선인

1. 다민족 사회로 변화하는 일본 사회

일본의 시민사회

일본의 고도 경제성장기는 자본주의 세계가 대체로 '황금기'라 일컫는 전례 없는 활황을 맞은 시기와도 겹쳐 있다. 이 시기는 사람들의 이동이 대규모로 이루어지는 글로벌 시대이기도 하다. 독일, 프랑스, 영국을 비롯한 선진국의 고도 경제성장도 이를 저변에서 받쳐 준 수많은 이민 노동자들의 존재를 빼놓고 얘기할 수 없다. 공업화는 사람들을 도시로 유혹했고, 서양 세계는 많든 적든 이런 도시화를 이질적인 민족성이나 문화의 도가니로 체험했다. 하지만 일본에서는 오히려 같은 시기에 지방의 문화와 생활양식이 중앙의 도시 표준에 맞춰 획일화되는 과정이 진행되었다.

패전 뒤의 일본은 전장에서 돌아온 귀환자나 제대군인, 농촌에 체류하는 과잉인구 등 갈 곳 없는 노동력으로 넘쳐나고 있었다. 전후 부흥에서 고도성장기에 걸친 급속한 경제 발전을 떠받친 것도 그런 잉여노

동력이었다. 이농, 타관 이주 돈벌이, 그리고 '금 달걀'(金の卵, 전후 일본의 고도 경제성장을 떠받친 중졸 학력 정도의 젊은 노동자들―옮긴이)에 이르기까지, 그 무렵 농촌에서 도시로 이주한 사람은 대략 1천만 명에 달했다고 하는데, 이런 인구의 유동화를 통해 일본인의 생활양식과 의식의 평준화가 한층 더 진행되었다.

1970년대는 이렇듯 등질적으로 통합된 일본 사회의 모습을 전제로 '이에(家) 사회,' '집단주의,' '아이다가라주의'(間柄主義, 사람들 사이의 관계를 중시하는 관념―옮긴이) 같은 이 사회의 특수성(일본다움)이 일본 성공 이야기의 비결로서 사람들 입에 오르내리기도 했다. 물론 이미 얘기했듯이 그런 일본에서도 1960년대 후반부터는 시민이나 주민의 입지, 곧 아래로부터 이의 제기 기운이 높아졌지만, 거기에서 생겨난 시민사회는 이질적인 타자가 함께 지역사회를 만들어 간다는 이념이 명백히 결여되어 있었다. 재일조선인들은 변함없이 지역사회의 이물(異物) 또는 기껏해야 국외자로서, 동화(同化)냐 이화(異化)냐 하는 양자택일의 삶을 살아갈 수밖에 없었다.

다민족·다문화 사회로

그런데 그처럼 완강하다고 할 정도로 폐쇄적이던 일본에도 어쩔 수 없는 변화의 물결이 밀려온다. 1980년대 후반 이후의 급격한 엔화 강세(엔고)와 동남아시아 국가들의 공업화·도시화에 따른 타관 이주 돈벌이 노동력의 거대한 풀(pool) 출현, 나아가 저출산과 고령화 시대의 전망 등에 눌려 일본도 외국인 노동자들의 대량 수용을 피하기 어렵게 되었다.

1970년대의 외국인 등록자 수는 60만 명대 후반에서 70만 명대 중반까지로, 일본 전체 인구에서 차지하는 비율도 0.7퍼센트 정도밖에 되지 않았다. 게다가 그 80~90퍼센트는 식민지 지배에서 비롯된 재일조선인들이었고, 일본인들이 지역사회의 일상에서 이문화를 배경으로 하는 외국인을 의식하는 경우는 거의 없었다고 해도 좋다. 그런데 [표 7]에서 보듯 1980년대 이후 외국인 등록자 수가 급증했고, 2005년에는 200만 명 선을 넘어 일본 사회는 날로 다민족·다문화 사회 양상이 짙어지고 있다.

이런 상황에서 재일조선인들이 대다수를 차지하고 있던 재일 외국인의 출신별 구성도 크게 변화했다. 1980년을 기점으로 가장 눈에 띄는 대목은 한국·조선적 외국인이 10만 명 가까이 감소한 데에 비해 중국·대만 출신자들이 10배 이상 불어난 점이다. 재일조선인과 마찬가지로 중국인들 가운데에는 전쟁 전부터 일본에 정착해서 요코하마나 고베, 나가사키에 중화가(中華街, 차이나타운)를 형성해 온 '올드커머'도 적지 않지만, 대부분은 일본 국적을 취득해 2010년의 특별영주자 수는 2,600명밖에 되지 않았다. '뉴커머'(new comer, 일본 사회에 새로 유입된 사람―옮긴이) 중국인의 급증은 중국이 개혁개방 정책으로 전환한 시점까지 그 연원을 거슬러 올라갈 수 있지만, 중국 국적을 지닌 재일 중국인들 가운데에는 주로 중국 동북 3성에서 온 조선족 주민들도 포함되어 있다.

조선족은 당초에는 취학이나 유학을 주요 목적으로 일본에 왔으나 유학생 다수가 일본 기업에 취직해 지금은 유학생뿐 아니라 IT(정보통신) 기술자, 기업가, 일반 종업원이나 회사원 등 그 체류 형태가 다양하고 그 수도 가족을 포함하면 5만 명에 이른다고 한다. 그리고 1990년 입관법 개정으로 국내에서 취업이나 전직에 제한이 없는 '정주자' 자격이 주어진 브라질, 페루 등의 일본계인이나 공연 등 흥행(興行) 자격자

[표 7] 체류 외국인(등록 외국인) 수의 추이(매년 말 현재, 단위: 만 명)

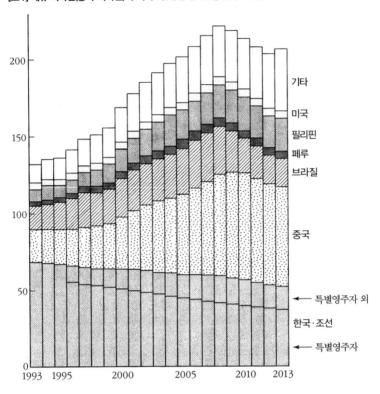

국적(출신지)별 체류 외국인(등록 외국인) 수 추이(단위: 명)

	1993년 말	2013년 말	증감수	배율
총수	1,320,748	2,066,445	745,697	1.6
한국·조선	682,276	519,740	-162,536	0.8
중국	210,138	649,078	438,940	3.1
브라질	154,650	181,317	26,667	1.2
필리핀	73,067	209,183	136,126	2.9
페루	33,169	48,598	15,429	1.5
미국	42,639	49,981	7,342	1.2
기타	124,819	408,548	283,729	3.3

법무성, 《재류(在留) 외국인 통계》

로 입국해서 지금은 일본인을 배우자로 삼고 있는 이들도 많은 필리핀 여성 등 다채로운 문화적 배경이나 역사에 뿌리를 둔 민족 집단이 일본 사회의 일상을 장식하고 있다.

외국인 정책의 변화

이런 가운데 재일조선인들에 대해서는 그때까지 동화냐 배제냐의 자세로 일관해 온 일본의 입관 행정도 바뀔 수밖에 없게 된다. 2000년에 책정된 '제2차 출입국관리 기본계획'에서는 옛 식민지 출신자에 대한 그때까지의 대우에 대해서는 시치미를 뗀 채 "일본인과 외국인이 원활하게 공존·공생해 가는 사회 만들기를 위해 노력해 나가겠다"고 천명했다. 그리고 2005년에는 총무성에 '다문화 공존 추진에 관한 연구회'가 설치되고 이듬해 3월에는 각 자치체의 다문화 공생 시책에 지침이 되는 '보고서'(《지역의 다문화 공생 추진을 위하여》)가 책정되기에 이른다.

그리하여 만일 제2차 세계대전 뒤부터 1950년대에 걸친 시기가 '국민화' 시대라면, 1980년대 중반 이후의 일본은 국민 관념이 흔들리는 시대로 특징지을 수 있을지도 모르겠다. 하지만 그런 '국민 관념의 동요'에 대한 반동이라고도 할 수 있는 움직임도 눈에 띈다. 특히 1990년대 중반 이후에는 '국민 의식' 바로 세우기와 내셔널리즘의 복권 움직임이 현저해진다. 글로벌화는 일본 사회의 다민족화를 촉진하면서도 민족적인 기억과 '국민'의 내용을 둘러싼 줄다리기를 새로운 차원으로 현재화시켰고, 그 귀추는 재일조선인들의 장래에도 어두운 그림자를 드리울 수밖에 없다.

만일 '재일조선인'을 식민지 지배에서 유래하는 한국·조선적 보유자(대체로 한국·조선적 특별영주자로서, 이른바 올드커머)로 한정한다면 그 수는 2001년에 처음 50만 명 선 아래로 내려갔고 그 뒤에도 1년에 거의 1만 명 안팎씩 줄고 있다. 말할 것도 없이 올드커머 감소의 첫 번째 원인은 일본 국적 취득, 이른바 '귀화'의 증대이다. 최근의 세대교체나 귀화 요건과 절차의 효율화* 등도 영향을 끼쳐 한국·조선적 귀화자 수가 눈에 띄게 증가해, 2013년 현재 누적 귀화자 수는 35만 명에 가깝다.

이런 귀화의 증대에다 일본인과의 '국제결혼' 증가도 특별영주자가 급격히 줄어드는 원인이 되고 있다. 1970년대까지는 두 쌍 가운데 한 쌍 이상이 재일동포들끼리 혼인했으나, 1980년대 이후 감소 일로를 걸어 2000년대에는 약 10퍼센트 수준으로까지 떨어졌다. 부모양계주의(父母兩系主義)로 국적법을 개정함에 따라 재일 남성과 일본인 여성이 혼인할 경우에도 그 아이는 일본 국적을 취득할 수 있게 되었다(21세 시점에서 한국적 또는 일본 국적을 선택하게 되는데, 대부분 일본 국적을 취득하고 있다). 법 개정이 이뤄진 1985에는 재일조선인이 일본인과 혼인하는 경우가 이미 전체의 70퍼센트에 달했다. 국적법 개정에 따라 1984년에 9,363명이었던 한국·조선적 출생자 수가 1985년에는 4,838명으로까지 줄었다.

김경득은 국적법 개정으로 일본 국적을 취득하게 되는 사람이 한 해에 약 4,500명이 될 것으로 추정했는데(김경득, 《신판 재일 코리안의 아이덴티티와 법적 지위》), 이에 다르면 국적법 개정에 따른 일본 국적 취득자가 오늘까지 10만여 명이나 되며, 1955년까지 거슬러 올라가면 일본인과 혼인하여 낳은 자식의 일본 국적 취득자는 20만 명이 넘는 것으로

---

* 예전에 귀화하려면 복잡한 절차와 2~3년의 기간이 필요했다고 하는데, 1990년대 이후 특별 체류 자격을 지닌 재일 한국인의 귀화 절차 사례들을 살펴보면 거의 1년여 만에 귀화 절차가 완료되고 있다(사카와 아키히로浅川晃廣, 《재일 외국인과 귀화제도》).

생각되고 있다. 여기에 귀화자를 더하면 재일조선인은 국적상 50~60만 명에 이르는 인구 손실을 경험한 셈이 된다. 최근 일본 사회의 국제화나 '한류'로 상징되는 일본인의 한국 인식 변화, 그리고 다문화 공생 기운이 어느 정도 높아지고 있는 가운데 민족명을 유지한 채 일본 국적을 취득하는 경우도 늘고 있지만, 일본 사회의 동화 압력은 여전히 뿌리 깊어서 그런 사례가 많다고는 할 수 없다.

한국인 뉴커머

계속 줄어드는 올드커머와는 달리 재일조선인 사회에 새로운 숨결을 불어넣고 있는 것이 한국인 뉴커머의 존재이다. 한국인 뉴커머가 늘기 시작한 것은 서울 올림픽 이후인 1989년에 한국에서 해외여행이 자유화된 무렵부터인데, 편의상 그 무렵 이후 일본에 온 한국인을 뉴커머, 그리고 전쟁 전에 일본에 온 조선인 또는 그 자손들을 올드커머로 구별할 수 있을지 모르겠다. 하지만 통틀어서 뉴커머라고는 해도 체류 형태는 사업이나 유학, 결혼 등 실로 다양하고, 영주나 정주 자격을 갖고 있거나 일본인이나 영주자의 배우자가 되어 일본 사회에 뿌리내린 사람도 7만여 명이나 된다.

그리고 제2차 세계대전 이후에도 밀항 등으로 일본에 와서 정착한 한국인도 적지 않으며, 그런 의미에서는 뉴커머와 올드커머의 경계는 그다지 명확하지 않다. 패전 이후 1950년대에 이르기까지 제주도 출신자를 중심으로 '밀항'을 통한 일본 도항이 끊이지 않았던 것은 앞에서 충분히 살펴보았다. 한일조약이 체결되고 정규 입국의 길이 열린 점, 1960년대 후반부터 궤도에 오르기 시작한 한국 고도성장의 영향 등으로 밀항자는 감소했으나 그래도 밀항자가 사라진 것은 아니다. 정규 입국의 길이 열렸다고는 하나 "절차가 번잡할 뿐 아니라 사실상 '밀항자'의 대다수를 점하는 10대 후반부터 20~30대가 가족을 다시 만나거나 취업할 목적으로 일본에 입국할 수 있는 방법은 닫혀 있었다"(앞의 책 《코리안 네트워크 미디어 이동의 역사와 공간》).

1989년에 해외여행이 자유화되자 마침내 3개월 친족방문 비자나 15일 관광비자로 도항하는 이가 늘고, '밀항'이라는 형태는 거의 없어졌다. 하지만 그래도 친족방문이나 관광비자로 입국했다가 체재 기간을 넘겨 장기간에 걸쳐 불법 체류하는 한국인도 적지 않다.

1950년대 이후 각 시기에 밀항해서 성공한 한국인들이 일본에서 결혼해서 자식을 낳고 일가를 이루게 되면 '밀항자'라는 무권리 상태에서 빠져나오기 위해 합법적인 체류 허가를 요청하러 법무 당국에 자진 출두했다. 허가를 얻지 못하고 가족 전부 강제 송환당하는 사례도 있었지만 일본에서의 정주 사실이 확인되면 떳떳하게 정규 체류 허가를 얻은 이도 있었다. 이런 '밀항자'를 포함해서 지금은 영주 자격을 가진 한국인이 6만 명에 달하며, 식민지 지배를 배경으로 한 올드커머는 아니지만 그렇다고 해서 뉴커머라고도 하기 어려운 고유한 층을 이루면서 자이니치 사회의 민족적 특질 재생산에 공헌하고 있다.

'조선시장'에서 '코리아타운'으로

전후 한국, 특히 제주도에서 온 '밀항자'들의 다수를 흡수한 곳은 오사카의 이카이노(猪飼野)*라고 불리는 지역이다. 고도성장기를 중심으

---

* 현재 이쿠노구와 히가시나리구(東成区) 일대 지역으로, 1973년에 '이카이노'라는 지명이 없어지고 쓰루하시(鶴橋), 나카가와(中川), 모모다니 같은 동네 이름으로 나뉘어졌다.

로 전성기에는 일본 전체 생산액의 60퍼센트를 차지한 이카이노의 '케미컬 샌달'(chemical sandal, 가죽이나 고무 바닥에 가는 끈으로 발등에 매도록 한 신발—옮긴이) 산업을 장악하고 있던 이들이 바로 이 '밀항자'들이었다. 예전의 이카이노를 포함한 지금 이쿠노(生野) 구의 한국·조선적 보유자 인구는 3만여 명(이쿠노구 전체의 20퍼센트 남짓), 그 80퍼센트 이상을 제주도 출신자들이 차지하고 있다. 특히 JR 모모다니(桃谷) 역에서 남쪽으로 500미터 정도 떨어진 지역 일대에는 예전에 이카이노 조선시장이라고 불린 코리아타운이 있고, 이 코리아타운을 중심으로 한 자이니치의 생활 세계도 뉴커머의 등장으로 크게 변모했다.

패전 뒤의 혼란 속에서 현재의 JR 쓰루하시 역 부근에 오사카 최대 규모의 암시장이 형성되어 일본인, 조선인, 중국인이 함께 번성했던 '국제 시장'이 되었는데, 거기서 그리 멀지 않은 '조선시장'도 특히 설날이나 추석 무렵이 되면 수많은 구매자들로 흥청거렸다.

고도성장기를 거쳐 이 조선시장으로 오는 고객의 발길이 줄어들기 시작한 것은 이미 얘기했지만, 1980년대에는 슈퍼마켓 같은 대형 점포의 진출로 일본 각지에서 상점가가 쇠퇴하는 경향이 있어, 조선시장은 물론 그 부근의 일본인 상점가도 쇠퇴가 뚜렷해졌다. 이런 가운데 지역의 자이니치 청년 단체와 일본인 청년 단체가 지역 재생을 위해 공동으로 '코리아타운 구상'을 제창하게 되었고, 오사카 시의 행정 지원을 받아 이 구상이 1991년에 구체화된다.

1980년대는 일본인의 타자 인식에 변화 조짐이 일기 시작되는 시기이다. 한국에 대한 관심도 그때까지는 정치와 경제 같은 딱딱한 분야에 있었으나 그 이후 요리, 음악, 영화 등 소프트한 대중문화를 중심으로 한 쪽으로 쏠리기 시작한다. 1980년대 초에는 조용필이 부른 〈돌아

관광 명소가 된 이카이노

와요 부산항에〉가 크게 히트했고, 1984년에는 NHK에서 '한글 강좌'가
개설된다. 세키카와 나쓰오(關川夏央,《서울의 연습문제》, 1983년)나 요모
타 이누히코(四方田犬彦,《안녕 서울》, 1986년) 등 한국을 보통의 외국으
로 바라보는 전후 세대의 언설도 주목받게 되고, 1988년 서울 올림픽
을 전후한 시기에는 한국의 대중문화가 '한국 붐'이라는 형태로 일본 사
회에 수용되었다.

　코리아타운 구상은 이 제1차 '한국 붐'이라고도 할 수 있는 일본 사회
의 기운에 대응해서 고객을 재일조선인이나 뉴커머 한국인들에 한정되
지 않는 폭넓은 층으로 확대하려는 전략이었다. 2000년대 이후에는 한
류 붐을 타고 코리아타운은 간사이 지방의 관광명소로 번성하게 된다.
코리아타운을 둘러싼 일대는 민단, 총련의 각 지부들, 재일대한기독교회
와 한국계 불교 사찰 등의 종교 시설, 재일 고령자 시설, 그리고 민족학
교 등이 점점이 퍼져 있다. 거기에서는 올드커머 재일조선인들을 비롯

해 한국적 뉴커머, 중국 조선족, 귀화한 자이니치 등 저마다 다른 배경을 지닌 코리안들이 경제활동에서 문화 교육, 정보 교환, 민족 마당이나 축제, 나아가 관혼상제에 이르는 다양한 활동과 행사를 통해 21세기 자이니치 세계의 핵심을 이루는 관습이나 문화를 지키고 있다.

최대의 코리아타운 오쿠보

뉴커머 한국인이나 중국 조선족 등을 새로운 주민으로 받아들이면서도 오사카(부)에서는 한국·조선적 보유자(약 118,000명) 가운데 올드커머, 곧 특별영주자(약 10만 명)가 차지하는 비율(약 84퍼센트)은 여전히 높다.

이에 대해 도쿄에는 사업 기회를 찾아 수많은 한국인 뉴커머들이 유입되어 특별영주자 비율을 넘어서게 되었다. 그리고 도쿄에서도 한국인 뉴커머가 가장 많은 곳은 신주쿠 구(新宿区. 한국·조선적 인구는 1만 4천 명 남짓)이고, 이 신주쿠 구에는 코리아타운으로서 일본 최대라고 할 수 있는 오쿠보(大久保) 지구(오쿠보 1, 2초메丁目, 햐쿠닌초百人町 1, 2초메)가 있다. 오쿠보 지구는 1990년에는 10퍼센트 남짓이던 외국인 인구가 2000년에는 4명에 1명, 오늘날에는 3명에 1명을 차지할 정도로 늘어났으며, 오쿠보 1초메는 절반 가까이를 외국인 주민들이 차지하고 있다. 거기에는 200곳이 넘는 한국 요리점을 비롯해서 한국 상품을 파는 편의점, 한국식 중국요리점, 한국 교회, 절, 미용실, 정보잡지 출판사, 한국 잡화, 한류 상품, 화장품, 점술에 이르기까지 실로 일본 속의 한국을 체감할 수 있는 상점가들을 볼 수 있다. 일본과 조선반도의 관계사를 알기 쉽게 전시한 '고려박물관' 같은 문화 시설도 있고, 2002년 한일 월드컵 무렵에는 '대한민국'을 외치는 붉은 인파가 거리를 뒤덮었다.

일본 최대의 코리아타운 오쿠보

급증하는 외국인 주민에 대한 호스트(host, 원래 손님을 초대한 주인을 가리키나 여기선 일본—옮긴이) 사회의 반발은 이 오쿠보 지구에서도 적지 않았으나 월드컵 공동개최와 뒤이은 한류 붐은 그런 마찰을 크게 완화했다고 한다. '외국인과 함께 하는 신주쿠 구 마을 만들기 간담회'(1992년 결성) 등 일본의 시민단체도 외국인과 공생을 지향하는 지역 만들기를 시작했고 한국인 뉴커머도 호스트 사회와 협동하려고 의식적으로 노력해 왔다고 한다. 오사카의 코리아타운이 그랬던 것처럼 원래 오쿠보 지구라는 지역사회의 재생 자체가 새로운 외국인 정주자의 존재를 빼놓고는 생각할 수 없게 된 것이다.

1989년 한국의 해외여행 자유화가 '뉴커머 원년'이라고 한다면, 벌써 20여 년의 세월이 흘러, 그들 다수는 '뉴커머'라는 말이 이미 부자연스러울 정도로 일본 지역사회에 정착했다. 이카이노에서는 그런 뉴커머가 올드커머의 생활 세계와 마찰 및 융합을 거듭하면서 세월과 함께 고유한 관습이나 문화를 지닌 생활권이 형성되어 왔다고 할 수 있다. 하지만 오쿠보에서는 올드커머의 그림자가 아주 엷다. 글로벌화 속에서 '자이니치 코리아'의 세계가 다채롭게 재편되는 가운데 식민지 지배에 뿌리를 둔 '재일조선인'의 의미를 다시 물어야 할 상황이 되고 있는 것이다.

자이니치 단체와 조직의 변모

뉴커머의 유입은 재일조선인들의 조직과 운동에도 큰 변화를 가져다주었다. 무엇보다도 일본에 새로 정착한 한국인의 이익을 대표하는 단체 설립 수요가 발생함에 따라 오쿠보 지구에 사는 뉴커머 상점주들을 중심으로 2001년에는 '재일본한국인연합회'(한인회)가 정식으로 탄생했다. 회원은 주재원이나 경영자가 많고, 설립 목적은 회원 상호간에 친목을 꾀하고 모국어 교육과 일본 지역사회에 대한 공헌 등을 내걸었다. 기존의 두 민족 단체(총련과 민단)가 엄중한 남북 대치를 배경으로 정치적 이념을 내걸고 조직을 만든 데 비해 한인회는 비정치적인 친목 단체를 표방하고 있다.

지방에서는 민단에 참가하는 뉴커머도 적지 않다. 미군기지 종업원으로 장기 체류하는 한국인이 많은 오키나와에서는 이미 1990년대부터 민단 직원이나 사무원을 뉴커머가 맡게 되었고, 야마나시 현에서는 귀금속 가공업 등에 종사하는 뉴커머가 민단 단원의 절반 이상을 차지하게 되었다고 한다. 신주쿠에서도 뉴커머가 부단장을 맡고 있고, 오사카 이쿠노에서는 1950년대부터 1960년대에 걸친 '밀항조'가 민단에서 중요한 역할을 담당하고 있다(《통일일보》 2008년 1월 30일). 원래 민단을 떠받쳐 온 것은 불고기, 샌달, 고철업, 파친코 등을 생계수단으로 삼은 1세 자영업자들이었으나 전후 60년이 지나면서 1세의 다수가 세상을 떠났고, 2세와 3세 중에는 일본 기업 등에서 회사원이 되어 자이니치 사회로부터 떨어져 나간 이들도 많다.

원코리아 페스티벌 포스터(2014년)

뉴커머의 민단 참여는 한국의 언어나 습관을 잘 모르는 2세나 3세의 민단 이탈을 한층 더 촉진했을 것이다. 그런 가운데 뉴커머의 수용과 협동은 민단 조직의 존속 그 자체에 없어서는 안 될 요소가 된 것이다.

한편 이런 뉴커머를 보충하기도 어려워진 총련은 최근 쇠퇴 일로를 걷고 있다. 조선적 보유자는 1990년대 초에는 20퍼센트까지 줄었고, 그 뒤로는 재일조선인의 국적상 내역이 밝혀져 있지 않다. 1970년을 전후한 절정기에는 4만6천 명을 헤아리던 전국 각지의 조선학교 학생 수가 지금은 1만 명을 밑돌 정도로 줄었다. 물론 이런 총련의 쇠퇴는 북조선의 인권 상황이나 경제적 곤란, 납치 문제와 총련 간부들의 불상사 등이 크게 작용하고 있다. 일찍이 이상향이라고들 했던 북조선 이미지의 실추는 자이니치 2세와 3세의 귀화와 동화를 촉진하는 요인이 되기도 했다.

민족교육의 위기는 뉴커머의 자녀교육에 더욱 심각한 영향을 끼치고 있다. 전국에 한국계 학교는 백두학원(건국고등·중·소학교) 등 4개교밖에 없고, 일본에 주재하는 외교관이나 상사맨의 자녀들이 주로 다니는 도쿄한국학교는 이미 포화 상태로, 많은 지역에서 뉴커머는 일본 학교에 다닐 수밖에 없다고 한다.

이런 가운데서도 21세기의 자이니치 코리안의 삶을 상징하는 새로운 숨결도 생겨나고 있다. '원코리아 페스티벌,' '사천왕사(四天王寺) 왔소,' 각 지역의 민족 마당, 코리아 NGO, KEY(재일청년연합), KIS(코리아국제학원) 등 남북 이데올로기나 일본에서의 거주 이력 장벽을 뛰어넘는 문화·교육·조직 운동이 각지에서 전개되고 있는 것이다. 본국과의 접점이나 교류를 중시하면서도 본국 정부에 종속되거나 하청을 받지 않고, 일본 사회에서 참여나 책임을 자각하고 지역 주민과 공생·공존하겠다는 것이 그런 활동에서 공유되는 암묵적인 원칙이 되어 있다.

2. '국민의 논리'를 넘어서

새로운 내셔널리즘

글로벌화에 따른 일본인의 타자 인식 변화는 과거 침략이나 식민지 지배에 대한 '역사인식'의 변화로도 이어졌다. 1991년에는 일본의 침략 행위를 "엄중하게 반성한다"는 가이후 도시키(海部俊樹) 총리의 싱가포르 연설이 있었고, 1993년에 집권한 호소카와 모리히로(細川護熙) 비자민당 연립내각 때는 '침략 행위'와 '식민지 지배'에 대한 반성이 총리의 소신 표명 형태로 공표되었다. 그리고 그런 흐름이 아시아 침략과 지배에 대한 "통절한 반성"과 "진심 어린 사죄"가 표명된 1995년의 '무라야마 담화'로까지 이어졌다. 구보타 발언 무렵부터 30여 년에 걸쳐 마침내 식민지 지배 반성과 가해자로서의 자각이 국민적으로 널리 공유되게 되었고, 재일조선인들에 대한 시선과 정책도 변화하기 시작했다.

'무라야마 담화'가 발표된 1995년, 하시모토 다이지로(橋本大二郎) 고치 현 지사가 "재일 한국·조선인들의 공무원 진출 문호 개방을 진지하게 생각한다"는 발언이 나왔고, 이듬해에는 가와사키 시가 정령시(政令市, 정령으로 지정하는 인구 50만 이상의 시로, 대도시에 해당한다—옮긴이)로서는 처음으로 채용 뒤의 임용 제한을 전제로 하긴 했지만 국적 조항의 원칙적인 철폐를 단행했다. 고치, 가나가와, 오키나와, 오사카 등의 부현(府県)이 그 뒤를 이었고, 2000년 말까지 9부현, 8정령시에서 국적 조항의 '원칙 철폐'가 실현되었다. 고도성장기의 사회변동을 거치면서도 변함없이 굳게 닫혀 있던 지역사회의 존재 방식에 대한 반성이 마침내 이뤄지게 된 것이다.

하지만 '과거사 반성'은 일본의 '근대' 자체를 부정하는 것으로 연결되고 나아가 일본인의 정체성조차 흔들릴지도 모른다는 위기감이 일본 사회의 저류를 형성하기 시작한 것도 이 1990년대 중반부터이다. 1993년의 호소카와 총리의 소신 표명에 대해서도 야스쿠니 신사의 '국가 호지(護持)'나 '공식 참배'를 내건 일본유족회는 총리의 발언을 "도쿄재판 사관에 물든 자학적 발언"이라고 규정했다. '국회 결의'와 '무라야마 담화'를 거친 1996년에는 자민당 보수파 의원 116명이 '밝은일본국회의원 연맹'을 결성하고 "침략 국가로서 죄악시하는 자학적인 역사인식과 비굴한 사죄 외교에는 동조하지 않겠다"(취의서)고 선언했다. 일본의 새로운 내셔널리즘을 상징하는 '자유주의사관연구회'가 만들어진 것도 같은 해의 일이며, 1997년에는 '새로운 역사교과서를 만드는 모임'도 결성되었다. 일본판 역사 수정주의의 대두였다(아라이 신이치,《역사 화해는 가능한가—동아시아에서의 대화를 추구하며》).

글로벌화에 따른 타자의 수용은 항상 타자에 대한 반발과 서로 얽혀 착종된 기류를 만들어 낸다. '잃어버린 20년'이라는 경제의 장기 침체 속에서 사람들은 마음 둘 곳 없는 상실감에 시달렸고, 민족·전통·애국이라는 낡은 내셔널리즘을 다시 불러들이려는 듯도 하다.

2006년에는 '교육기본법'이 전면 개정되어, "일본의 전통·문화 존중, 향토나 나라를 사랑하는 마음"의 육성을 교육행정의 기본 가운데 하나로 삼는다는 내용이 명기되었다. 그 뒤에도 리먼 쇼크(2008년 세계 금융 위기를 부른 미국의 비우량주택담보대출 연쇄 부실화로 이어진 대형 투자은행 리먼브러더스의 파산에 따른 충격―옮긴이)와 정권 교체, 동일본대지진, 중국·한국과 영토를 둘러싼 갈등, 북조선의 핵실험 등 정치·경제·외교의 혼미가 이어지는 가운데 사람들은 점점 내향적으로 바뀌었으며, 일부에서는 편협한 내셔널리즘을 내세운 타자 배격 심리도 잔뜩 깔려 있었다. 그런 기운은 자치체가 독자적으로 지원해 온 조선학교에 대한 보조금의 삭감과 조선고교 등을 취학 지원금 대상에서 제외한 정부의 조치 등 자치체와 중앙정부의 재일조선인 정책에도 적지 않은 그늘을 드리우고 있다.

'국민의 논리'를 넘어서

'무라야마 담화'나 하시모토 고치 현 지사의 공무원 문호개방 발언이 나온 1995년은 정주 외국인의 지방 참정권을 둘러싼 헌법판단이 제시된 해로서도 기억되어야 한다. 이해 2월 최고재판소는 "거주하는 구역의 지방 공공단체와 특별히 긴밀한 관계를 맺고 있는" 영주 외국인은 "그 의사를 일상생활에 밀접한 관련을 지닌 지방 공공단체의 공공적 사무 처리에 반영시켜야 하며, 법률로써 지방 공공단체의 장, 그 의회 의원 등에 대한 선거권을 부여하는 조치를 강구하는 것은 헌법상 금지되어 있지 않다"는 판단을 제시했다.

요컨대 일본의 헌법은 정주 외국인이 지역사회의 의사 형성에 참가하는 것을 금지하고 있지 않다는 것이다.

고령자의 무연금 문제나 민족교육 등 여전히 문제는 남아 있지만, 재일조선인을 둘러싼 제도적 차별이 1980년대까지 크게 개선된 점은 인정해야 한다. 외국인 차별의 상징이라고도 할 수 있는 지문날인 제도도 1993년에는 영주자에 대해서는 폐지되었다. 그런 가운데 1990년대에 재일조선인들 앞에 놓인 '최후의 고지'라고도 할 수 있는 과제로, 공무담임권과 지방참정권 문제가 남았다고 할 수 있다.

공무담임권이든 지방참정권이든 국민의 논리가 일본 사회는 물론 재일조선인들 쪽에서도 강고하게 뿌리를 뻗고 있던 1960년대까지는 거의 문제로 의식되지도 않았던 과제들이다. 그런데 이미 말했듯이 1970년대부터 자치체가 재일조선인의 처우 문제를 '주민' 또는 '시민'이라는 관점에서 재고하려는 움직임이 나타났고, 가와사키에서 시작된 지방 공무원의 국적 조항 철폐가 이윽고 전국의 자치체들로 확산되었다. 하지만 국적 조항의 '원칙 철폐'를 실현한 이른바 '가와사키 방식'은 국가에서 얘기하는 제약 기준('공권력 행사' 또는 '공적 의사 형성'에는 외국인이 관여할 수 없다는 기준)을 근거로 이 기준에 저촉되지 않는 범위 내에서 임용한다는 것이다(전 직종의 약 80퍼센트). 즉 이런 점에서, 지방 공무원의 담임권은 결국 넓은 의미에서의 참정권 문제이기도 하며, 이 남겨진 최후의 장벽에 대해서는 선진 자치체라고 하더라도 지방 참정권 문제와 연동해서 다루지 않을 수 없는 것이다.

그리하여 1990년대의 재일조선인의 법적 지위를 둘러싼 논점은 지역 사회에서 '참여'를 둘러싼 문제로 수렴되고 있었고, 1998년 이후 '영주 외국인 지방 참정권 부여 법안'의 국회 제출이 주로 야당에 의해 되풀이되어 왔다. 그리고 마침내 2002년에는 자민당과 연립한 공명·보수 양당, 즉 여당에 의해 법안이 중의원에 상정되기에 이르렀다.

하지만 1990년대의 역류와 반동은 이 참정권 문제에도 그늘을 드리웠다. "참정권은 국정·지방을 불문하고 국민 고유의 권리"라는 일부 자민당 의원과 학자·저널리스트들의 반발이 졸지에 고조되면서 실현까지 "앞으로 한 발자국" 단계에서 법안은 무산되었다.

거꾸로 다음해인 2003년에는 특별영주자에 대해서는 법무성 재량의 여지없이 신고만으로 일본 국적을 준다는 '국적취득완화 법안'('특별영주자 등 국적 취득의 특례에 관한 법률안(가칭) 요강안')이 여 3당에 의해 마련되었다. 이 일견 고마워해야 할 법한 법안도 사실은 내셔널리즘의 역류와 반동의 문맥에 뿌리를 박고 있다. '지방선거권부여 법안'이 '국민'의 논리를 넘어선 '주민'의 논리 위에 선 것이라면, 이는 '일본 국민'을 다시 정의함으로써 재일조선인 문제의 '해소'를 꾀하려는 것이다. 사카나카 히데노리(坂中英德) 전 도쿄 출입국관리국장이 이 '국적취득완화 법안'과 궤를 같이하는 재일조선인의 일본 국적 취득을 위한 '국민운동'을 주창한 것도(〈자이니치는 조선계 일본 국민으로 가는 길을〉, 《주오고론》中央公論, 2003년 7월호) 같은 문맥에 뿌리를 박고 있다고 할 수 있다. 그것은 '다문화 공생'의 이념을 국민의 틀 재정의와 이중화를 통해 왜소화하려는 것과 다를 바 없으며, 개편된 '국민'의 논리를 통해 뉴커머와 올드커머 사이에 넘기 어려운 장벽을 세우는 것으로도 연결된다.

물론 역사의 경위로 보건대 올드커머 재일조선인들이 일본 국적을 취득하는 것은 당연한 권리라고 할 수 있다. 하지만 국적 선택권을 부여하는 것과 재일조선인들을 특정 국적으로 가둬 넣으려고 하는 것은 전혀 다른 문제이다. 그 차이는 작아 보이지만, 실은 국민국가를 둘러싼 이 시대 조류의 심각한 균열을 반영하고 있다.

국경을 넘나드는 재일조선인

재일조선인의 동화나 '귀화로의 눈사태 현상'은 조선반도 남북 양쪽의 재일조선인에 대한 시각 및 정책과도 적잖이 관련되어 있다. 1장에서 언급한 '조선 호적령'은 해방 뒤의 미군정 하에서도 계승되어 1948년 5월의 '국적에 관한 임시조례'나 그해 12월에 제정된 부계 혈통주의에 토대를 둔 국적법상의 '한국인' 기준으로 사실상 그 유효성을 유지했다. 1951년의 한일회담 예비 교섭에서도 한국 쪽은 이런 국적법을 근거로 "재일 한인들이 대한민국 국민이라는 사실"을 확인하라고 강하게 요구했다(요시자와 후미토시, 《전후 한일관계 국교정상화 교섭을 둘러싸고》).

전후 한국에서는 외국인 주민의 국적 취득 장벽도 두터워, 5년 이상의 체류 실적과 '품위,' 그리고 '독립적 생계' 가능 여부 등이 국적법에 규정되어 있는 외에도, 법무부의 국적 업무 처리 지침에는 면접과 필기시험을 통해 한국어 능력과 풍습에 대한 이해 등 '국민으로서의 소양'을 시험받도록 되어 있었다. 이런 사회에서는 재일조선인이 재일조선인으로서 있는 그대로 받아들여질 여지는 거의 없었다.

한국 정부는 국내 유일의 이문화 집단이라고도 할 수 있었던 화교(華僑)들의 국적 취득을 거의 허용하지 않았을 뿐 아니라 무역·외환이나 토지 취득과 관련해 화교들을 심하게 차별함으로써 그들을 몰락으로 내몰았다. 그래서 1970년대 중반에는 수많은 화교들이 한국을 떠날 수밖에 없었다. 그 결과 한창 많을 때는 10만 명 수준이었던 그 인구도 2만여 명으로까지 감소했다. 이러한, 일체의 이물(異物)의 혼입을 허용하지 않는 폐쇄적인 민족주의는 당연히 '국민으로서의 소양'이 결여된 자이니치 2세나 3세, 나아가 1990년대 들어 급증한 중국 조선족에 대한 시선도 규정해 왔다고 할 수 있다.

하지만 이 완고한 단일 민족주의 나라에도 민주화와 글로벌화에 따른 '국민' 관념의 동요가 현저해졌고, 어떤 의미에서 그 변화 속도는 일본 이상으로 빨라졌다. 1991년 이후의 산업연수제도나 고용허가제(2004년) 등으로 이주노동자들이 급증해 한국에 체류하는 외국인 수는 1990년의 5만 명에서 140만 명 가까이까지 증가했다(2011년 말 기준, 17만 명에 가까운 불법 체류자들 포함). 단일 민족주의나 외국인 차별의 온상이 되기도 했던 국적법은 1997년에 부모 양계주의로 개정되어 화교의 국적 취득도 용이해졌다. 지금은 각지에서 차이나타운이 재건되거나 새로 건설되어 한국 사회의 화교에 대한 시선이나 처우가 달라지고 있는 듯하다.

그리고 2006년에는 혼인의 13퍼센트가 국제결혼으로, 농촌 지역에서 그 비율은 30퍼센트를 넘어섰다. 외국인 인권과 '다문화 공생'을 지향하는 시민운동이나 종교계, 자치체의 활동이 본격화하면서 2005년 8월에는 일본에 앞서 정주 외국인의 지방참정권을 인정했다. 이로써 2006년의 총선거에서는 영주권을 갖고 있고 체류 기간 3년을 채운 18세 이상의 외국인 6,726명이 선거권을 행사할 수 있게 되었다. 2008년 4월에는 주한 외국인의 인권 옹호와 사회 적응, 개인 능력 발휘, 사회 통합을 지향하는 '외국인 처우 기본법'이 제정되었다.

지금 한국인들은 외국인 신부(新婦)나 이주노동자 등 이질적인 타자가 일상 세계에서 급증한 것에 당혹스러워하면서도 타자 인식을 확실히 변용시켜 가고 있다. 1999년의 '재외동포법' 제정에서 보듯, 재일조선인을 포함한 재외 코리안에 대한 시선이나 처우도 바뀌고 있다. 2008년에는 헌법재판소가 재외 코리안에 대한 국정선거권 제한 조치에 대해 '위헌' 판정을 내렸는데, 이에 따라 한국적을 지닌 재외 코리안의 대통령

선거권 등 국정선거 참정권이 실현되었다.

1990년대 이후 유학 등으로 한국에서 공부하는 재일조선인 젊은이도 급증해, 한일 양쪽에 걸쳐 있는 직업이나 학술·문화·스포츠 활동을 하는 재일조선인도 적지 않다. 국민이나 국적에 따른 봉쇄나 배제, 분리를 떠받쳐 온 혈통주의와 단일국적주의라는 사고방식은 21세기 한국 사회에서는 명백히 무너지고 있다. 그것은 '국민'에 대한 획일적인 시각을 전제로 늘 일본이냐 본국이냐의 선택에 내몰려 온 재일조선인의 존재 방식에도 새로운 가능성을 여는 것이라고 할 수 있을 것이다.

옮긴이의 말

교토대학 인문과학연구소에 오래 몸담아 오다 올해 3월 정년퇴임한 뒤 리쓰메이칸대학 객원교수로 있는 조선근대사(일제시대)와 동아시아 관계사 전문 역사학자 미즈노 나오키(66세) 교수, 그리고 정치학·한국 현대사를 전공한 재일조선인 2세 문경수(66세) 리쓰메이칸대학 국제관계학부 교수. 1950년생인 두 동갑내기 전문 연구자는 지난해(2015년) 초에 《재일조선인》을 내면서, 기왕에 발간된 재일조선인에 대한 책들이 여럿 있음에도 굳이 이 책을 쓴 것은 "지금 다시 재일조선인의 역사와 현상에 대한 이해를 심화시킬 필요"가 있기 때문이라고 했다. 그러면서 그 이유를 크게 두 가지로 들었다.

하나는 한일 관계가 최악의 상황으로 치닫고 있는 가운데 재일조선인들을 향해 "죽여라" 하고 외치는 험악한 '헤이트 스피치'(혐오 발언)가 난무하는 일본 내 상황에 대한 걱정. 거기에는 여러 원인들이 작용했겠지만, 저자들은 재일조선인에 대한 일본 사회의 이해와 인식이 천박하다는 점을 지적한다. 그것을 바꾸려면 그런 몰이해와 잘못된 인식의 바탕이 된 사실 관계부터 바로잡아야 한다. 사실을 제대로 제시한다고 해서 문제가 해결된다는 보장은 없지만, 먼저 그 작업부터 해 놓지 않으면 안 된다는 것이 저자들 생각이었다. 말하자면 이 책은 바로 그 작업의 일환으로 시작되었다.

또 하나는, 이런 반동적인 상황 속에서도 재일조선인과 재일조선인 문제에 대한 일본 내의 학문적 관심과 연구 수준은 꾸준히 넓어지고 심화되어, 그 성과를 반영하는 새로운 저술이 필요하다는 것이다. 지은이들의 전공 분야인 역사학뿐 아니라 문화인류학, 사회학, 문화론, 경제학 등 여러 분야 연구자들이 축적해 온 재일조선인에 관한 괄목할 만한 연구 성과들을 활용해야 한다는 학문적 요구와 전문 연구자로서의 의무와 의지.

이 책 머리말에서 밝힌 이런 출간의 변들은 충실히 이행된 것으로 보인다. 전문 연구자들이 일반인들은 접하기 어려운 다양한 사료들까지 뒤져서 꼼꼼히 검증하고 분석한 것을 토대로 서술한 내용은 좀 더 정확해지고 믿을 만해졌다. 그런 토대 위에서 독자들은 일제시대와 재일조선인들을 한층 더 실재에 가깝게 읽어 내고 그려 낼 수 있을 것이다.

예컨대 일제의 식민지 조선 공업화 정책을 대륙 침략을 위한 병참·전진 기지화로 곧바로 연결시키거나, 열강들의 제국주의 역사에서 식민지 자체를 공업화시킨 건 드문 사례라는 평가에 익숙해져 있는 눈에, 이 책은 다른 것을 보여 준다. 지은이들은 일제의 조선 공업화가 식민지 본국의 경제 문제, 조선인들의 대규모 일본 유입에 따른 일본인들 실업·실직 문제, 사회질서·치안 문제, 교육 문제와도 밀접하게 얽혀 있던 사안이라는 걸 여러 1차 사료를 들이대며 보여 준다.

그리고 뜻밖에, 재일조선인들에 대한 시선 변화를 통해 독자들은 한국 사회, 남북한을 이제까지와는 상당히 다른 눈으로 바라볼 수 있게 되는 인식상의 변화를 체험할 수 있을지도 모른다. 4·19와 5·16, 6·25가 새롭게 다가올지도 모른다.

1897년 일본 탄광으로 모집돼 간 조선인 집단 이주노동, 일제의 한일병합 전후 시기부터 시작해 전쟁 시기와 일제 패망과 재건, 그리고 지금 현재에 이르기까지 재일조선인 역사와 현실을 다룬 이 책을, 지은이들은 "각 시대의 맥락이나 정신을 포함해서 될 수 있으면 총체적이고 간결하게 개관"하는 방식으로 쓰겠다고 했다. 이 총체적이고 간결하게, 알기 쉽게, 어렵지 않게 썼다는 점이 이 책의 큰 장점이 될 수 있을 것 같다. 전문 학자들이 썼음에도 문장은 통상의 전공 논문들처럼 딱딱하거나 난해하지 않다. 간결하면서도 부드럽고 유려하기까지 하다.

이 땅에선 흔히 재일동포로 호칭되는 재일조선인. 아주 낯선 존재는 아니지만 우리는 여전히 그들을 잘 모른다. 그러면서도, 아니 그래서 더욱 우리 관점에서만 그들을 바라본다. 생각해 보면, '재일동포'라는 호칭부터 그렇게 부르는 이들의 핏줄과 민족, 국적과 얽힌 어떤 편향성, 욕구가 투사되어 있다. 거기에는 복잡다단하고 기구한 정치적·이데올로기적 곡절도 깊이 새겨져 있다.

이 책의 또 한 가지 장점을 꼽자면 재일조선인을 그런 민족·국적과 관련된 존재로서만이 아니라 그 틀과 경계를 벗어나 그들 자신만의 독특한 정체성을 만들어가고 있는, 새로운 가능성을 지닌 주체로 그리고 있다는 점이다. 일본과 남북 어디에서도 환대받지도 제대로 인정받지도 못한 채 고난 속에서 살아온 역사의 수난자. 그들은 오히려 바로 그 때문에 지금의 주권국가 체제가 벗어나지 못하고 있는 한계를 돌파하며 새로운 동아시아 시대를 열어 갈 주역이 될 가능성을 내장하고 있는지도 모른다.

이 책은 100여 년에 걸친 험난한 세월을 헤쳐 오면서 그렇게 변모했고, 지금도 변모해 가는 '재일조선인의 사회사'라고 할 수 있다. 그 과정이 매우 다이나믹하고 내용은 통합적이며 서술은 간결 명쾌하다.

2016년 8월 5일

한승동

참고문헌

가고야마 다카시, 《저소득층과 피보호층》(籠山京, 《低所得層と被保護層》, ミネルヴァ書房, 1970年)

가나가와현 자치총합연구센터, 《가나가와의 한국·조선인—자치체 현장에서의 제언》(神奈川 県 自治総合研究センター, 《神奈川の韓国·朝鮮人—自治体現場からの提言》, 公人社, 1984年)

가와사키교회 역사편찬위원회 편, 《가와사키교회 50년사》(川崎教会 歴史編纂委員会 編, 《川崎 教会五〇年史》, 在日大韓基督教会 川崎教会, 1997年)

가지무라 히데키 저작집간행위원회·편집위원회 편, 《가지무라 히데키 저작집 제6권, 재일 조 선인론》(梶村秀樹著作集刊行委員会編集委員会 編, 《梶村秀樹著作集 第六巻 在日朝鮮人論》, 明石 書店, 1993年)

강재언·김동훈, 《재일 한국·조선인—역사와 전망》(姜在彦·金東勳, 《在日韓国·朝鮮人—歴史と展 望》, 労働経済社, 1989年)

강재언·다케나카 에미코, 《세월은 유수처럼》(姜在彦·竹中恵美子, 《歳月は流水の如く》, 青丘文化 社, 2003年)

강철 편저, 《재일조선인·한국인사 종합 연표—재일동포 120년사》(姜徹 編著, 《在日朝鮮韓国人 史総合年表—在日同胞一二〇年史》, 雄山閣, 2002年)

고마쓰 히로시·김영달·야마와키 게이조 편, 《'한국병합' 전의 재일조선인》(小松裕·金英達·山 脇啓造 編, 《'韓国併合'前の在日朝鮮人》, 明石書店, 1994年)

고토·재일조선인의 생활을 기록하는 모임 편, 《도쿄의 코리아타운—에다가와 이야기》(江東 ·在日朝鮮人の生活を記録する会 編, 《東京のコリアタウン—枝川物語》, 樹花舍, 1995年, * 책 본문에서 는 《에다가와 이야기》로 줄여 표기)

공안조사청, 《조선총련을 중심으로 한 재일조선인에 관한 통계편람 쇼와 56년판》(《朝鮮総連 を中心とした在日朝鮮人に関する統計便覧 昭和五六年版》, 公安調査庁, 1982年)

교토부 행정문서a, 《부책번호·유기31—003 외국인보호 1건 쇼와 30~31년도》(京都府 行政 文書a, 《簿冊番号·有期31—003 外国人保護 1件 昭和三〇~三一年度》, 2008년 公開)

교토부 행정문서b《부책번호·유기32—003 외국인보호 1건 쇼와32년도》(京都府 行政文書b, 《簿册番号·有期32—003 外国人保護 1件 昭和三二年度》, 2008년 公開)

권일,《권일 회고록》(《権逸回顧錄》権逸回顧錄刊行委員会, 1987年)

기무라 겐지·고마쓰 히로시 편,《사료와 분석 '한국병합' 직후의 재일조선인·중국인—동아시아 근대화와 사람의 이동》(木村健二·小松裕 編,《史料と分析'韓国併合'直後の在日朝鮮人·中国人—東アジア近代化と人の移動》, 明石書店, 1998年)

기무라 쓰토무,《생활보호행정 회고》(木村孜,《生活保護行政回顧》, 社会福祉調査会, 1981年)

기시 이사무,《공적 부조의 전후사》(岸勇,《公的扶助の戦後史》, 明石書店, 2001年)

김경득,《신판 재일 코리안의 아이덴티티와 법적 지위》(金敬得,《新版 在日コリアンのアイデンティティと法的地位》, 明石書店, 2005年)

김경해·호리우치 미노루 편저《재일 조선인·생활옹호 싸움—고베·1950 '11·27'투쟁》(金慶海·堀内稔 編著,《在日朝鮮人·生活擁護闘い—神戸·一九五〇 '一一·二七'闘争》, 神戸学生青年センター出版部, 1991年)

김경호,〈해방 후의 조선인 생활권 운동에서 생활보호 적용 요구의 대두〉,《재일 조선인사 연구》(金耿昊,〈解放後の朝鮮人生活権運動における生活保護適用要求の台頭〉,《在日朝鮮人史研究》四〇号, 2010年)

김달수,《나의 문학과 생활》(金達壽,《わが文学と生活》, 青丘文化社, 1998年)

김석범,《'재일'의 사상》(金石範,《'在日'の思想》, 筑摩書房, 1981年)

김석범·김시종 저, 문경수 편,《왜 계속 써 왔는가, 왜 침묵해 왔는가—제주도 4·3사건의 기억과 문학》(金石範·金時鐘 著, 文京洙 編,《なぜ書きつづけてきたか なぜ沈黙してきたか—済州島 四·三事件の記憶と文学》, 平凡社, 2001年)

김영달,《김영달 저작집》전3권(金英達,《金英達著作集》全3卷, 明石書店, 2003年)

김영달·김경득 편《한국·북조선의 법제도와 재일 한국인·조선인》(金英達·金敬得 編,《韓国·北朝鮮の法制度と在日韓国人·朝鮮人》, 日本加除出版, 1994年)

김영달·다카야나기 도시오 편,《북조선 귀국사업 관계 자료집》(金英達·高柳俊夫 編,《北朝鮮帰国事業関係資料集》, 新幹社, 1995年)

김영자,〈생활보호 제도의 조선인 처우를 둘러싸고〉,《아시아의 교차점—재일 외국인과 지역사회》(金永子,〈生活保護制度の朝鮮人処遇をめぐって〉, 会沢勲 編,《アジアの交差点—在日外国人と地域社会》, 社会評論社, 1996年)

김찬정,《재일, 격동의 백년》(金賛汀,《在日. 激動の百年》, 朝日選書, 2004年)

김찬정,《재일 의용병 돌아오지 못하다—조선전쟁비사》(金賛汀,《在日義勇兵帰還せず—朝鮮戦争秘史》, 岩波新書, 2007年)

김찬정,《한국병합 백년과 '재일'》(金賛汀,《韓国併合百年と'在日'》, 新潮選書, 2010年)

김태기,《전후 일본정치와 재일 한국인 문제—SCAP의 대 재일 조선인 정책 1945~1952년》
　　(金太基,《戰後日本政治と在日韓国人問題—SCAPの対在日朝鮮人政策 1945~1952年》, 勁草書房,
　　1997年)

김학영,《얼어붙는 입, 김학영 작품집》(金鶴泳,《凍える口 金鶴泳作品集》, クレイン, 2004年)

니시나리타 유타카,《재일조선인의 '세계'와 '제국' 국가》(西成田豊,《在日朝鮮人の'世界'と'帝国'国
　　家》, 東京大学出版会, 1997年)

니시무라 히데키,《오사카에서 싸운 조선전쟁—스이타 히라카타 사건의 청춘 군상》(西村秀
　　樹,《大阪で闘った朝鮮戦争—吹田枚方事件の青春群像》, 岩波書店, 2004年)

다나카 히로시,《재일 외국인》제3판(田中宏,《在日外国人, 第三版》, 岩波新書, 2013年)

다카노 아키오,《근대 도시의 형성과 재일조선인—교토 시의 사례》(高野昭雄,《近代都市の形成
　　と在日朝鮮人—京都市 を事例に》, 人文書院, 2009年)

다케다 세이지,《'재일'이라는 근거》(武田青嗣,《'在日'という根拠》, ちくま学藝文庫, 1995年)

도노무라 마사루,《재일조선인 사회의 역사학적 연구—형성·구조·변용》(外村大,《在日朝鮮人
　　社会の歴史学的研究—形成·構造·変容》, 綠陰書房, 2004年)

도노무라 마사루,《조선인 강제연행》(外村大,《朝鮮人強制連行》, 岩波新書, 2012年)

도미사카기독교센터 재일조선인의 생활과 주민자치연구회 편,《재일 외국인의 주민자치—가
　　와사키와 교토에서 생각한다》(富坂基督教センター 在日朝鮮人の生活と住民自治研究会 編,《在日
　　外国人の住民自治—川崎と京都から考える》, 新幹社, 2007年)

리처드 H. 미첼, 저 김용권 역,《재일조선인의 역사》(リチャード·H·ミッチエル 著, 金容権 訳,《在日
　　朝鮮人の歷史》, 彩流社, 1981年)

마쓰다 도시히코,《전전기의 재일조선인과 참정권》(松田利彦,《戦前期の在日朝鮮人と参政権》, 明
　　石書店, 1995年)

모리타 요시오,《재일조선인 처우의 추이와 현상》(森田芳夫,《在日朝鮮人処遇推移現狀》法務研修
　　所, 1955年)

모리타 요시오,《숫자가 말해주는 재일 한국·조선인의 역사》(森田芳夫,《數字が語る在日韓国·
　　朝鮮人の歷史》, 明石書店, 1996年)

민단 신주쿠지부 편,《민단 신주쿠 60년의 발자취—잡초처럼 살아남은 동포의 역사》(民団
　　新宿支部 編,《民団新宿六〇年の歩み—雜草の如く生き抜いた同抱の歷史》, 彩流社, 2009年)

박경식,《조선인 강제연행의 기록》(朴慶植,《朝鮮人強制連行の記錄》, 未来社, 1965年)

박경식,《재일조선인운동사—8·15 해방 전》(朴慶植,《在日朝鮮人運動史—八·一五解放前》, 三一書
　　房, 1979年)

박경식 편,《조선문제자료총서 제9권 해방 후의 재일조선인운동 1》(朴慶植 편《朝鮮問題資料
　　叢書 第九卷 解放後の在日朝鮮人運動 1》, アジア問題研究所, 1983年)

박경식 편,《조선문제자료총서 제10권 해방 후의 재일조선인운동 2》(朴慶植 編,《朝鮮問題資料叢書 第十卷 解放後の在日朝鮮人運動 2》, アジア問題研究所, 1983年)

박경식,《해방 후 재일조선인운동사》(朴慶植,《解放後在日朝鮮人運動史》, 三一書房, 1989年)

박경식 편,《재일조선인관계자료집성》전5권(朴慶植 編,《在日朝鮮人關係資料集成》全五卷, 三一書房, 1975·1976年)

박경식 편,《재일조선인 관계자료집성 전후편》전10권(朴慶植 編,《在日朝鮮人關係資料集成 戰後編》全十卷, 不二出版, 2000·2001年)

박군을 에워싸는 모임 편,《민족차별—히타치 취직차별 규탄》(朴君を囲む会 編,《民族差別—日立就職差別糾彈》, 亞紀書房, 1974年)

박두진,《조선총련—그 허상과 실상》(朴斗鎭,《朝鮮総連—その虛像と実像》, 中公新書ラクレ, 2008年)

박무택,《재일한국청년동맹의 역사—1960년대부터 80년까지》(朴茂澤,《在日韓国青年同盟の歴史——一九六〇年代から八〇年まで》, 新幹社, 2011年)

박수남 편,《이진우전서 간집》(朴壽南 編,《李珍宇全書簡集》, 新人物往來社, 1979年)

박일,《'재일'이라는 삶의 방식—차별과 평등의 딜레마》(朴一,《'在日'という生き方—差別と平等のジレンマ》講談社新書メチエ, 1999年)

박일 외 편,《재일코리안 사전》(朴一 他編,《在日コリアン辭典》, 明石書店, 2010年)

박재일,《재일조선인에 관한 종합조사연구》(朴在一,《在日朝鮮人に関する綜合調査研究》, 新紀元社, 1957年)

박정진,《조일 냉전구조의 탄생 1945~1965—봉인된 외교사》(朴正鎭,《日朝冷戰構造の誕生—一九四五~一九六五—封印された外交史》, 平凡社, 2012年)

스기하라 도오루,《월경하는 민—근대 오사카의 조선인사 연구》(杉原達,《越境する民—近代大阪の朝鮮人史研究》, 新幹社, 1998年)

시로우치 야스노부,《사나운 소라고 불린 남자—'동성회' 마치이 히사유키의 전후사》(城內康伸,《猛牛と呼ばれた男—'東聲会' 町井久之の戦後史》, 新潮社, 2009年)

아라이 신이치,《역사화해는 가능한가—동아시아의 대화를 추구하며》(荒井信一,《歷史和解は可能か—東アジアの対話を求めて》, 岩波新書, 2006年)

아사카와 아키히로,《재일 외국인과 귀화제도》(浅川晃広,《在日外国人と帰化制度》, 新幹社, 2003年)

야마다 쇼지·후루쇼 다다시·히구치 유이치,《조선인 전시 노동 동원》(山田昭次·古庄正·樋口雄一,《朝鮮人戰時労働動員》, 岩波書店, 2005年)

야마무라 마사아키,《이 생명 다 바쳐서라도—야마무라 마사아키 유고집》(山村政明,《いのち燃えるとも—山村政明遺稿集》, 大和書房, 1971年)

야마시타 영애,《내셔널리즘의 골짜기에서—'위안부' 문제에 대한 또 하나의 관점》(山下英愛,

　　《ナショナリズムの狭間から―'慰安婦'問題へのもの一つの視座》, 明石書店, 2008年)

야스오카 겐이치, 《'타자'들의 농업사―재일조선인·소개자·개척농민·해외이민》(安岡健一,
　　《'他者'たちの農業史―在日朝鮮人·疎開者疏·開者·開拓農民·海外移民》, 京都大学学術出版会, 2014
　　年)

양영후, 《전후 오사카의 조선인 운동―1945~1965》(梁永厚, 《戦後·大阪の朝鮮人運動―
　　一九四五~一九六五》, 未来社, 1994年)

오구마 에이지·강상중 편, 《재일 1세의 기억》(小熊英二·姜尚中 編, 《在日一世の記憶》, 集英社,
　　2008年)

오규상, 《도큐멘트 재일본 조선인연맹―1945~1949》(吳圭祥, 《ドキュメント 在日本朝鮮人連盟―
　　一九四五~一九四九》, 岩波書店, 2009년)

오노 야스테루, 《조선독립운동과 동아시아 1910~1925》(小野容照, 《朝鮮独立運動と東アジア
　　1910~1925》, 思文閣出版, 2013年)

오자와 유사쿠 편, 《근대 민중의 기록 10, 재일 조선인》(小沢有作 編, 《近代民衆の記録 10 在日朝
　　鮮人》, 新人物往來社, 1978年)

외국문출판사 편집·발행, 《조국은 기다리고 있다!―재일동포 귀국문제에 관한 문헌》(外国文
　　出版社 編集·發行, 《祖国は待っている!―在日同胞帰国問題にかんする文献》, 1959年)

요시자와 후미토시, 《전후 한일관계―국교정상화 교섭을 둘러싸고》(吉澤文寿, 《戦後日韓関係―
　　国交定常化交渉をめぐって》, クレイン, 2005年)

윤건차, 《민족 환상의 차질―일본인의 자기상》(尹健次, 《民族幻想蹉跌―日本人自己像》, 岩波書店,
　　1994年)

이광규, 《재일한국인―생활실태를 중심으로》(李光奎, 《在日韓國人―生活實態를中心으로》, 일조각,
　　1983年)

이누마 지로, 《재일 한국·조선인―일본사회에서의 존재 가치》(飯沼二郎, 《在日韓国·朝鮮人―日
　　本社会における存在価値》, 海風社, 1988年)

이진희 편, 《'재일'은 지금―재일한국인·조선인의 전후50년》(李進熙 編, 《'在日'はいま―在日韓国
　　朝鮮人の戦後五〇年》, 青丘文化社, 1996年)

이진희, 《해협―한 재일 사학자의 반평생》(李進熙, 《海峡―ある在日史学者の半生》, 青丘文化社,
　　2000年)

장정수, 《재일 60년·자립과 저항―재일조선인운동사 증언》(張錠壽, 《在日六〇年·自立と抵抗―
　　在日朝鮮人運動史への証言》, 社会評論社, 1989年)

재일 위안부 재판을 지지하는 모임 편, 《우리의 마음은 지지 않았다―재일조선인 '위안부' 송
　　신도의 싸움》(在日慰安婦裁判を支える会 編, 《オレの心は負けてない―在日朝鮮人'慰安婦'宋神道の
　　たたかい》, 樹花舍, 2007年)

재일본대한민국거류민단,《민단 40년사》(在日本大韓民国居留民団,《民団四〇年史》, 1987年)

재일본대한민국거류민단 오사카부 지방본부 편《민단 오사카 30년사》(在日本大韓民国居留民団 大阪府地方本部 編《民団大阪三〇年史》, 在日本大韓民国居留民団 大阪府地方本部, 1980年)

정우종,《조선 해방 직후 시기 재일조선인의 생활과 운동 1—1947년의 오사카 지방을 사례로》(석사논문) 오사카대학 대학원 문학연구과 문화형태론 전공 일본학 강좌(鄭祐宗《朝鮮解放直後期に在日朝鮮人の生活と運動 1——一九四七年の大阪地方を事例として》(碩士論文) 大阪大学大学院 文学研究科 文化形態論 専攻 日本学講座, 2008年)

최승구·가토 지카코 편,《일본의 다문화공생이란 무엇인가—재일의 경험에서》(崔勝久·加藤千香子 編,《日本における多文化共生とは何か——在日の経験から》, 新曜社, 2008年)

테사 모리스 스즈키,《북조선행 엑소더스—'귀국사업'의 그림자를 더듬다》(テッサ·モリス=スズキ,《北朝鮮へのエクソダス—'帰国事業'の影をたどる》, 朝日新聞社, 2007年)

한재향,《'재일 기업'의 산업경제사—그 사회적 기반과 역동성》(韓載香,《'在日企業'の産業経済史—その社会的基盤とダイナミズム》, 名古屋大学出版会, 2010年)

현무암,《코리안 네트워크—미디어 이동의 역사와 공간》(玄武岩,《コリアン·ネットワーク—メディア·移動の歴史と空間》, 北海道大学出版会, 2013年)

홍려표 구술·고찬유 저,《코리아타운에서 살다—홍려표 라이프 히스토리》(洪呂杓 述·高贊侑 著《コリアタウンに生きる—洪呂杓ライフヒストリー》, エンタイトル出版, 2007年)

하야시 고지,《재일조선인 일본어문학론》(林浩治,《在日朝鮮人日本語文学論》, 新幹社, 1991年)

히구치 유이치 편,《협화회 관계자료집》전4권(樋口雄一 編《協和会関係資料集》全四巻, 緑陰書房, 1991年)

히구치 유이치,《협화회—전시하 조선인 통제조직 연구》(樋口雄一,《協和会—戦時下朝鮮人統制組織研究》, 社会評論社, 1986年)

잡지

《진달래》ヂンダレ(大阪朝鮮詩人集団 機関誌 1953~1958년, 20호)

《조선인》朝鮮人(1969~1991년, 27호, 부정기간행물) 朝鮮人社

《계간 마당》季刊 まだん(1973~1975년, 6호) 創紀房新社

《해협》海峡(朝鮮問題研究会 1974년~ , 반년간지) 社会評論社

《계간 삼천리》季刊 三千里(1975~1987년, 50호) 三千里社

《재일조선인사 연구》在日朝鮮人史研究(在日朝鮮人運動史研究会 1977년~ , 연간) 緑陰書房

《계간 창소리》季刊 ちゃんそり(1979~1981년, 8호) ちゃんそり舎

《생활정보지 우리 생활》生活情報誌 ウリ生活(1987~1999년, 14호) 在日同胞の生活を考える会

《미래》Mile(ミレ)(1988~1996년, 월간) バン·パブリシティー

《계간 청구》季刊 靑丘(1989~1996년, 25호) 靑丘文化社
《호르몬 문화》ほるもん文化(1990~2000년, 9호) 新幹社
《봉선화》鳳仙花(1991~2013년, 27호) 鳳仙花 編輯部

사진자료 출처

19쪽 부산과 시모노세키를 오가는 관부연락선 쇼케이마루, 재일한인역사자료관 제공
21쪽 토목공사 현장에서 일하는 조선인 노동자들(1920년대, 후쿠오카 현), 재일한인역사자료관 제공
27쪽 세쓰방적 아카시 공장에서 일하던 조선인 여성 노동자들(1917년), 이와나미서점 제공
35쪽 군대에 연행되어 나라시노 포로수용소 터로 가고 있는 조선인들, 재일한인역사자료관 제공
39쪽 엿장수 행상을 하는 조선인 유학생(1920년대), 재일한인역사자료관 제공
42쪽 도항증명서(1929년 3월 30일), 재일한인역사자료관 제공
48쪽 채소 가게를 운영하는 조선인 여성(1920년대, 도쿄), 재일한인역사자료관 제공
51쪽 오사카와 제주도를 왕래하는 배가 도착하는 부두, 中田恭一, 〈大阪築港〉(1934, 帝展)
52쪽 시모노세키 항에 상륙한 조선인들, 재일한인역사자료관 제공
56쪽 오사카 신간회 지회 발대식을 알리는 포스터(1927년 12월), 호세이대학 오하라사회문제연구소 소장
71쪽 《민중시보》 창간호(1935년 6월 15일), 朴慶植 編, 《朝鮮問題資料叢書 第伍卷 在日朝鮮人関係機関誌(解放前)》, アジア問題研究所, 1983
74쪽 최승희 무용 공연 포스터(1941년), 이와나미서점 제공
80쪽 협화회 회원증(수첩), 재일한인역사자료관 제공
88쪽 탄갱에 들어가기 전 점심강합를 들고 있는 조선인 노동자들, 上野英信·趙根在監修, 《写真 万葉録 筑豊(9), アリラン峠》, 葦書房, 1986년
89쪽 조선총독부가 홋카이도 조선인 노동자들에게 보낸 편지(1941년), 對日抗爭期強制動員被害調査および國外強制動員犠牲者など支援委員會編·刊, 《散らばったあの日の記憶》, 2012

107쪽 후추 형무소에서 출옥해 환영을 받고 있는 김천해(1945년 10월), 재일한인역사자료관 제공

114쪽 도쿄의 조련 본부(미나토구 다무라초), 재일한인역사자료관 제공

116쪽 조련 중앙총본부 간부들, 재일한인역사자료관 제공

129쪽 효고 현청 안 계단을 가득 메운 재일조선인들(1948년 4월), 재일한인역사자료관 제공

130쪽 효고 현청을 점령하고 농성을 벌이고 있는 재일조선인들(1948년 4월), 재일한인역사자료관 제공

132쪽 조련 본부를 에워싸고 있는 무장 경찰대(1949년 9월), 中村政則 他,《新裝版 前後日本 占領戰後改革 5》, 岩波書店, 2005

136쪽 후쿠오카 하카다의 수상 판잣집(1957년), 재일한인역사자료관 제공

143쪽 스이타 사건을 보도하는 신문(1952년 6월 25일),《아사히신문》, 재일한인역사자료관 제공

147쪽 오사카의 불고깃집 '쇼쿠도엔'에 자리한 역도산(1960년 무렵), 재일한인역사자료관 제공

160쪽 니가타 항에서 귀국 환송회를 하는 모습(1960년대), 재일한인역사자료관 제공

191쪽 1960년대의 파친코 기계(파친코박물관), 재일한인역사자료관 제공

198쪽 입관법(출입국관리법안) 반대 시위, 在日本大韓民国居留民団 大阪府地方本部 編 《民団大阪三〇年史》, 1980

215쪽 재일조선인들이 발신한 다채로운 잡지들, 이와나미서점 제공

234쪽 관광 명소가 된 이카이노, 문경수 촬영

236쪽 일본 최대의 코리아타운 오쿠보, 문경수 촬영

239쪽 원코리아 페스티벌 포스터(2014년), 이와나미서점 제공

연표

연도	재일조선인 관련	국내외 동향
1894(메이지 27)		청일전쟁(~1995), 갑오농민전쟁
1897(30)	규슈의 탄광에 조선인노동자 도임	
1898(31)		무술변법, 무술정변
1899(32)	칙령 제352호로 중국인 노동자 입국 금지	
1900(33)		의화단 사건
1904(37)		러일전쟁(~1905)
1908(41) 무렵	규슈·간사이 등의 철도공사, 발전소 공사에 조선인노동자 도입	
1910(43)	한국병합	대역사건
1911(44)	도쿄 조선유학생학우회 결성	신해혁명
1912(45, 다이쇼 1)		중화민국 수립
1914(3)		제1차 세계대전(~1918)
1916(5)	경시청, '요시찰 조선인 시찰 내규' 확정	
1917(6)		러시아혁명
1918(7)	총독부, '노동자 모집 취체(단속) 규칙'	
1919(8)	2·8독립선언서, 3·1독립운동. 총독부, 여행증명서 제도를 실시(1922년 폐지)	
1921(10)	상애회(相愛会) 결성	
1922(11)	오사카·도쿄에서 조선노동동맹회 결성	소비에트연방 결성
1923(12)	간토대지진	
1924(13)	오사카 내선협화회 설립(1925년 효고, 1926 년 가나가와에 내선협회)	
1925(14)	재일본조선노동총동맹 결성 총독부, 조선인들 일본 도항 저지 개시	
1927(쇼와 2)	신간회 도쿄 지회·교토 지회·오사카 지회 설립(1928년 나고야 지회)	
1928(3)	도항증명서 제도 실시(1945년 3월 폐지)	
1929(4)	사회정책심의회에서 조선인 도일 문제 심의	
1930(5)	재일조선노총, 노동조합전국협의회로 해소. 동아통항조합 설립	
1931(6)		만주사변
1932(7)	박춘금, 중의원 당선	'만주국' 수립
1933(8)		히틀러 내각 집권
1934(9)	'조선인 이주대책의 건' 각의 결정	
1935(10)	오사카에서 《민중시보》 창간. 조선인의 자주 교육기관 폐쇄	

1936(11)	도쿄에서 《조선신문》 창간(9월 폐간). 각 부현에 협화회 조직(1939년, 중앙협화회 설립)	
1937(12)	총독부, '황국신민의 서사' 제정	루거우차오 사건
1939(14)	노무동원 계획에 따른 조선인 노동자 집단이입 개시	
1940(15)	창씨개명 실시	
1941(16)		독-소전 개시. 일본, 미·영에 선전포고
1942(17)	조선인에 대한 징병제 적용을 결정. 관 알선 방식의 노무동원 개시	
1944(19)	징용에 의한 조선인 노무동원. 중앙협화회를 중앙흥생회로 개칭. 재일조선인 '처우 개선책' 각의 결정	
1945(20)	일본 패전, 조선 해방. 마이즈루 만에서 우키시마마루 침몰해 조선인 549명 사망. 재일본조선인연맹(조련) 결성. 옛 식민지 출신자(재일조선인·대만인)의 참정권 정지.	유엔 창립총회. 포츠담회담. 일본, 항복문서 조인
1946(21)	신조선건국동맹(건동) 결성. GHQ 지시에 따라 재일조선인의 '계획 수송' 개시(4~12월). 재일본조선거류민단(민단) 결성	중국 국공내전 시작
1947(22)	외국인등록령 공포	일본국 헌법 시행
1948(23)	한신 교육투쟁. 대한민국 건국. 조선민주주의인민공화국 건국. 조련, 공화국 창건 재일조선인 경축단으로 한덕수 등을 북조선에 파견	제주도 4·3사건
1949(24)	GHQ가 조련 등 4단체에 해산 명령	NATO 설립. 중화인민공화국 수립
1950(25)	조선전쟁 발발. 조국방위중앙위원회 결성. 재일한교(韓僑)자원군 결성	코민포름 비판. GHQ, 일본공산당 중앙위원 24명에 공직추방령
1951(26)	재일조선통일민주전선(민선) 결성. 일본공산당 제4회 전국협의회(4전협) 개최, '군사방침'을 결정. 출입국관리령(입관령) 및 입국관리청 설치령 제정 공포	이승만 대통령, 평화라인(이승만 라인) 선언. 샌프란시스코 강화회의. 한일회담 예비회의 개최(1952년부터 본회의)
1952(27)	샌프란시스코 강화조약 발효. 재일조선인의 일본 국적 박탈. 외국인등록법 공포. 메이데이 사건으로 조선인 140명 체포. 스이타·히라카타·오스에서 조선인을 주력으로 무기 수송과 생산을 저지하는 실력행사	
1953(28)	판문점에서 휴전협정 정식 조인	저우언라이·네루, 평화5원

		칙 공동성명. 소련, 스탈린 사망. 구보타 발언(제3차 한일회담)
1954(29)	재일조선인을 '공화국 공민'이라 선언한 북조선 남일 외상의 성명	
1955(30)	재일조선인들의 초당파 남북통일촉진협의회 (통협) 결성. 외국인등록법에 따른 지문날인 제도 개시. 재일본조선인총연합회(총련) 결성	일본공산당 제6회 전국협의회(6전협)에서 극좌 노선 자기비판
1956(31)	조선대학교, 도쿄(주조)에 창립	'8월 종파사건', 김일성이 조선로동당 내 비주류파 배제
1957(32)	북조선에서 교육원조비 및 장학금 총련에 송금	
1958(33)	총련 가와사키 지부가 나카토메 분회에서 집단귀국 바라는 편지를 김일성에게 보내, 귀국운동 본격화. 고마쓰가와 사건으로 이진우 체포	
1959(34)	민단, 북한 송환 반대투쟁위원회 결성. 재일조선인 귀국을 위한 조·일 적십자협정 조인. 제1차 귀국선, 청진을 향해 니가타 출발	
1960(35)	4·19학생혁명, 이승만 퇴진. 김일성, 남북조선 연방제 제안	미일안보조약 조인. 베트남전쟁 (~1975)
1961(36)	한국학생동맹 제20회 대회, 박정희 군사정권 타도를 결의	박정희, 군사 쿠데타
1962(37)		쿠바 위기
1963(38)	도쿄 조선고교생에 대한 집단폭행 사건. 그 뒤에도 각지에서 계속 발생. 역도산, 아카사카에서 폭한의 습격을 받아 사망	
1965(40)	한일 기본조약 조인, 재일 한국인 법적 지위 결정. 한국민족자주통일동맹(한민자통) 일본지부 결성(이듬해에는 한국민족자주통일청년동맹=한민자청 결성)	
1966(41)	재일 한국인의 협정영주 신청, 접수 시작	중국, 문화대혁명
1968(43)	김희로 사건. 외국인학교법안 국회에 상정. 미노베 도쿄도지사, 조선대학교를 각종학교로 인가	
1969(44)	'출입국관리법안,' 국회에 상정	
1970(45)	무라야마 마사아키(양정명), 분신자살. 박종석, 히타치 제작소를 상대로 취직차별 소송 제기	
1971(46)	'녹음 테이프 사건'	
1972(47)	이회성 《다듬이질 하는 여인》으로 아쿠타가	오키나와 반환. 닉슨 중국

	와상 수상. '7·4 남북 공동성명을 지지하는 재일동포들의 중앙대회'를 한국청년동맹과 조선청년동맹이 공동 개최. 총련 제1부의장 김병식이 해임되어 실각, 북조선으로 소환	방문. 중일 공동성명(국교 회복) 7·4남북공동성명. 한국에서 유신체제 선포
1973(48)	한국 중앙정보부의 김대중 납치사건 발생. 한국민주회복통일촉진국민회의(한민통) 일본지부 결성	변동환율제로 이행. 제1차 오일쇼크. 김대중 납치사건
1974(49)	문세광 사건 발생. 민투련(민족차별과 싸우는 연락협의회) 결성	
1975(50)	계간《삼천리》창간. 민단 주도의 '총련계 동포 모국방문단 사업' 시작. '학원침투 간첩단 사건'으로 13명의 재일 청년 체포	
1976(51)		베트남 통일
1977(52)	최고재판소, 사법시험에 합격한 김경득을 한국적 유지하면서 사법연수행으로 채용할 수 있도록 인정	
1979(54)		제2차 오일쇼크. 박정희가 측근의 손에 사살당함
1980(55)	한종석, 외국인등록법의 지문날인을 거부	광주학살을 거쳐 전두환 정권(제5공화국) 성립
1982(57)	일본정부, 난민조약 발효에 따라 특별영주제도 실시. 국민연금법의 국적조항 철폐	교과서 문제(~1983)
1984(59)		NHK, '한글강좌' 방송 시작. 전두환, 일본방문. 한일 신시대 제창
1985(60)	일본에서 개정 국적법 시행, 부계혈통주의에서 부모양계혈통주의로 변경	남북 이산가족 상호 방문
1986(61)	국민건강보험법의 국적조항 철폐	
1987(62)		'6.29 민주화선언' 이후의 대통령선거에서 노태우 당선(제6공화국)
1988(63)		서울 올림픽
1989(64, 헤이세이 1)		천황 히로히토 사망. 베를린 장벽 붕괴, 독일 통일. 버블경제 붕괴. 중국, 개혁·개방정책. 한국, 해외여행 자유화
1991(3)	협정영주, 특례영주를 통합한 특별영주제도 개시	소련 소멸. 남북, 유엔 동시 가입
1992(4)		한·중 국교 수립
1993(5)	개정 외국인등록법 시행, 특별영주자의 지문	비자민연립 호소카와 내각

	날인 제도 폐지. 재일조선인 전 '일본군 위안부' 송신도가 공식사죄 등을 요구하며 도쿄 지방재판소에 제소	성립. 고노 관방장관이 일본군 위안부 문제에 대한 군의 관여를 인정함(고노 담화)
1994(6)		김일성 사망. 김정일이 최고지도자에 오름
1995(7)	한신·아와지 대지진, 131명의 재일조선인들 희생. 최고재판소, "영주자 등의 지방참정권 부여는 헌법상 금지되어 있지 않다"는 판단 제시	지하철 사린살포 사건 무라야마 도미이치 총리가 식민지 지배에 대해 "마음으로부터의" 사죄 표명(무라야마 담화)
96(8)	가와사키 시가 도도부현·정령지정 도시에서 처음으로 직원채용 시험의 국적조항 철폐	
1998(10)		김대중, 대통령 당선
2001(13)	총련 초대의장 한덕수 사망. 뉴커머 한국인들, 재일본한국인연합회 결성	9·11 동시다발 테러
2002(14)	2002년 FIFA 월드컵(한일 공동개최) 개막	고이즈미 총리 방북, 조일 평양선언
2003(15)		노무현, 대통령에 당선. 이라크 전쟁, 아프가니스탄 전쟁
2005(17)		한국에서 '진실·화해를 위한 과거사 정리 기본법' 제정
2006(18)	한국민단과 조선총련이 화해를 위한 6개 항목 합의, 공동성명으로 발표	북조선, 장거리 미사일 발사, 핵실험
2008(20)		이명박, 대통령에 당선
2011(23)		동일본 대지진. 김정일 사망 김정은, 조선인민군 최고사령관 취임(2012년 조선로동당 제1서기, 국방위원회 제1위원장으로)
2012(24)	한국 공직선거법 개정(2009년)에 따라 국회의원선거에 한국적 재일조선인 등 한국의 해외영주자들이 처음으로 투표에 참가(12월에는 대통령선거 투표)	
2013(25)		새누리당 박근혜, 대통령에 당선

찾아보기